Kohlhammer

Eleonora Kohler-Gehrig

Leben im Alter vom 16. bis 19. Jahrhundert

Verlag W. Kohlhammer

Dieses Werk einschließlich aller seiner Teile ist urheberrechtlich geschützt. Jede Verwendung außerhalb der engen Grenzen des Urheberrechts ist ohne Zustimmung des Verlags unzulässig und strafbar. Das gilt insbesondere für Vervielfältigungen, Übersetzungen, Mikroverfilmungen und für die Einspeicherung und Verarbeitung in elektronischen Systemen.

Die Wiedergabe von Warenbezeichnungen, Handelsnamen und sonstigen Kennzeichen in diesem Buch berechtigt nicht zu der Annahme, dass diese von jedermann frei benutzt werden dürfen. Vielmehr kann es sich auch dann um eingetragene Warenzeichen oder sonstige geschützte Kennzeichen handeln, wenn sie nicht eigens als solche gekennzeichnet sind.

Es konnten nicht alle Rechtsinhaber von Abbildungen ermittelt werden. Sollte dem Verlag gegenüber der Nachweis der Rechtsinhaberschaft geführt werden, wird das branchenübliche Honorar nachträglich gezahlt.

Umschlagabbildung: Das Stufenalter des Menschen, picture alliance, akg-images / André Held: Mediennummer: 91402919

1. Auflage 2022

Alle Rechte vorbehalten
© W. Kohlhammer GmbH, Stuttgart
Gesamtherstellung: W. Kohlhammer GmbH, Stuttgart

Print:
ISBN 978-3-17-041712-0

E-Book-Formate:
pdf: ISBN 978-3-17-041713-7

Dieses Werk enthält Hinweise/Links zu externen Websites Dritter, auf deren Inhalt der Verlag keinen Einfluss hat und die der Haftung der jeweiligen Seitenanbieter oder -betreiber unterliegen. Zum Zeitpunkt der Verlinkung wurden die externen Websites auf mögliche Rechtsverstöße überprüft und dabei keine Rechtsverletzung festgestellt. Ohne konkrete Hinweise auf eine solche Rechtsverletzung ist eine permanente inhaltliche Kontrolle der verlinkten Seiten nicht zumutbar. Sollten jedoch Rechtsverletzungen bekannt werden, werden die betroffenen externen Links soweit möglich unverzüglich entfernt.

Inhaltsverzeichnis

Einführung 7

Alter und Lebenserwartung 12

Leben in der Neuzeit 20

Alter im Auge der Gesellschaft 21
Armut im Auge der Gesellschaft 29
Altenpflege 32
   Nachkommen 33
   Stiftungen und Spitäler 41
   Leibrenten 47
   Kommunale Wohlfahrtspflege 48
   Alleinstehende Frauen 59
   Adlige und Fürsten 64
   Staatsdiener 69
   Ländliche Bevölkerung 82
   Städtische Bevölkerung 99

Wandel im 19. Jahrhundert 127

Armenpflege 138
Heiratshindernisse 146
Soziale Schichten 150
   Privatangestellte und Beamte 150
   Fabrik- und Manufakturarbeiter 156
   Handwerk 160
   Entwicklung in der Landwirtschaft 165
   Bergarbeiter 167

Inhaltsverzeichnis

Alterssicherungssysteme 169
    Selbsthilfesysteme 169
    Pensionskassen 173
    Tontinen und Lebensversicherungen 174
    Sparkassen 176
    Beamtenversorgung 178
    Bismarcksche Altersversorgung 180

Vom Spital zur Seniorenresidenz 189

Schlussbetrachtung 192

Literaturverzeichnis 195

Abbildungsverzeichnis 202

Einführung

Wer kennt ihn nicht den Ausspruch, *früher war alles besser*: Früher konnten Menschen ihren Lebensabend im Kreis der Familie mit den eigenen Kindern und den Enkelkindern verbringen. Die Familie versorgte die alten Menschen. Hier fanden diese materielle Sicherheit und emotionale Geborgenheit, Zuwendung und Halt. Damals soll die Familie ein Hort der Geborgenheit und Glückseligkeit gewesen sein.[1] Dieser Ruf orientiert sich an dem romantischen Bild der Dreigenerationenfamilie bestehend aus Eltern, erwachsenen Kindern und Enkelkindern. Dem wird die heute zumeist anzutreffende Kernfamilie entgegengestellt bestehend aus Eltern und Kindern und dem Phänomen, dass die Kinder im Erwachsenenalter das Elternhaus verlassen und die Eltern allein zurückbleiben.[2] Was ist daran Wunschvorstellung, romantische Verklärung und was ist die Wahrheit? Dazu bedarf es einer Betrachtung der Lebenswelt alter Menschen in früheren Jahrhunderten.

Eine Sozialgeschichte des Alters vom 16. bis zum 19. Jahrhundert soll Aufschluss geben über die Lebenswirklichkeit alter Menschen in der Vergangenheit. Dabei muss das Augenmerk auf die materielle Versorgung und Ausstattung im Alter gerichtet werden. Es bedarf einer gewissen materiellen Sicherheit in jeder Phase des Lebens. Heutige Generationen gehen fast selbstverständlich von einer finanziellen Versorgung und Grundausstattung im Alter aus. Hier stellt sich die Frage, ob eine solche in der Vergangenheit auch gegeben war.

Vorab sind die Lebensumstände der heute lebenden Gruppe älterer Menschen zu skizzieren, die mit früheren Generationen älterer Menschen verglichen werden sollen.

Ältere Menschen verfügen im 21. Jahrhundert über höchst unterschiedliche persönliche, politische und soziale Lebenserfahrungen. Neben die Jungen Alten (60–75 Jahre) tritt die Gruppe der sogenannten Alten (75–90 Jahre), der Hochbetagten (ab 90 Jahre) und der Langlebigen (ab 100 Jahre). Die einen sind Kinder des Zweiten Weltkrieges und der bitteren Nachkriegsjahre. Sie haben Zerstörung, Not und Entbehrung kennengelernt. Die anderen sind die Kinder der Wirtschaftswunderzeit und haben eine Phase des

---

1   Nachweise bei Borscheid 1989, 9, 76 f.
2   Mitterauer/Sieder 1982, 46 ff.

Aufbaus erlebt. Wieder andere sind zugewandert und mussten sich in der Fremde eine Existenz aufbauen. In den letzten Jahrzehnten hat die Situation älterer Menschen in allen Lebens- und Rechtsbereichen tiefgreifende Veränderungen erfahren.

Wird in der modernen Leistungsgesellschaft die Wertschätzung des einzelnen eng mit seiner beruflichen Position verknüpft, wird Alter entsprechend eng mit dem Zeitpunkt der Berufsaufgabe in Verbindung gebracht. Da die Berufsaufgabe Ende des 20. Jahrhunderts im Durchschnitt noch vor dem 60. Lebensjahr erfolgte, wird zumeist das 60. Lebensjahr als Beginn des Alters angesetzt. In anderen Erhebungen findet sich hingegen das 65. Lebensjahr als Beginn des dritten Lebensabschnitts, dem Alter. Dieses wird in Anbetracht der gestiegenen Lebenserwartung heute als dritter Lebensabschnitt nach Kindheit/Jugend und Berufstätigkeit bezeichnet. Die Veränderungen im Rentenbezug und die Anhebung des Rentenalters könnten zukünftig zu einer weiteren Anhebung der Altersgrenze führen.

Die wirtschaftliche Situation älterer Menschen gestaltete sich in den letzten Jahrzehnten zumeist recht günstig. Als Folge der Wirtschaftswunderzeit können sie über Einkünfte aus Renten, Geld- und Grundvermögen und Versicherungen verfügen – nicht ganz so günstig sieht die Vermögensbildung und das Einkommen bei den Senioren aus den neuen Bundesländern aus. Diese Einkünfte ermöglichen vielen der Jungen Alten eine selbstständige Lebensführung unabhängig von Leistungen Dritter. Die Freizeitindustrie hat ihre Wirtschaftskraft schon lange entdeckt: Das Seniorenmarketing entwickelte Stereotypen wie den Explorer, Bonviveur, Selfpromoter, Homeworker und Langzeiturlauber.

Im Schatten dieser wirtschaftlich versorgten Senioren steht die Gruppe alter Menschen, deren Biographie nicht glatt verlief, wozu insbesondere Frührentner, Frührentnerinnen sowie geschiedene Frauen zählen. In den nächsten Jahrzehnten wird für weitere Gruppen der Senioren eine wesentliche Verschlechterung der wirtschaftlichen Situation eintreten: Geringverdiener und Klein-Selbstständige drohen unweigerlich in Altersarmut zu geraten. Besonders betroffen sind ältere Frauen in Ein-Personen-Haushalten. Sie leben von einer schmalen Witwenrente oder einer Altersrente, die den Gendergap wiederspiegelt, oftmals verknüpft mit einer unterbrochenen Erwerbsbiographie. Die Rentenreformen der letzten beiden Jahrzehnte höhlen selbst die Renten der Besserverdienenden aus. Die Niedrigzinsphase entwertet Sparvermögen, private Lebens- und Rentenversicherungen. Es heißt zwar *Geld macht nicht glücklich*, die wirtschaftliche Situation beeinflusst den Lebensstandard, die Lebensqualität und die Erwartungen an das

Leben. Sie hat obendrein Auswirkungen auf das Anpassungsrepertoire an geänderte Lebensumstände, die Flexibilität im Umgang mit Einschränkungen in der Daseinsbewältigung, wie sie gerade im Alter auftreten können. Es ist eine historische Tatsache, dass alleinstehende Frauen im Alter mit Widrigkeiten rechnen müssen. Wer am unteren Ende der Wohlstandspyramide steht, erfährt den Alltag und das Alter anders als jemand an der Spitze. Reichen Rente und Vermögen nicht zum Lebensunterhalt, müssen Grundsicherung im Alter nach §§ 41 ff. SGB XII und andere Sozialleistungen in Anspruch genommen werden. Gerade älteren Menschen fällt es schwer, sich im Dschungel der Sozial- und Rentenleistungen der verschiedenen Leistungsträger zurecht zu finden. Dies trägt zur verschämten Altersarmut bei. Sie wollen ihre Bedürftigkeit nicht zugeben, nicht um Hilfe und Rat bitten, nicht bei verschiedenen Stellen ihre Situation schildern. Die Schlangen vor den Tafelläden werden immer länger. Die Zahl der ‚Pfandpiraten' nimmt zu. Die Reihen der Vesperkirchen füllen sich. Darunter befinden sich zunehmend ältere Menschen.

Die ersten Jahre im Alter gestalten sich oftmals wirtschaftlich noch günstig. Die Kinder sind aus dem Haus und stehen auf eigenen Beinen. Die Berufsausübung mit ihren Zwängen und die damit verbundenen Mehraufwendungen sind entfallen. Die Lebensversicherung und der Bausparvertrag sind fällig. Es kann von Ersparnissen gezehrt werden. Mit steigendem Alter folgen Mehraufwendungen für Gesundheitsprodukte, Gesundheitsbehandlung, Hilfen im Haushalt und Hilfe zur Pflege. Die 1995 eingeführte gesetzliche Pflegeversicherung nach dem SGB XI hat zwar zur Entlastung beigetragen. Die Leistungen der gesetzlichen und privaten Renten und der Pflegeversicherung decken jedoch in den seltensten Fällen die Kosten der Unterbringung in einem Pflegeheim. Es muss auf eigenes Vermögen zurückgegriffen werden oder es müssen Leistungen der Grundsicherung und der Sozialhilfe in Anspruch genommen werden, die eine bescheidene Lebensführung gewährleisten, die zum Nötigsten reicht. Gerade bei älteren Menschen besteht die Furcht, dass Sozialleistungsträger ihre Kinder in Regress nehmen, sollten sie solche Leistungen beantragen. Die Anhebung der Freibeträge für den Rückgriff lässt diese Furcht selbst bei gutverdienenden Kindern zumeist unbegründet erscheinen. Nur bei überdurchschnittlich gut verdienenden Abkömmlingen kommt ein Regress in Betracht.

Gepflegter Lebensstandard, Gesundheitsvorsorge und erweiterte medizinische Behandlungsmöglichkeiten haben zu einer höheren Lebenserwartung und besseren Lebensqualität älterer Menschen beigetragen. Pauschal wird behauptet, die Lebensqualität älterer Menschen habe sich in den letzten 50 Jahren um 15 Jahre verbessert: 75-Jährige von heute sind so agil wie es ihre Großeltern mit 60 Jahren waren. Dabei darf nicht vergessen werden, dass manche Menschen begleitet von Krankheiten und Behinderungen die Altersgrenze erreichen und nicht unbeschwert in den dritten Lebensabschnitt eintreten. Für sie gestaltet sich dieser dritte Lebensabschnitt nicht so günstig. Betrug im Jahre 1871 die durchschnittliche Lebenserwartung 36,5 Jahre, so beträgt sie mittlerweile mehr als 78 Jahre für Männer und mehr als 83 Jahre für Frauen. Dies geht in erster Linie auf die Fortschritte bei der Behandlung von Infektionskrankheiten zurück. Die Lebenserwartung steigt noch weiter. Krankheits- und altersbedingter Funktionsabbau bleiben gleichwohl nicht aus. Mehrfacherkrankungen und chronische Erkrankungen sind mit steigendem Alter die Regel. Das Alter kann mit Einschränkungen, wenn nicht sogar mit viel Leid verbunden sein.

Der Anteil älterer Menschen wird in der Bundesrepublik für das Jahr 2030 auf über ein Drittel der Gesamtbevölkerung geschätzt. Dies ist zum einen eine Folge der erhöhten Lebenserwartung, zum anderen durch die abnehmenden Geburtenzahlen bedingt, die nur zum Teil durch Einwanderung kompensiert werden. Bei einem Rentenalter von 60 Jahren werden rechnerisch 80 Senioren auf 100 Erwerbstätige, bei einem Rentenalter von 65 Jahren werden 61 Senioren auf 100 Erwerbstätige entfallen. Strukturelle Veränderungen der Erwerbstätigkeit wie die zunehmende Erwerbstätigkeit von Frauen und Schwankungen der Arbeitslosigkeit sind bei diesen Modellrechnungen nicht berücksichtigt. Diese Zahlen belegen, dass die wirtschaftliche Versorgung alter Menschen nicht nur deren Problem und das ihrer Angehörigen ist, sondern ein gesamtgesellschaftliches Problem darstellt.

Diese Entwicklung hat eine Diskussion um die künftige materielle Sicherung der Senioren ausgelöst. In Anbetracht des Wählerpotentials unter den heutigen und zukünftigen Senioren kann die Politik diese Probleme nicht aus den Augen lassen, auch wenn sie mit dem Wahlwerbespruch des früheren Ministers für Arbeit und Sozialordnung und Vater der Pflegeversicherung Norbert Blüm (1935–2020) *Die Renten sind sicher* verschleiert werden. Der Bismarcksche Generationenvertrag gerät in Bedrängnis.

Es wird beklagt, dass alte Menschen zu vereinsamen drohen, den Weg ins Pflegeheim antreten müssen, sie keine familiäre Stütze haben.[3] Dies verkennt, dass trotz getrennter Haushaltsführung zwischen Eltern und ihren erwachsenen Kindern ein erheblicher Zusammenhalt und Austausch bestehen

---

3   Rosenmayr 1976, 359 ff.

kann, viele Angehörige die Pflege leisten oder organisieren. Zur Vereinsamung trägt der Anstieg der Singlehaushalte bei. Von 1991–2018 haben diese um 50 % zugenommen.[4] Hinzu kommt die große Zahl kinderloser Haushalte.

---

4   De.statista.com Anzahl der Singlehaushalte 1991–2018.

Alter und Lebenserwartung

Alter wird heute vorwiegend kalendarisch bestimmt und orientiert sich am Renteneintrittsalter, der Zäsur im Leben durch den Eintritt in die Rente. Zum Teil wird das bis vor wenige Jahre geltende reguläre Renteneintrittsalter von 65 Jahren zugrunde gelegt. In den meisten Auswertungen und Statistiken wird vom 60. Lebensjahr ausgegangen, da im ausgehenden 20. Jahrhundert viele Menschen vor Erreichen des gesetzlichen Renteneintrittsalters mit 60 Jahren oder gar früher in Ruhestand gingen. Im Folgenden wird für die Gegenwart die Altersgrenze von 60 Jahren zugrunde gelegt, soweit nichts Abweichendes erwähnt ist.

In früheren Jahrhunderten gab es keine kalendarische Zäsur zwischen Arbeitsleben und Alter. Es gab keine kalendarische Altersgrenze, keinen Ruhestand. Entscheidend war das Nachlassen der körperlichen oder geistigen Leistungsfähigkeit. Alt war, wer gebrechlich und nicht mehr arbeitsfähig war, seinen gewohnten Tätigkeiten nicht mehr nachgehen konnte. Das war bei den meisten Menschen schon weit vor dem 60. Lebensjahr der Fall. Viele erreichten dieses Alter überhaupt nicht. Kranke und Invalide zählten zu den Alten, selbst wenn sie es nach ihrem Lebensalter noch nicht waren. In vielen Erhebungen und Untersuchungen zum Leben in früheren Jahrhunderten wird deshalb eine Altersgrenze von 50 Jahren zugrunde gelegt. Erst mit der Bismarckschen Rentenversicherung von 1889/1891 wurde erstmals eine kalendarische Altersgrenze von 70 Jahren für den Eintritt in den Ruhestand festgelegt.

Das Leben im Alter gestaltete sich in früheren Jahrhunderten höchst unterschiedlich. Die wirtschaftlichen, sozialen und physischen Verhältnisse konnten recht verschieden sein. Das Leben eines Bauern gestaltete sich anders als das Leben eines Fürsten. Das Leben, der Alltag eines Tagelöhners verlief anders als das Leben eines Bauern, eines Kaufmanns und eines Handwerkers. Die Menschen auf dem Land erlebten das Alter anders als es bei alten Menschen in der Stadt der Fall war. Diese Unterschiede spiegeln sich im Leben alter Menschen wider. Diese Alltagserfahrungen und Lebensweisen können nicht verallgemeinert werden.

Die durchschnittliche Lebenserwartung betrug in Deutschland

1871/1881	Männer	35,6 Jahre
	Frauen	38,5 Jahre
2020	Männer	78,8 Jahre
	Frauen	83,5 Jahre

Der Begriff *durchschnittliche Lebenserwartung* besagt nicht viel über die zu verbringenden Lebensjahre im Alter. Der Durchschnittswert wurde in früheren Jahrhunderten von einer hohen Säuglings- und Müttersterblichkeit bestimmt. Die meisten Säuglinge erreichten nicht das erste Lebensjahr. Erst wer die ersten Lebensjahre überstanden hatte, der hatte die Chance ein höheres Alter zu erreichen.

Etwas mehr besagen Erhebungen über die noch zu verbringenden Lebensjahre nach dem Erreichen eines bestimmten Alters. Wer das 50. Lebensjahr erreicht hatte, der konnte

1570	noch 18 Jahre	also insgesamt 68 Jahre
1720	noch 17 Jahre	also insgesamt 67 Jahre
1810	noch 20 Jahre	also insgesamt 70 Jahre
1973	noch fast 30 Jahre	also insgesamt fast 80 Jahre

erwarten.[5] Diese Zahlen besagen jedoch nichts über die Anzahl der Menschen, die das Lebensalter von 50 Jahren überhaupt erreichen konnten. Sie sagen nichts darüber aus, welchen Anteil sie an der Gesamtbevölkerung, insbesondere unter den erwachsenen Personen ausmachten. Sie belegen jedoch, dass der Anstieg der Lebenserwartung nicht gleichmäßig verlief. Der größte Anstieg ist im Zeitraum ab 1900 zu verzeichnen.

Von 1.000 Lebendgeborenen im Alter von 15 Jahren erlebten

1570	keine 300 das 50. Lebensjahr (30 %)	keine 200 das 70. Lebensjahr (20 %)
1720	etwa 400 das 50. Lebensjahr (40 %)	etwa 180 das 70. Lebensjahr (18 %)
1810	etwa 430 das 50. Lebensjahr (43 %)	etwa 190 das 70. Lebensjahr (19 %)
1973	etwa 900 das 50. Lebensjahr (90 %)	etwa 720 das 70. Lebensjahr (72 %).[6]

---

5 Imhof 1981, 80 f.
6 Imhof 1981, 82 f.

Alter und Lebenserwartung

Diese Zahlen belegen, dass im Zeitraum von 1500 bis 1800 die Mehrzahl der Menschen kein Alter über 50 und noch weniger über 70 Jahre erreichen konnte. Sie verstarben in jungen und mittleren Jahren. Erst im 20. Jahrhundert kehrte sich das um. Im Vergleich zum 16. Jahrhundert erreichten im 20. Jahrhundert etwa dreimal so viele Menschen das 50. und 3,6-mal so viele das 70. Lebensjahr.

Bis 1900 ist die Lebenserwartung immer wieder Schwankungen unterworfen. In Zeiten von Kriegen, Missernten und Hungersnöten sank die Lebenserwartung zum Teil dramatisch ab. Seuchen begleiteten oftmals Kriege und Hungersnöte und trugen ein Übriges zur sinkenden Lebenserwartung bei. Seuchen und Hungersnöte rafften zuerst die Kranken und Schwachen, die Alten und Säuglinge dahin. In den Städten war die Lebenserwartung ab dem 18. Jahrhundert niedriger als auf dem Land. Unzureichende Abwasserbeseitigung und mangelhafte Trinkwasserversorgung, beengte Wohnverhältnisse erhöhten die Anfälligkeit für Krankheiten in den Städten.

Die Lebenserwartung war wie heute verbunden mit einer beruflich-gesellschaftlichen Ungleichheit. Hochadel, Großgrundbesitzer und vermögende Kaufleute lebten in besseren Wohnverhältnissen und nicht in drangvoller Enge. Ihre Nahrungsversorgung war üppiger und vielfältiger. Beim Ausbruch von Seuchen und Infektionswellen konnten sie auf ihre Landgüter fliehen und sich in ihren Häusern verriegeln. Damit waren sie den Seuchen und Infektionen nicht so schutzlos ausgesetzt wie das einfache Volk.[7] Sie konnten auf einen geruhsamen und gesicherten Lebensabend hoffen. Sie waren im Kreis ihrer Familie und umgeben von Gesinde gut aufgehoben. Ihnen wurde mit einer gewissen Hochachtung begegnet, die ihrem Vermögen, ihrem Rang und ihren Verdiensten geschuldet war, aber auch dem Umstand, dass viele noch über die Macht verfügten, Nachfolge, Vergünstigungen und Pfründe zu vergeben.

Die Zahlen zur durchschnittlichen Lebenserwartung besagen nichts über die teilweise erheblichen Unterschiede unter den verschiedenen gesellschaftlichen Schichten und den Berufszugehörigkeiten.[8] Dies ist ein Phänomen, das in der Vergangenheit wie in der Gegenwart zu beobachten ist. Wenige Menschen erreichten ein hohes Alter wie Karl-Friedrich, Markgraf zu Baden und Hochberg (1728–1811), der 83 Jahre alt wurde und Kaiser Wilhelm I. (1797–1888), der mit 91 Jahren verstarb. Der Dichter Hans Sachs (1494–1576) erreichte das 82. Lebensjahr. Es hing nicht nur mit der sozialen

---

7 Braudel 1990, 82 ff., 193 ff.
8 Imhof 1981, 82 ff.

Schicht und dem Beruf, sondern obendrein mit der Lebensweise, der Ernährung und den Wohnverhältnissen zusammen. Die Verbesserungen der hygienischen Standards, der medizinischen und medikamentösen Behandlung, die Verbesserung in der Versorgung mit Nahrungsmitteln kam Mitte des 18. Jahrhunderts vor allem den gehobenen Schichten zugute. Die unteren Schichten partizipierten kaum von dieser Entwicklung. Erst seit dem Ende des 19. Jahrhunderts konnte eine breitere Bevölkerung Zugang zur medizinischen Versorgung erhalten. Hingegen führte die Industrialisierung im 19. Jahrhunderts für die arbeitende Bevölkerung in Fabriken und Heimarbeit zu schwierigen Lebensverhältnissen und großer existenzbedrohender Not. Gleichzeitig ereigneten sich mehrere Hungerskatastrophen, die vor allem die unteren Schichten ins Elend stürzten.[9]

Die Familie von Barbara und Hans Geizkofler war im 16. Jahrhundert durch Handel und Bergwerke zu einem ansehnlichen Vermögen gekommen. Sie hatten 16 Kinder, denen sie eine umfassende Ausbildung zukommen ließen. Elf der Söhne erwarben hohe Anstellungen im Dienst von Fürsten und Kaufleuten wie den Fuggern. Sie erreichten ein Lebensalter von

Georg	1526–1577	51 Jahre	Münzmeister
Michael	1527–1614	87 Jahre	Rentmeister
Hans	1530–1581	51 Jahre	Bergwerksdirektor
Casper	1531–1575	44 Jahre	Leiter Münzamt
Balthasar	1533–1592	59 Jahre	Buchhalter
Melchior	1534–1566	32 Jahre	Pfleger
Gabriel	1537–1588	51 Jahre	Faktor
Raphael	1539–1584	45 Jahre	Generalhofkassierer
Uriel	1539–1595	56 Jahre	Generaleinnehmer
Max	1542–1570	28 Jahre	Amtmann
Lukas	1550–1620	70 Jahre	Syndikus.[10]

Die Familie Geizkofler hatte keine Entbehrungen wie Hunger leiden müssen. Die Vermögensverhältnisse lassen eine für die damalige Zeit überdurchschnittliche Versorgung mit Nahrungsmitteln und gesunde Wohnverhältnisse erwarten. Sie waren keinen anstrengenden körperlichen Arbeiten bei Wind und Wetter ausgesetzt. Die beruflich-gesellschaftliche Stellung hob sie aus der Masse der Menschen ihrer Zeit heraus. Ihnen wurde mit Achtung

---

9 Imhof 1981, 116, 121 ff.
10 www.deutsche-biographie.de/sfz20257.html#ndbcontent_sfz23194 (online-Zugriff am 22.08.2021)

begegnet. Trotzdem wurden nur zwei der Söhne älter als 60 Jahre. Michael Geizkofler erreichte sogar das stolze Alter von 87 Jahren. Zwei der Söhne verstarben, bevor sie das 40. Lebensjahr erreicht hatten. Hier spiegeln sich das Privileg des gehobenen Lebensstandards und zugleich die alltäglichen Gefahren für Menschen im 16./17. Jahrhundert und deren allgegenwärtige Nähe zum Tod wider.

Die Zahlenangaben zur Altersstruktur der Bevölkerung differieren von Ort zu Ort sehr stark. Es ist fraglich, ob sie die Realität wirklich wiedergeben. Die erhobenen Zahlen und ausgewerteten Unterlagen sind nicht immer vollständig und aussagekräftig. Verschiedene Quellen nennen folgende Anteile der Menschen über 60 Jahre an der Gesamtbevölkerung:

Oberamt Lautern	1601	2,0 %
Zürich	1601	6,0 %
Altona	1803	8,1 %
	1855	5,8 %
	1900	6,4 %
Barmen	1816	5,3 %
	1864	5,0 %
	1905	6,0 %
Berlin	1816	6,6 %
	1846	4,2 %
	1871	4,6 %
	1900	5,9 %[11]

Die unterschiedlichen Zahlenwerke in früheren Jahrhunderten lassen sich zum Teil aus den wirtschaftlichen und sozialen Gegebenheiten erklären. Die bäuerliche Bevölkerung in den ländlichen Gemeinden des Oberamts Lautern hatte aufgrund der mühseligen Arbeit, der sie bei Wind und Wetter ausgesetzt war, im 17. Jahrhundert eine geringere Lebenserwartung als die Bevölkerung in den Städten. Im 17. Jahrhundert war die Lebenserwartung auf dem Land im Allgemeinen niedriger als in den Städten, weil die Arbeit und die Bewältigung des Alltags viel beschwerlicher waren. Erst im 18 Jahrhundert sollte sich dies umkehren. Der Zustrom in die Städte, zunehmend beengtere und unhygienische Wohnverhältnisse mit nassen und kalten Wohnungen, Mangel an Holz zum Heizen und Kochen machten das Leben in den Städten beschwerlicher. Der in Altona und Berlin in der ersten Hälfte des 19. Jahr-

---

11   Borscheid 1989, 24; Conrad 1994, 65.

hunderts sinkende Anteil der älteren Bevölkerung ergibt sich aus dem Zuzug überwiegend junger Menschen in die Städte trotz steigender Lebenserwartung. Zwar besteht eine Zunahme älterer Menschen in absoluten Zahlen, im Verhältnis zur steigenden Gesamtbevölkerung in den Städten nimmt der Anteil in relativen Zahlen ab. Letzeres zeigen auch die Anteile älterer Menschen an der Gesamtbevölkerung in Köln:

Jahr	Männer	Frauen
1812	9,4 %	10,0 %
1849	4,6 %	5,5 %
1864	4,9 %	5,7 %
1880	5,5 %	6,5 %
1890	4,4 %	5,4 %
1900	4,4 %	5,3 %.[12]

Auf den ersten Blick verwundert die Diskrepanz zwischen dem Jahr 1812 und 1849. Die Bevölkerung in Köln hatte während der französischen Besetzung der Rheinlande 1794 bis 1813 stagniert. Dann erst zogen junge Menschen wieder vermehrt in die Stadt. Der relative Anteil älterer Menschen sank.

Schichtspezifische Erhebungen in Genf des 17. Jahrhunderts ergaben ganz andere Verhältnisse. Unter 1.000 Lebendgeborenen erreichten das 60. Lebensjahr in der

Oberschicht	305 Menschen
Mittelschicht	171 Menschen
Unterschicht	106 Menschen.

Hierbei setzten sich die Schichten zusammen aus

Oberschicht	Groß- und mittleres Bürgertum, Kaufleute, höhere Amtsträger
Mittelschicht	Kleinbürgertum, Handwerker, Kleinkaufleute, qualifizierte Arbeiter und Angestellte
Unterschicht	wenig spezialisierte Arbeiter und Angestellte in Textil- und Landwirtschaft u. a.

---

12 Conrad 1994, 63.

Die Gesamtbevölkerung setzte sich nach Schichten gegliedert zusammen aus

    Oberschicht   18,1 %
    Mittelschicht 40,6 %
    Unterschicht 41,3 %.[13]

Die Genfer Zahlen scheinen anderweitigen Erhebungen zu widersprechen. Diese lassen sich auf den Wohlstand in Genf zurückführen. Ein Vergleich mit Erhebungen in Berlin ergab, dass die Berliner Bevölkerung erst 300 Jahre später dieselbe Lebenserwartung aufwies wie die Genfer Bevölkerung im 17. Jahrhundert.[14]

Die hohe Divergenz zwischen dem Anteil der 60-Jährigen in der Oberschicht in Genf zu dem weitaus geringeren Anteil in der Unterschicht, die mehr als das Doppelte in der Gesamtbevölkerung ausmachen, beruht unter anderem mit darauf, dass in der Erhebung von den Lebendgeborenen ausgegangen wird. Die Säuglings- und Kindersterblichkeit war in der Oberschicht weitaus geringer als in der Unterschicht. Dies war mit ein Grund dafür, warum weniger Menschen in der Unterschicht das 60. Lebensjahr erreichen konnten. Dieser Umstand relativiert die Zahlen. Gleichwohl bleibt das Phänomen der schichtenspezifischen Mortalität. Kräftezehrende Arbeit, schlechte Ernährung, unzureichende Hygiene und beengte Wohnverhältnisse trugen dazu bei. Menschen der Unterschicht litten in ihren kalten, feuchten Behausungen, in die wenig Licht gelangte. Im Winter rafften Erkältungen und Lungenentzündungen sie dahin. Dies traf vor allem die schwächsten Glieder der Gesellschaft – alte Menschen und Kleinkinder.

Die schichtspezifischen Erhebungen in Genf belegen große soziale Unterschiede in der Lebenserwartung. Dem korrespondieren aktuelle Verlautbarungen des Robert-Koch-Instituts zur Lebenserwartung in Deutschland im 21. Jahrhundert. Hiernach steigt die durchschnittliche Lebenserwartung mit dem Einkommen. Zwischen der niedrigsten und der höchsten Einkommensgruppe liegt im 21. Jahrhundert bei Frauen eine Differenz von 8,4 Jahren und bei Männern von 10,8 Jahren. Dasselbe schichtspezifische Ungleichgewicht wie bei der Lebenserwartung besteht ebenfalls bei der Morbidität, der Ungleichheit bei Gesundheit und Krankheit.[15]

In Anbetracht der geringen Lebenserwartung war Alter nach Lebensjahren damals kein breit anzutreffendes Phänomen. Anders als heutzutage gab

---

13   Imhof 1981, 122 f.
14   Imhof 1981, 125 f.
15   Imhof 1981, 126.

es kein langes Alter mit Gebrechen und begleitet von chronischen Krankheiten. Nur wenige erreichten das 60. Lebensjahr und auf diese wenigen alten Menschen warteten zumeist nur noch wenige Lebensjahre. Deshalb kann es nicht verwundern, dass Leben und Versorgung im Alter nicht im Blickpunkt von Politik und Gesellschaft standen. Alte Menschen waren darauf angewiesen, ihr beschwerliches Schicksal selbst in die Hand zu nehmen, auf die Unterstützung Angehöriger zu hoffen oder ihnen blieb nur die Hoffnung auf den Tod, der dem Elend ein Ende bereiten würde. Erst im 19. Jahrhundert wuchs die Zahl alter Menschen und wurde die Drangsal vieler alter Menschen augenfällig und forderte ein Umdenken. Eine kalendermäßige Unterscheidung von Alter und gar Altersgruppen war in früheren Jahrhunderten nicht angezeigt. Dies galt erst recht, weil es keine kalendermäßige Freistellung von der Arbeit, keine Renten und damit kein kalendermäßig fixiertes Rentenalter gab. Erst mit der gestiegenen Lebenserwartung im 19. Jahrhundert und mit der Einführung des Renten- und Pensionssystems im 19./20. Jahrhundert entstand das Alter als eigenständiger dritter Lebensabschnitt. Die alten Menschen machten nicht mehr eine verschwindend geringe Zahl in der Bevölkerung aus. Sie lebten länger und viele erreichten ein höheres Alter, womit ihre Sichtbarkeit in der Bevölkerung zunahm. Zuvor galten jene Personen als alt, deren körperliche und geistige Kräfte schwanden, die gebrechlich wurden. Dies konnte schon lange vor dem 50. und 60. Lebensjahr geschehen.[16]

---

16 Manke/Münch 2012, 106.

Leben in der Neuzeit

Im 16. Jahrhundert verzeichneten Landwirtschaft und Handel einen Aufschwung. Dies führte zu einer Vermögensmehrung der beteiligten Kreise. In den Städten wuchs eine Schicht vermögender Kaufleute heran. Die Namen Fugger und Welser in Augsburg und Nürnberg sind ein Synonym für vermögende Großkaufleute.

Zeichnungen von Städten am Übergang des Mittelalters zur Neuzeit zeigen prächtige Bauwerke: Kirchen, Schlösser, mondäne Patrizierhäuser. Das ist der eine Teil der Stadt mit den repräsentativen Bauwerken der Adligen, der Kaufleuten und dem hohen Klerus. Neben der aufsteigenden Kaufmannsschicht, die an der Vermögensmehrung teilnahm, gab es die Gruppe der wenig begüterten Kleinkrämer, ein vor allem von Frauen besetztes Gewerbe. Hingegen sanken die Einkünfte der Handwerker.[17] Ein großer Teil der Bewohner lebte in äußerst bescheidenen Verhältnissen oder gar Armut. Tagelöhner, Gelegenheitsarbeiter, Fuhrleute lebten von der Hand in den Mund. Sie wohnten in Buden und Hütten. Nicht immer fanden sie Arbeit. Ebenso erging es Knechten und Mägden, wenn sie nicht im Haushalt ihrer Arbeitgeber Kost und Logis hatten. Entlassenes Gesinde und Landlose zogen auf Arbeitssuche von einer Stadt zur anderen. Diese Lebensverhältnisse stellten die Weichen für das Leben im Alter, das für viele Menschen noch entbehrungsreicher und beschwerlicher war als in jüngeren Jahren.

Die prächtigen, solide errichteten Bauwerke sind erhalten geblieben. Der Denkmalschutz trägt dazu bei. Sie prägen das Bild der Städte im Mittelalter und in der Neuzeit. Die maroden Wohnhäuser, Buden und Hütten der ärmeren Bevölkerung sind verschwunden. Sie haben dem Zahn der Zeit, Witterung, Wind und Wetter nicht standgehalten. Dadurch wird das Bild der Lebensverhältnisse in früheren Jahrhunderten drastisch verfälscht. Wenige Menschen erlebten ein Alter von mehr als 50 oder gar 60 Jahren. Die wirtschaftliche Stellung der alten Menschen, ihr Hab und Gut bestimmte ihren Lebensabend. Das Erbe bestimmte den Machtanspruch in der Familie. Wer etwas zu vererben hatte, konnte die potentiellen Erben an sich binden. Diese schuldeten Achtung und Respekt. Wer nichts hatte, war auf das Wohlwollen seiner Kinder oder Almosen angewiesen. Die Kinder armer alter Menschen

---

17   Aubin/Zorn 1971, 377.

lebten zumeist in ähnlichen Verhältnissen wie die Eltern, sozialen Aufstieg gab es nicht. Die Kinder konnten sich kaum um die alten Eltern kümmern, viele lebten an anderen Orten. Alte und Kranke waren weithin auf Almosen und die Unterbringung in Spitälern angewiesen.

Abb. 1: Bild einer alten Frau.

Alter im Auge der Gesellschaft

Zu Beginn des 16. Jahrhunderts erreichten nur wenige Menschen das 60. Lebensjahr oder gar mehr. Auf dem Land mit seinen harten Arbeits- und Lebensbedingungen waren es gerade 2 %, in der Stadt Zürich allemal 6 %.[18] Die Abbildungen alter Menschen zeichnen die Mühseligkeit des Alters. Sie waren oft Geringschätzung und Spott ausgesetzt. Die Bilder zeigen alte Menschen mit vergrämten, mürrischen Zügen, das Gesicht voller tiefer Falten, gramgebeugt, gebückt von den Lasten des Daseins. Diese Bilder können

---

18 Borscheid 1989, 24.

nicht verwundern, denn das Leben war hart. Die Menschen alterten früh. Anders ist es um die Bilder von Adligen und reichen Patriziern bestellt. Doch diese geben nicht unbedingt die Wirklichkeit wieder, sondern hatten den Auftrag, die Person zu verherrlichen. Alte Menschen galten als geizig, mürrisch, stumpfsinnig, wenn nicht gar debil. Das damals in vielen Wohnstuben aufgehängte Bild der *Lebenstreppe*, auch *Stufenjahre des Menschen* genannt, zeichnete den Lebensverlauf. Die Treppe führte zuerst nach oben bis zur Lebensmitte und im Alter führt sie nach unten und endete auf derselben Stufe wie ein Säugling. Die Vorstellung vom Alter war negativ besetzt.[19] Die arme alte Frau spielte eine besondere Rolle in der Hexenverfolgung. Verachtung und Feindseligkeit schlug diesen Frauen entgegen. Zwar gab es nicht mehr die Altentötung durch Aussetzen und Verhungernlassen wie in früheren Zeiten[20], doch viele alte Menschen mussten um ihr Gnadenbrot fürchten, darum betteln. Die Märchensammlung der Gebrüder Grimm ist voll der bedauernswerten Schicksale alter Menschen. Märchen sind ein Spiegel ihrer Zeit. Sie spiegeln die Vorstellung vom Alter, von der Stellung alter Menschen in der Gesellschaft und in ihrer Familie wider. Das Märchen *Der alte Großvater und der Enkel* beschreibt die Respektlosigkeit und Geringschätzung, ja den Ekel vor dem zittrigen alten Großvater. Das Volksmärchen der *Bremer Stadtmusikanten* schildert, wie verdienten alten Gesellen das Gnadenbrot vorenthalten wird, ihnen Unrecht widerfährt.[21] Im Märchen *Die Lebenszeit* heißt es:

> Also lebt der Mensch Siebeinzig Jahr. Die ersten dreißig sind seine menschlichen Jahre, die gehen schnell dahin; da ist er gesund, heiter, arbeitet mit Lust und freut sich seines Daseins. Hierauf folgen die achtzehn Jahre des Esels, da wird ihm eine Last nach der andern aufgelegt: er muß das Korn tragen, das andere nährt, und Schläge und Tritte sind der Lohn seiner treuen Dienste. Dann kommen die zwölf Jahre des Hundes, da liegt er in den Ecken, knurrt und hat keine Zähne mehr zum Beißen. Und wenn diese Zeit vorüber ist, so machen die zehn Jahre des Affen den Beschluß. Da ist der Mensch schwachköpfig und närrisch, treibt alberne Dinge und wird ein Spott der Kinder.

Ein hohes Lebensalter zu erreichen, galt weithin nicht als erstrebenswert, wie die alte Lebensweisheit besagt: *[...] bittet, dass ich wohl sterbe und seelig werde*. Die alten Menschen warteten darauf, dass sich die Pforten des Paradieses für sie öffneten. Es hatte dann alles Leid ein Ende. Im Jenseits erwarteten sie Glückseligkeit und Belohnung für die Mühsal im Diesseits.

---

19 Schmitt 2012, 240 f.
20 Borscheid 1989, 183.
21 Schmitt 2012, 252.

Wertschätzung konnten Handwerker und Kaufleute erfahren, die mit zunehmendem Alter über besonderes Wissen, Kunstfertigkeiten und Erfahrungen verfügten, von denen junge Menschen profitieren konnten. Dasselbe galt für Menschen, die über reichlich Hab und Gut verfügten, das sie aus der Masse hervorhob, denen jüngere nacheifern wollten. Andere genossen kraft ihres Amtes wie hohe geistliche Würdenträger oder politischer Macht ein hohes Ansehen.

Abb. 2: Galgenbaum im 30-jährigen Krieg.

Während dem 30-jährigen Krieg (1618–1648) sank die Lebenserwartung drastisch. Ganze Landstriche wurden verwüstet und entvölkert durch Tod, Vertreibung und Flucht. Pestepidemien und andere ansteckende Krankheiten, die zwangsläufig mit dem Krieg einhergingen, taten ein Übriges dazu. Sie trafen vor allem die Schwachen und hierzu zählten ältere Menschen, denen ein hartes und entbehrungsreiches Leben Kraft und Widerstand gekostet hatte. In der allgemeinen Not und Verzweiflung gingen Mitleid und Nächstenliebe verloren. Darunter litten besonders ältere Menschen, die auf die Unterstützung der jüngeren angewiesen waren. Dörfer und Städte waren niedergebrannt, die Menschen mussten fliehen. Die Landwirtschaft lag darnieder. Das Wissen um die Landbewirtschaftung ging verloren. Viele Menschen ernährten sich nur noch von Gras und Wurzeln. Tod, Flucht und Vertreibung zerrissen Familienbande. Alte Menschen hatten ihre Lebensgrundlage verloren. Das Dasein im Alter wurde zu einer unerträglichen Last.[22] Was sie sich erarbeitet und aufgebaut hatten, war zerstört. Der Krieg hatte viele Menschenleben gefordert. Alte und Junge hatten ihr Leben verloren. Star-

---

22 Borscheid 1989, 165.

ben die jungen Menschen, verloren die alten Menschen Unterstützung im Alter und waren auf sich allein gestellt. Die Felder waren zerstört und von Unkraut überwuchert, das Vieh getötet. Der Hunger traf am ärgsten die Kinder, die Alten, die Kranken und Schwachen. Der Kampf ums alltägliche Überleben ließ keinen Raum für Barmherzigkeit. Krieg und Hungersnot führten zu Seuchen. Die Seuchen wiederum wüteten unter den Überlebenden. 40 % der Menschen auf dem Land sollen umgekommen sein. Die Städte beklagten den Verlust von etwa einem Drittel der Bevölkerung. Durch die Verwüstung der Felder und den Verlust des Viehs hatte die bäuerliche Bevölkerung ihre Existenzgrundlage auf lange Zeit eingebüßt. Dies traf die Älteren schwer: Sie hatten keine Zeit mehr, etwas Neues aufzubauen. Ihnen blieb nur die Mühsal der Nachkriegsjahre, ohne Hoffnung auf bessere Zeiten. Es dauerte 25 Jahre, bis die schlimmsten Spuren beseitigt waren und fast hundert Jahre, bis der frühere Stand auf dem Land wieder erreicht war und die Landwirtschaft sich regeneriert hatte.

Die Kehrseite nach den Schrecken und Entbehrungen der Kriegsjahre war eine Sucht nach Leben bei gleichzeitigem Fatalismus, ein Verlust an Mitgefühl, an Nächstenliebe. Eltern verließen ihre Kinder und Kinder ihre Eltern.[23] Die Mystifizierung des Vaters als Stellvertreter Gottes wurde zunehmend abgelöst durch das Bild des Verfalls im Alter. Appelle der Kirche und moralische Wochenschriften versuchten dem Schwinden von Achtung und Respekt vorm Alter entgegen zu wirken.

Die Menschen ertrugen im Mittelalter und der frühen Neuzeit die Mühen des Lebens mit Demut und Geduld. Sie gingen davon aus, dass sie für die Mühen im Diesseits später im Jenseits belohnt würden. Im Jenseits erwarteten sie die Belohnung für alle irdischen Qualen. Sie fürchteten den Tod nicht. Sie sehnten den Tod als Erlösung herbei. Doch zunehmend änderte sich diese Geisteshaltung im 18. Jahrhundert. Das irdische Dasein gewann an Bedeutung. Es galt nicht mehr der fromme Wunsch *[...] bittet, dass ich wohl sterbe und seelig werde.* Die Seligkeit wurde nicht mehr in die ferne Zukunft nach dem Tod verschoben. Sie erwarteten im Diesseits Belohnung für ihre Mühen und Drangsal. Die Sehnsucht nach einem längeren Leben kam auf und verschaffte Kurpfuschern, Quacksalbern und Wunderheilern reichlich Kundschaft. Mit den gesteigerten Erwartungen an das Diesseits und dem Wunsch nach einem längeren Leben ging einher, dass die Wertschätzung alter Menschen zunahm.

---

23 Borscheid 1989, 42.

Dem folgte eine Phase des Versuchs, die Menschen zu Sitte und Moral zu erziehen. Anstandsbücher, moralische Wochenschriften und Hausväterliteratur durchdrangen die Gesellschaft von oben nach unten. Die Gedanken der Aufklärung und des Pietismus trugen dazu bei. Es war der Versuch, die Gesellschaft durch moralische Appelle zu disziplinieren, zu tugendhaftem Verhalten in gegenseitiger Verantwortung anzuhalten. Grobheiten und derbe Sprüche wurden nur noch den unteren Bevölkerungsschichten missbilligend nachgesehen. Dazu trugen die christliche Lehre der Nächstenliebe, die Tugendlehre des Pietismus, des Humanismus und die Aufklärung mit dem Gedanken einer Gesellschaft mit gegenseitiger Verantwortung bei. Der Absolutismus erhob Familienväter und damit ältere Männer zu unangefochtenen Autoritäten, zu uneingeschränkten Herrschern über ihr Eigentum und ihre Familienangehörigen. Zeigten Kinder Ungehorsam und Widerspruch, drohten ihnen Strafen und Verachtung. Das Haus wurde zum Abbild des Staates, der Hausherr zum Abbild des absolutistischen Landesvaters. Die Folge war eine Aufwertung des Alters, wie sie in Todesanzeigen, Totengesängen und Leichenpredigten zum Ausdruck kam. War nach dem 30-jährigen Krieg eine Abwertung des Alters und des Ansehens alter Menschen eingetreten, folgte nun eine Aufwertung. Die Jungen hatten dem Alter Ehrerbietung zu leisten. Frauen kam diese Sichtweise nicht zugute und auch nicht unverheirateten Personen. Frauen nahmen nur in ihrer Funktion als Hausmutter an dieser Aufwertung teil. Nun galt die Verlängerung des Lebens, der Lebenserwartung erstrebenswert. Es wurden gesunde Lebensführung, Mäßigung und Hygiene empfohlen. Die Lebenserwartung stieg wieder, was auch der besseren Versorgung mit Nahrungsmitteln geschuldet war. Der Anteil der über 65-Jährigen stieg in der Kleinstadt Nürtingen 1680 auf 6,7 % und 1770 auf 8,6 %.[24] Gleichwohl darf nicht vergessen werden, dass diese Fortschritte, Verbesserungen und Ratschläge nicht alle Menschen erreichten. Wer am Rande des Existenzminimums lebte, konnte davon wenig profitieren. Ein hohes Alter in Ehren und Würden zu erreichen galt nunmehr als erstrebenswert, wenngleich die meisten noch immer nur ein mittleres Alter erreichen konnten.

Doch Mitte des 18. Jahrhunderts wandelte sich diese Haltung erneut. Die Jugend, ihre Kraft und Energie rückten in den Mittelpunkt. Das Zeitalter der Revolutionen, des Sturm und Drang kündigte sich an. In der Literatur folgte auf Lessings *Nathan der Weise* der Präsident als Sinnbild des Macht-

---

24 Borscheid 1989, 207.

menschen in *Kabale und Liebe*. Nathan als Sinnbild für Toleranz und Vernunft war einst zum erstrebenswerten Vorbild für die Jugend geschaffen worden. Der Präsident hingegen war das kritisch beäugte Beispiel eines seine Macht missbrauchenden skrupellosen alten Mannes. Der Sturm und Drang huldigte dem Kraftmenschen. Kraftmenschen sind die jungen Menschen und nicht die alten, die zu Gebrechlichkeit und Vergesslichkeit wie auch zu Ungerechtigkeit und Skrupellosigkeit neigen. Es begann eine Zeit des Umbruchs in Gesellschaft, Politik und Wirtschaft. Nur in den Kreisen des gehobenen Adels und dem gehobenen Bürgertum fanden das Alter, seine Weisheit und Erfolge weiterhin Anerkennung und Verehrung, auch wenn dies nur in Anbetracht deren Macht, Vermögen und des zu erwartenden Erbes geschah. In anderen Kreisen schwand der Glaube an die Autorität des Vaters und seine Weisheit. Doch die Älteren versuchten, ihre schwindende Autorität mit Härte und dem Stock zu verteidigen getreu dem Satz, *Wer sein Kind liebt, der züchtigt es*. Daneben kam als Gegenströmung das Bild vom gutmütigen Großvater auf, der sich wohlwollend seinen Enkeln zuwandte, der sie ermahnte und lehrte und dem sie aus Zuneigung Ehrfurcht erwiesen. Diese Erwartung wurde auch an die Väter gestellt. Diese sollten verständnisvoll sein und sich um ihre Nächsten liebevoll kümmern. Dies war eine Erwartung, die mit der rauen Realität nicht viel gemein hatte.

Diese Zeit des Umbruchs huldigte der Jugend und hob vermehrt die Schwächen des Alters hervor. Ältere Menschen mussten dies leidvoll ertragen oder sich wehren. Manche ältere Menschen wollten dem entgehen, indem sie sich wie junge Menschen verhielten und kleideten, was sie wiederum der Lächerlichkeit und dem Spott preisgab, *Alter schützt vor Torheit nicht*. Sie huldigten der Jugend, entwürdigten das Alter und werteten es ab. Der Spott galt vor allem älteren Frauen, die als hässliche Hexen in Volksmärchen wie *Die Alte im Wald* auftauchen. Daran vermochten fromme Ermahnungen und Moralpredigten nichts zu ändern.

Das Bild der alten Menschen, das Verhältnis zwischen jung und alt war in einem ständigen Wandel begriffen. Es entstanden neue Ideal- und Wunschbilder der Gesellschaft, der Menschen, des Daseins. Die Kirchen und ihre Vertreter nebst Philosophen, Literaten und Politikern, die Verfasser von Moralschriften und Tugendbüchern wollten einen Menschen nach ihrem jeweiligen Verständnis bilden. Sie schilderten die Gesellschaft nach dem ihnen eigenen Wunschbild. Dies entsprach nicht immer der Realität, dem von äußeren Zwängen bestimmten Alltag und dem wirklichen Zeitgeist oder der Vielzahl der Gesinnungen und Strömungen einer Zeit. Gerade der ständige

Wandel in den Menschenbildern ist Ausdruck davon, dass eine Vielzahl von Strömungen neben- und miteinander bestanden.

Alte Menschen aus niederen Schichten mussten im Kreis ihrer Kinder und Verwandten ein Auskommen suchen, wenn sie nicht mehr in der Lage waren, ihren Broterwerb zu bestreiten. Gleichwohl gab es die vielbeschworene Dreigenerationenfamilie kaum oder nur über kurze Etappen. Sie entsprach und entspricht einer romantischen Idealvorstellung und nicht der alltäglichen Realität. Sie war in Zeiten eines hohen Heiratsalters und niedriger Lebenserwartung selten anzutreffen. Die Eltern starben lange vor der Geburt der Enkelkinder und viele erlebten nicht einmal, wie ihre Kinder heranwuchsen. Männer mussten die Heirat verschieben, bis sie das elterliche Erbe angetreten, den Hof übernommen, ein eigenes Handwerk gegründet hatten oder Ersparnisse aufweisen konnten. Nicht immer erlebten sie, wie ihre Kinder erwachsen wurden. Frauen mussten vor der Heirat Fähigkeiten in Haus und Hof erlernen, die für die eigene Hauswirtschaft nötig waren. Sie erlernten dies im Haushalt der Eltern oder als Dienstbotin. In den Jahren als Dienstbotin konnten sie auf eine Mitgift sparen. Deshalb war auch das Heiratsalter der Frauen sehr hoch. Vielen Männern und Frauen blieb eine Heirat und die Gründung einer Familie verwehrt.

Das Zusammenleben zweier verheirateter Generationen in einem Haushalt war eher die Ausnahme als die Regel. Alt und Jung strebten zumeist eine getrennte Haushaltsführung an. Diese enthob sie gegenseitiger Bevormundung und familiärem Zwist. Nur wenn die jungen Menschen im elterlichen Gewerbe mitarbeiteten oder auf ein Erbe warteten, blieben sie bei den Eltern. Auf dem Land war die Dreigenerationenfamilie häufiger anzutreffen als in der Stadt mit ihrer ständigen Wohnungsknappheit. Auf dem Land lebten die Menschen auf einer Hofstelle als Produktionsgemeinschaft zusammen. Weit verbreitet war in der Stadt und auf dem Land das Zusammenleben mit nicht verwandten Personen wie Bettgängern, Kostgängern, Gesellen, Lehrlingen, Mägden, Knechten und Ziehkindern. Die Vermietung von Bettstellen bescherte zusätzliche Einnahmen, die Kosten für die Miete verteilten sich auf mehrere Schultern.[25] Solche großen Haushalte und Wohngemeinschaften mit Gesinde, Gesellen, nahen und fernen Verwandten sowie eingemieteten Personen waren weit verbreitet.

Hatten alte Menschen Familienbindung oder eigenen Grund und Boden, ein auskömmliches Gewerbe konnte sich die Situation besser gestalten. Der

---

25 Mitterauer 1982, 35 ff.; Ehmer 1990, 75 f.; Kraus 1965, 67 ff.

vielbeschworene Generationenvertrag funktionierte nicht so, wie er heute in sozial-romantisierender Weise beschrieben wird. Das weithin vermittelte Geschichtsbild voller Zufriedenheit und Harmonie entspricht nicht unbedingt der Wirklichkeit. Bei den Bauern gab es das Altenteil oder den Erbkauf des erbenden Kindes. Nicht immer reichten Grundbesitz und Vieh zur Ernährung mehrerer Generationen. Doch auch das Leben bei den eigenen Kindern konnte Vernachlässigung bedeuten, wie die Märchen der Gebrüder Grimm *Der alte Großvater und der Enkel* oder *Der undankbare Sohn* bezeugen. Wegen der notgedrungenen Mobilität der Kinder, die schon in jungen Jahren in fremde Dienste gehen mussten, bestand bei Bauern, Handwerkern und Kaufleuten keine Gewähr, auf die Unterstützung der Kinder im Alter zurückgreifen zu können.

Nicht jeder hatte Kinder und Verwandte. Nicht alle konnten auf einen Lebensabend im Kreis ihrer Kinder hoffen. Vielen war durch Heiratsverbote oder innerfamiliäre Restriktionen die Gründung einer eigenen Familie verwehrt. Erhielten Töchter keine Mitgift waren ihre Heiratschancen stark eingeschränkt bis unmöglich. Um der Zersplitterung von Haus und Hof vorzubeugen, sollten nicht alle Söhne heiraten, sondern als mitarbeitende Knechte auf dem Hof des Nachfolgers verbleiben oder in fremde Dienste gehen. Ein Heiratsalter von mindestens 25 Jahren sollte den Militärdienst der jungen Männer ermöglichen. Gesellen, Dienstboten, Gesinde waren an den Haushalt ihrer Dienstherren gebunden und bedurften der Zustimmung des Dienstherrn zur Heirat. Wenigen Dienstboten war es vergönnt, nach der Heirat weiterhin im Haus ihrer Dienstherren zu leben. Das war eher ein Privileg in den Haushalten der Oberschicht. Manche Handwerkerzünfte behielten sich die Zustimmung zur Heirat ihrer Meister und Gesellen vor. Blieben sie unverheiratet, waren sie darauf verwiesen, im Alter in ihre Herkunftsfamilie, zu Verwandten zurückzukehren, so es diese noch gab und diese sie aufnahmen. Heiratsverbote richteten sich gegen arme Menschen ohne einen Grundstock an Einkünften, Hab und Gut und sollten den Gassenbettel verhindern. Unter den Armen und Bedürftigen fand sich eine große Zahl alleinstehender oder alleinlebender Menschen.[26] Letzeres konnten auch verwitwete oder verlassene Personen sein. Die Lebensform der alleinstehenden Menschen war in allen Lebensphasen besonders krisenanfällig.

Wer über Vermögen verfügte, konnte um die Aufnahme in ein Kloster oder ein Stift nachsuchen.[27] Anstelle der Blutsverwandtschaft trat die Institution

---

26 Matz 1980, 30 ff.; Mitterauer 1984, 12; Fischer 1979, 137; Stürmer 1979, 159.
27 Simnacher 1960, 38.

als Familienersatz. Ohne äußeren Zwang ging Eleonora Fugger (1586–1668) nach dem Tod ihres Ehemannes Johann Fugger (1583–1633) ins Kloster und verbrachte dort 30 Jahre bis zu ihrem Tod. Ihr Glaube hatte sie ins Kloster geführt. Fünf ihrer acht Töchter hatten bereits diesen Weg eingeschlagen. Für die große Zahl der unversorgten Töchter des Adels und der Patrizierfamilien, für die keine Mitgift und keine Heirat in Betracht kamen, standen die Klöster und Damenstifte gegen ein Eintrittsgeld offen. Diese Frauen erwartete ein karges, eintöniges Leben fern ihren Familien. Nicht alle traten den Schritt aus freien Stücken und im reinen Glauben an.[28]

Arme alte Menschen ohne Familienbindung und Vermögen konnten auf einen Platz in einem Spital oder die Armenfürsorge hoffen. Armut und Alter waren zwei schwere Bürden. Alte Menschen waren als geizig verschrien. Das kann nicht verwundern. Sie mussten ihr Hab und Gut zusammenhalten, denn davon mussten sie im Alter zehren. Konnten sie keinem Erwerb mehr nachgehen, musste der Hausrat Stück für Stück verkauft werden. Am Schluss blieben nur noch Bittgesuche und Betteln.

Armut im Auge der Gesellschaft

In der Neuzeit gab es keine geregelte Altersversorgung. Die Menschen mussten bis zu ihrem Lebensende arbeiten, soweit sie nicht von Vermögen und Pfründen zehren konnten und ihr körperlicher und gesundheitlicher Zustand dies gestattete. Deshalb kann es nicht verwundern, dass viele Menschen im Alter verarmten und zur Heerschar der Armen zählten, die das Land bevölkerten. Es darf nicht verkannt werden, dass Armut in der Vergangenheit am Existenzminimum gemessen wurde, das ausgesprochen dürftig und erbärmlich war: der absoluten Armut. Hingegen hat sich im 20. Jahrhundert ein anderer Maßstab für Armut eingebürgert: die relative Armut. Diese orientiert sich an den gesamtgesellschaftlichen Einkommens- und Vermögensverhältnissen.

Im Mittelalter und der frühen Neuzeit betrachteten die Menschen Armut als Teil der göttlichen Ordnung. Arme Menschen galten als Teil der Gesellschaft. Arme und Kranke waren Glieder des Leibes Christi. Ihr Mund war dem Ohr Gottes näher als der Mund anderer. Ihre Fürbitte brachte den Almosen-

---

28 Simnacher 1960, 138; Schad 2003, 127, 133, 148.

geber Gott näher. Die Gewährung von Almosen an die Armen diente dem eigenen Seelenheil. Sie befreite von Schuld und Sünden und sie rechtfertigte die Anhäufung irdischer Güter.[29] Dahinter stand der Gedanke, wer Almosen gibt, dem werden die Sünden vergeben. Im Mittelalter waren Armenpflege und die Unterstützung der Armen durch Spenden und Almosen eine gottgefällige Aufgabe, auf die im Jenseits eine Belohnung wartete. In den Kirchen wurde mit dem Klingelbeutel gesammelt. Bei Hochzeiten, Kindstaufen und Beerdigungen ging die Armenbüchse um. Haussammlungen und die Publikation der Namen der Spender und der Höhe ihrer Spenden förderten die Bereitschaft zum Spenden. Es gab Spendensammlungen für bestimmte Bedürftige wie arme Menschen, die im Sterben lagen. Auch Lotterien brachten Gelder zusammen.[30]

Dem Betteln war nichts Anrüchiges, Schändliches eigen. In den größeren Städten bildeten sich sogar Bettlerzünfte, die über das Betteln wachten. Die Praxis des bereitwilligen Almosengebens bewirkte, dass nicht nur Notlagen zum Betteln führten. Manche zogen es vor in Armut zu leben und zu betteln, statt aus eigenen Kräften ihr Leben zu bestreiten. Ganze Heerscharen an Bettlern und Vagabunden zogen durch die Lande. Die einen gewährten den Armen und den Bettlern Almosen als Gottgefälligkeit. Die anderen taten es, damit die Bettler rasch weiterzogen. Es mehrten sich Klagen über ständige Belästigungen durch Bettler.[31]

Missstände und Verschwendung in Kirchen und Klöstern im Umgang mit Spenden führten bereits im ausgehenden Mittelalter zu einem ersten Nachlassen der Spendenbereitschaft. Das Misstrauen in die Selbstlosigkeit der Geistlichen griff um sich. Dazu trug die Verteilungspraxis der Kirchen und Klöster bei. Sie hinterfragten nicht, ob wirkliche Bedürftigkeit hinter dem Betteln stand oder ob die Bettler nur zu bequem waren, einem Broterwerb nachzugehen. Die Kirche behauptete, der christlichen Nächstenliebe stünde es nicht zu, darüber zu urteilen, ob jemand bedürftig sei oder nicht. Das sei allein die Aufgabe Gottes. Dieser Haltung traten Martin Luther und die von ihm eingeläutete Reformation entgegen. Ein arbeitsames Leben galt nunmehr als Gottes Werk. Nicht mehr die Fürbitte für das Jenseits stand im Mittelpunkt, sondern die Werke im Diesseits. Es bedurfte nicht mehr der Bettler für die Fürbitte am Ohr Gottes, sondern Arbeit und Leistung galten

---

29 Matz 1980, 55; Conrad 1994, 161.
30 Sachße/Tennstedt 1980, 108; Bräuer/Schlenkrich 2002, Archiv Chemnitz 105, Archiv Dresden 680 f., 706, 792, 824, Archiv Freiberg 890, Archiv Leipzig 1049, 1051, 1124.
31 Bräuer/Schlenkrich 2002, Archiv Dresden 728.

als Zeichen eines gottgefälligen Lebens. Arbeit und Erziehung zur Arbeit zogen nun in die Wohlfahrtspflege ein. Im 16. Jahrhundert schlug die Verehrung der Armen zunehmend um in Verachtung, Bestrafung und Ausgrenzung derselben. Die Masse der Armen wurde als Belästigung und Bedrohung empfunden. Den Armen wurde unterstellt, ihre Armut sei selbstverschuldet, auf Faulheit oder einen unsittlichen Lebenswandel zurückzuführen. Bettelverbote, Arbeitshäuser, Zwangsarbeit sollten die Armut eindämmen und die Armenkassen entlasten – Arbeit statt Almosen. Arbeit sollte die Probleme der Armen und der Armut lösen. Almosen waren den würdigen, den ehrlichen Bettlern vorbehalten, den Kranken, Alten und Gebrechlichen, die unverschuldet in Armut geraten waren. Unwürdige Arme, Berufsbettler sollten keine Almosen erhalten. Ihnen drohte beim Betteln Strafe und die Unterbringung in Arbeitshäusern. Unwürdige Bettler waren Arbeitsunwillige, Trinker und Personen, die sich moralischer Übertretungen schuldig gemacht hatten, Straftaten verübt oder ihren Haushalt schlecht geführt hatten.[32] Deshalb geriet das private Almosengeben, das Almosengeben auf der Gasse und vor der Haustür in Verruf und wurde vielerorts verboten. Es trage zum Betteln bei und fordere dieses gar heraus. Den Spendern wurde vorgeworfen, sie unterschieden nicht zwischen ‚guten' und ‚schlechten' Bettlern. Sie würden Spenden geben, um aufdringliche Bettler los zu werden, was immer mehr Bettler nach sich zöge. Es wurde gar die Ansicht vertreten, sterben sei besser als betteln. Es sei ein Laster, einem jeden Bettler zu geben und verdiene nicht Gottes Lohn.[33] Die Städte wollten es selbst in die Hand nehmen, Almosen zu sammeln und an ‚gute Bettler' zu verteilen. Sie wollten die ‚schlechten Bettler' gezielt ausgrenzen. Diese sollten eingesperrt, verprügelt und verjagt oder ins Arbeitshaus gesteckt werden. Es geschah jedoch, dass mitleidige Menschen die Bettelvögte angriffen, wenn diese gegen Bettler vorgingen und diese arretieren wollten. So sehr hatten viele das Almosengeben verinnerlicht. Die Hamburger Armenordnung von 1788 gewährte Bettelvögten eine Prämie für jeden ertappten Bettler, in die Häuser eindringende Bettler durften festgehalten und der Wache übergeben werden. Wer Bettlern ein Almosen gab, musste mit einer Strafe rechnen. Armenpfleger hatten die Aufgabe, die um Hilfe nachsuchenden Ar-

---

32 Marx-Jaskulski 2014, 188.
33 Bräuer/Schlenkrich 2002, Archiv Dresden 523, 687, 717, 731, 761, 984, Archiv Freiberg 892, 912, Archiv Leipzig 1080.

men mit Arbeit und dem nötigsten Bedarf zu versorgen. Sie mussten diese regelmäßig kontrollieren. Auf ‚faule' Arme wartete das Zuchthaus.[34]
Die Aufklärung brachte im 18. Jahrhundert einen weiteren Gesichtspunkt in die Haltung zur Armut ein. Die Aufklärung erachtete Armut als Folge von schlechter Erziehung und Ausbildung. Die Aufgabe des aufgeklärten absolutistischen Staates bestand nun darin, die Armen und Hilfsbedürftigen zu unterstützen und zu erziehen. Das konnte zum einen durch Arbeit als Erziehungsmittel erfolgen. Strafen gegen das Betteln sollten zur Abschreckung hinzukommen. Zum anderen wuchs die Einsicht, dass nicht allen Formen der Armut mit Zuchtmitteln beizukommen war.

Altenpflege

Domkapitel, Klöster und Stifte dienten der Versorgung des Adels. Die unverheirateten Töchter fanden dort Aufnahme gegen ein Eintrittsgeld und lebenslange Versorgung. Dies galt ebenso für die Söhne, die in der weltlichen Erbfolge keine Berücksichtigung finden konnten, um die Zersplitterung des Besitzes und der Macht zu verhindern. Jungen Männern von altem Adel standen obendrein die Domkapitel mit ihren Pfründen offen, die ihnen eine gute Versorgung und Wohlstand boten, wovon ihre Verwandten profitieren konnten. Schließlich fanden die Witwen der Adligen ein Unterkommen in Klöstern und Stiften, wenn sie keinen Witwensitz auf einem Gut oder Schloss erhalten konnten. Auch alte männliche Adlige suchten Klöster im Alter auf. Die Klöster verlangten dafür ein stattliches Eintrittsgeld.
Schon nach dem 30-jährigen Krieg gingen Wohlstand und Macht der Klöster zurück. Dazu trug nicht nur die Reformation bei. Sie waren den absolutistischen Herrschern ein Dorn im Auge, die ihr Machtmonopol ausweiten und einheitliche Territorialstaaten ausbauen wollten. Mit der Säkularisation 1803 verschwanden viele der Domkapitel, Stifte und Klöster, die Adligen Versorgungsmöglichkeiten für ihre nachgeborenen Söhne und Töchter, die Witwen und Alten geboten hatten.[35]
Kirchenspiel und Klöster versorgten im Mittelalter und darüber hinaus arme und alte Menschen. Nonnen und Mönche wirkten im Sinne der Nächs-

---

34 Kraus 1965, 46 ff.
35 Borscheid 1989, 446 f.

tenliebe in den Städten. Im Alter fanden sie selbst Versorgung im Kloster. Hierfür wurden Mittel aus dem Kirchenzehnten, Spenden und mildtätige Stiftungen verwendet. Daneben spielten die Städte selbst eine wichtige Rolle in der Wohlfahrtspflege. Sie gründeten Pilgerherbergen für Reisende, Hospitale zur Pflege von Kranken und unterhielten Kornspeicher zur Versorgung der Bevölkerung in Hungerzeiten. Es gab eine unübersehbare Vielfalt und Bandbreite an Stiftungen von Privatpersonen zur Unterstützung notleidender Menschen. Diese gründeten Spitäler und Hospitale zur Versorgung von armen, alten und kranken Menschen, gaben Nahrung und Kleidung aus, spendeten ‚Seelgeräte' wie Weißbrot, Wein und Lampen für deren Seelenheil.[36] Als Gegenleistung mussten die Nutznießer der Stiftungen den Stiftern Fürbitte leisten. Spätestens mit dem Ableben des Stifters gingen die privaten Stiftungen und Spitäler in die Verwaltung der Städte über. Doch nicht von allen wurde die Praxis der Spenden und Stiftungen gern gesehen. Die Kritiker sahen in diesen den Grund für Müßiggang und Liederlichkeit. Sie beklagten, dass manche statt einer Arbeit nachzugehen, sich aufs Betteln verlegten. Den Stiftungen wurde nachgesagt, sie würden dicke Bäuche machen und faule Menschen unterhalten.[37]

Im 16. Jahrhundert fiel die Wohlfahrtspflege mehr und mehr in den Aufgabenkreis der Kommunen. Für die Kommunen spielte neben religiösen Motiven der Schutz der Bevölkerung eine Rolle. Diese sollte vor aufdringlichem, übergreifendem Betteln geschützt werden. Es galt die Ausbreitung von Seuchen zu verhindern. Erkrankte mussten von der übrigen Bevölkerung abgeschieden werde. Deshalb unterhielten Kommunen Pest- und Leprosenheime, aus denen sich Hospitale, Siechenhäuser und Spitäler für Kranke und Alte entwickelten.

Doch primär war es Aufgabe der Nachkommen für die Eltern im Alter zu sorgen.

Nachkommen

Nicht jeder, dem Kinder geboren worden waren, konnte später von diesen aufgenommen werden. Viele Kinder starben schon in jungen Jahren. Die

---

36 Fischer 1982, 30; Bräuer/Schlenkrich 2002, Archiv Dresden 129 ff., 664 ff., 829, Archiv Freiberg 929, Archiv Leipzig 1024 ff., 1086.
37 Bräuer/Schlenkrich 2002, Archiv Dresden 594, Archiv Leipzig 1009.

Säuglings- und Kindersterblichkeit war hoch. Unfälle, Krankheiten, Seuchen und Krieg rafften selbst erwachsene Kinder vor ihren Eltern dahin. Söhne zogen in den Krieg, Gesellen gingen auf Wanderschaft. Sie zogen von ihren Eltern weg, kehrten nicht zurück oder galten als verschollen.[38] Nicht immer ließ die wirtschaftliche und häusliche Situation der Kinder zu, dass die Eltern im Alter zu ihnen zogen. Dienstboten und Gesellen lebten im Haushalt ihrer Herrschaften. Knechte und Mägde konnten sich glücklich schätzen, wenn sie heiraten und weiterhin als Inwohner auf dem Hof bleiben konnten, auf dem sie vorher gearbeitet hatten. Die landlosen Inwohner auf Bauernhöfen bedurften der Zustimmung der Bauern, wollten sie die Eltern zu sich nehmen. Oft waren ihre Katen zu klein, um weitere Personen zu beherbergen. Die Wirtschaftskraft des Haushalts der Kinder reichte nicht für weitere Personen. Umgekehrt war bei den Eltern kein ausreichender Platz für die Familie der Kinder.

Der Mythos von der Wunschvorstellung einer großen Kinderschar zur Versorgung im Alter muss gleichsam hinterfragt werden. Die bäuerliche Familienwirtschaft deckte den Arbeitskräftebedarf bevorzugt mit Familienangehörigen ab und weniger mit Gesinde. Das Gesinde musste bezahlt werden, selbst wenn der Lohn gering war. Die Kinder wurden als Arbeitskräfte gebraucht. Schon Fünf- und Siebenjährigen erhielten verantwortungsvolle Aufgaben übertragen. Sie hüteten Schafe, Gänse und jüngere Geschwister. Ab dem zwölften Lebensjahr waren sie den erwachsenen Arbeitskräften weitgehend gleichgestellt. Dasselbe galt für ländliche Gewerbetreibende wie Müller und Bäcker, deren Kinder schon früh mit anpacken mussten. Zehnjährige Jungen fanden in den Bergwerken Arbeit als Bergjungen und trugen zum Unterhalt ihrer Familie bei. In der Zeit nach dem 30-jährigen Krieg wünschten sich die Bauerfamilien viele Kinder. Sie sollten beim Aufbau des zerstörten Landes, der darniederliegenden Landwirtschaft helfen. Sie wünschten sich nicht nur mehr Kinder, sondern pflegten und versorgten ihre Kinder besonders aufmerksam, weshalb die Kindersterblichkeit augenfällig sank. Dasselbe trat Ende des 18. Jahrhunderts ein, als die Landwirtschaft vielfältiger und intensiver betrieben wurde. Anders hingegen war es in Krisenzeiten und während Missernten. Ein Esser mehr bedeutete weniger Nahrung für die anderen.

Die hohe Kindersterblichkeit führte dazu, dass viele Kinder nicht das erste Lebensjahr überlebten, erst gar nicht das Erwachsenenalter erreichten. Im

---

38   Benscheidt 1985, 51, 70.

17./18. Jahrhundert starben mehr als 46 % der Säuglinge im ersten Lebensjahr.[39] Die Säuglingssterblichkeit war in begüterten Familien nicht so hoch wie in den Unterschichten. Die Frauen aus begüterten Familien mussten während der Schwangerschaft nicht körperlich schwer arbeiten. Sie hatten mehr Zeit, die Säuglinge zu versorgen. Ihnen standen bessere Mittel zur Verfügung, um die Säuglinge zu ernähren. In diesen Familien war die Kinderzahl höher als in einfachen Familien. Georg Fugger (1560–1634) und seine Ehefrau Elena Madruzzo (1564–1627) hatten 21 Kinder. Elf der Kinder starben im ersten Lebensjahr. Nur sechs Kinder erreichten das Erwachsenenalter. Dem Augsburger Kaufmann und Chronisten Burkhard Zink (1396–1475) waren in vier Ehen und einer weiteren Ehe zur linken Hand 18 oder nach anderen Quellen 20 Kinder geboren worden. Mit 25 Jahren heiratete er zum ersten Mal. Seine erste Ehefrau brachte in 20 Ehejahren zehn Kinder zur Welt. Mit 64 Jahren heiratete er zum vierten Mal, eine junge Frau und wurde nochmals Vater von zwei Kindern. Er erlebte nicht mehr, wie seine jüngsten Kinder das Erwachsenenalter erreichten.

Nur Eltern mit mehreren Kindern konnten darauf hoffen, dass diese ihnen im Alter und bei Krankheit zur Seite stehen würden. Kinder bedeuteten eine hohe Verantwortung. Für alle bedurfte es der Nahrung und Kleidung. Die Produktivität der Frauen in Haushalt, Handwerk und Hof war durch Schwangerschaft, Stillzeit und Kleinkinderbetreuung deutlich eingeschränkt. Das Großziehen der Kinder verringerte regelmäßig das Einkommen der Familie, das nun zum Unterhalt von mehr Menschen gebraucht wurde. Wer mehrere heranwachsende Kinder hatte, musste für diese sorgen und war oft froh, wenn diese das Elternhaus früh verließen, in Dienste gingen und nicht mehr mit aus der Schüssel aßen. Mägde und Dienstmädchen konnten ihre Arbeit verlieren, wenn sie schwanger waren oder sie mussten nach der Entbindung das Kind in fremde Hände geben, um ihre Anstellung nicht zu verlieren. Für Witwen und Witwer mit einer großen Kinderzahl und wenig Vermögen kam eine Wiederheirat kaum in Betracht. Bei einer späten Heirat oder Wiederheirat des Mannes konnte es geschehen, dass noch kleine Kinder zu versorgen waren, wenn der Vater verstarb. Daher rührte die Armut vieler Witwen, die nach dem Tod des Gatten mit ihren Kindern unversorgt zurückblieben. Behinderung und Krankheit der Kinder konnten Not und Verzweiflung über die Eltern bringen.

---

39 Rosseaux 2002, 18.

> Ein Strumpfwirker im Alter von 70 Jahren, der früher Soldat gewesen war, lebte mit seiner kranken Frau und einem achtzehnjährigen blödsinnigen Sohn zusammen. Außerdem gehörte seine arbeitslose Schwester zur Wohngemeinschaft, aber nicht zum Haushalt. Der Mann hatte eine Militärpension von 12 Talern und arbeitete in seinem Beruf, die Frau spann, soweit es ihre Kräfte erlaubten, der Sohn war nicht erwerbsfähig. Der Mann verdiente durch seine Arbeit jährlich 12 Taler, die Frau 6 – zusammen soviel wie ein Zigarrenmacher in anderthalb Monaten erwarb, Spenden und Unterstützung betrugen 9 Taler jährlich. Um ein Existenzminimum von 63 bis 64 Talern zu schaffen, schoss die Armenfürsorge jährlich 24 ½ Taler hinzu.[40]

Mit der Geburt des vierten oder fünften Kindes ließ die Aufmerksamkeit und Fürsorge der Eltern für ihre Kinder merklich nach. Verbreitet war die Vorstellung, dass die überflüssigen Kinder im Himmel besser aufgehoben seien als in Armut und Krankheit leben zu müssen. Dennoch erregte Kindsmord besondere Abscheu als eine Tat gegen Gottes Werk.[41] Goethe (1749–1832) schilderte in seinem *Faust* den Kindsmord und seine Folgen. Das verlassene *Gretchen* hatte ihr neugeborenes Kind ertränkt und erhielt dafür die Todesstrafe. Das *Himmeln* war eine andere kaum greifbare Form der Familienplanung. Die mehr oder weniger bewusste Vernachlässigung und Fehlernährung führten zum frühen Säuglingstod, was bei einer hohen Säuglingssterblichkeit nicht auffiel. Das Kleinkind hielt die Mutter von der Arbeit ab. Damit die Mutter ihrer Arbeit nachgehen konnte, stellte sie den Säugling mit dem Mohnschnuller ruhig und manche Kinder wachten nicht mehr auf. Wer es sich leisten konnte, gab sein Kind gegen Bezahlung einer Stillamme zur Pflege. Nicht immer konnte diese gleichzeitig das eigene Kind und das fremde Kind ausreichend versorgen.

Kinder waren nicht immer und nicht zu allen Zeiten willkommen, das belegt die große Zahl ausgesetzter und verlassener Kinder. In Zeiten von Hungersnöten und den Jahren danach stieg die Zahl der Findelkinder stark an, die in Findelhäusern und bei Pflegeeltern unterzubringen waren. Selbst wer seine Kinder liebte, konnte in schwierigen Zeiten außerstande sein, diese zu erziehen und zu ernähren. Nicht alle sahen sich in der Lage, ihre Kinder zu versorgen. Die ersten Babyklappen – Drehladen genannt – entstanden, damit ausgesetzte Säuglinge nicht ihrem Schicksal überlassen blieben. Arme Eltern baten um Aufnahme ihrer Kinder ins Waisenhaus, da sie diese nicht mehr ernähren konnten. Nur ohne Kinder konnten die Eltern einer Arbeit nachge-

---

40 Engelsing 1978, 28 aus einem Abhörungsbogen von 1820: Das war ein Zehntel von dem, was ein einfacher bürgerlicher Haushalt erforderte; weiteres Beispiel bei Bräuer/Schlenkrich 2002, Archiv Chemnitz 49.
41 Bräuer/Schlenkrich 2002, Archiv Dresden 258.

hen.⁴² Verlassene Kinder zogen bettelnd durchs Land. Manch wohlhabende Familie entledigte sich des nichtehelichen Nachwuchses im Findelhaus. Das *Churfürstliche Pfalzbaierische Regierungs- und Intelligenzblatt* von 1801 verlautete:

[...] daß von den frechen und ungestümmen Strassenbettlern nahe an zween Drittheile aus Knaben und Mädchen vom vierten bis ins zwelfte Jahre bestehe [...]⁴³

Konnte die Obrigkeit sie ergreifen, brachte sie die älteren Kinder ins Arbeitshaus. Auf die Säuglinge und kleineren Kinder wartete das Waisen- und Findelhaus.⁴⁴

Eine große Kinderschar konnte dazu führen, dass der Familienbesitz zersplitterte, was vor allem in Realteilungsgebieten zu beobachten war. Reichte das Vermögen einer Familie nicht aus, um allen Kindern einen angemessenen Erbteil zu vermachen – den Töchtern eine Mitgift zu geben, den Söhnen eine angemessene Erbproportion zu gewähren – dann blieben unversorgte Töchter und Söhne zwangsläufig in den Anerbengebieten zurück. Sie erhielten weder Land noch Haus und mussten sich mit einer bescheidenen Abfindung in Geld begnügen, wenn sie das Elternhaus verließen. Ihr Los war es, in fremde Dienste zu gehen oder im Haushalt, dem Hof ihrer Verwandten bis zum Lebensende mitzuarbeiten. Sie mussten mitversorgt werden und waren nicht immer gern gesehen. Sie hatten keine Kinder, die ihnen im Alter zur Seite standen, sondern waren auf das Wohlwollen ihrer Verwandten oder Dienstherren angewiesen.

Kinderreichtum war bei den Heimarbeitern ein Produktionsfaktor. Der Heimarbeiter war auf die Mithilfe der ganzen Familie und insbesondere der Kinder angewiesen. Solange die Kinder noch klein waren, waren sie ein Kostenfaktor. In Krisenzeiten musste die Familie Armenhilfe in Anspruch nehmen. Schon ab dem sechsten Lebensjahr mussten die Kinder der Weberfamilien beim Vorbereiten der Wolle mithelfen. Wenn die Kinder in späteren Jahren am Webstuhl saßen, steigerten sie die Produktivität. In Zeiten schlechter Konjunktur reichte auch das nicht und es wurden Schulden angehäuft, denn die Familie musste unterhalten werden. Die Heimarbeiter hatten keinen Einfluss auf die Konjunktur und die Absatzmärkte. In guten Zeiten konnten unter Einbeziehung der Kinderarbeit die Schulden abgetragen und Ersparnisse

---

42 Sieder 1991, 41; Bräuer/Schlenkrich 2002, Archiv Dresden 389, 430, 663, 689, Archiv Leipzig 1035, 1064, 1208, 1250.
43 Zitiert nach Baumann 1984, 57.
44 Moritz 1981, 108; Bräuer/Schlenkrich 2002, Archiv Dresden 52 f., 74, 81.

gemacht werden.⁴⁵ In schlechen Zeiten hungerten alle gemeinsam und die Schuldenlast stieg.

Die Kinder von landlosen Häuslern und Tagelöhnern verließen früh das Elternhaus. Das Zusammenleben mit den Eltern war auf eine kurze Zeitspanne beschränkt. Sie mussten in fremde Dienste gehen, mussten ihren Lebensunterhalt selbst bestreiten. Sie konnten im günstigen Falle die Eltern finanziell unterstützen, konnten jedoch nur selten eine Schutz- und Versorgungsfunktion ihren Eltern gegenüber übernehmen. Lebten sie als Knechte auf dem Hof eines Bauern, im Gesindedienst in der Stadt waren ihnen die Gründung einer eigenen Familie, eines eigenen Haushalts und die Aufnahme der alten Eltern zumeist nicht vergönnt.

Heiratsverbote sollten verhindern, dass durch die Heirat minderbemittelter Personen Elend und Bedürftigkeit weiter um sich griffen. Sie sollten verhindern, dass in mittellosen Familien Kinder geboren wurden und deren wachsende Zahl die Armenkassen überforderte. Der Wunsch nach einer Heirat in jungen Jahren oder ein unzureichender Nahrungsstand konnten zum Verbot der Heirat führen. *Nur die besitzenden Leute sollten eine Familie gründen, alle Besitzlosen aber unter dem Verzicht von Heirat und Familie als Dienstboten dienen.*⁴⁶ Diese Zielrichtung von Heiratsverboten zeigt sich in einer Entscheidung des Rats von Zwickau im 16. Jahrhundert: Der Rat sah von Einwänden gegen die Eheschließung Blinder ab und erklärte zugleich, dass diese im Falle der Bedürftigkeit keine Leistungen aus dem Armenkasten erhalten sollten, damit dieser nicht belastet würde.⁴⁷ Ansonsten hätte der Rat seine Zustimmung zur Heirat nicht erteilt, sondern vom Heiratsverbot Gebrauch gemacht.

Heiratsverbote hatten noch eine andere Zielrichtung. Sie sollten eine Überbevölkerung verhindern, die als eine Ursache für Hungersnöte und Armut galt, und der nur ein begrenztes Nahrungsangebot gegenüberstand. Diese Sichtweise ließ außer Acht, dass gerade begüterte Familien mehr Kinder hatten als arme Familien. Sie fand ihre Rechtfertigung in dem Umstand, dass begüterte Familien ihre Kinder auch in Notzeiten eher ernähren und versorgen konnten.

Die von Heiratsverboten und -beschränkungen betroffenen Personen konnten keine Familie mit Kindern gründen und auf deren Unterstützung hoffen. Ehen zur linken Hand und nicht ehelich geborene Kinder blieben

---

45 Medick 1976, 271.
46 Mitterauer/Sieder 1991, 153.
47 Bräuer/Schlenkrich 2002, Archiv Zwickau 1244.

nicht aus. Der Lebensweg der nicht ehelich geborenen Kinder war von rechtlichen und gesellschaftlichen Hindernissen begleitet und beschwerlich. So schlossen die Zunftordnungen nicht ehelich geborene Kinder vom Handwerk aus. Sie hatten weniger Möglichkeiten, sich um ihre Eltern im Alter zu kümmern.

Selbst wenn die Kinder sich der Eltern annahmen, war das Leben nicht immer wohlversorgt. Viele lebten in drangvoller Enge, in kalten und zugigen Behausungen und sie mussten sich die karge Nahrung teilen. Enge und Armut konnten zu Reibereien und Streit führen. *Armut ist eine Haderkatz.* Ein Knecht und seine Ehefrau, eine Wäscherin wiesen in einem Bittgesuch darauf hin, dass sie die erblindete Mutter den ganzen Tag ohne Pflege und Obhut allein lassen mussten.[48] Wieder andere waren auf Spitäler, das Kirchenspiel auf dem Lande, den Armenkasten der Gemeinde und Almosen angewiesen oder mussten betteln.

Es galt das Subsidiaritätsprinzip, das Prinzip der Selbstverantwortung, der Selbsthilfe und die vorrangige Unterhaltspflicht der nächsten Verwandten. Die kommunale Wohlfahrtspflege sollte nur subsidiär, also nachrangig in Anspruch genommen werden. Zuerst mussten sich die Verwandten und insbesondere die Kinder um die alten Menschen kümmern und diese versorgen. Wer nichts zu vererben hatte, war auf das Wohlwollen, die Liebe und das Verantwortungsgefühl seiner Kinder im Alter angewiesen. Er war darauf angewiesen, bei den Kindern wohnen zu dürfen, von deren kargen Lohn etwas abgezweigt zu bekommen. Die christliche Nächstenliebe *Du sollst deinen Nächsten lieben wie dich selbst*, das vierte Gebot *Du sollst Vater und Mutter ehren* und das *Ehret-das-Alter* galten in vielen Familien, selbst wenn sie dem nur mit Murren nachkamen. Die Pflicht zur Versorgung der Eltern konnte mit obrigkeitlicher Gewalt umgesetzt werden. Daneben wurden selbst entferntere Verwandte in die Pflicht genommen. Wollten Stadtbewohner Verwandte vom Land oder aus anderen Städten bei sich aufnehmen, konnte es geschehen, dass sie sich verpflichten mussten, für deren Unterhalt zu sorgen, damit diese nicht dem Armenkasten am neuen Wohnsitz zur Last fielen.[49]

Stellvertretend soll das Allgemeine Preußische Landrecht von 1794 herangezogen werden, das die seit dem 17. Jahrhundert in allen Ländern geltenden Prinzipien der Alten- und Armenpflege festhielt. Das Preußische All-

---

48 Hintzen 2014, 138.
49 Matz 1980, 47; von Steynitz 1970, 180 f.; Bräuer/Schlenkrich 2002, Archiv Chemnitz 64, 77, Archiv Dresden 729, Archiv Leipzig 1135.

gemeine Landrecht brachte die Pflicht der Kinder zur Unterstützung in § 63 Zweyter Theil, Zweyter Titel folgendermaßen zum Ausdruck:

> Sie sind verbunden die Aeltern in Unglück und Dürftigkeit nach ihren Kräften und Vermögen zu unterstützen, und besonders in Krankheiten deren Pflege und Wartung zu übernehmen.

Ergänzend bestimmte § 14 Zweyter Theil, Dritter Titel für Verwandte:

> § 14. Verwandte in auf- und absteigender Linie sind einander, nach den wegen der Aeltern und Kinder im vorigen Titel enthaltenen nähern Bestimmungen, zu ernähren verbunden.

Dasselbe galt obendrein unter Ehegatten. Dahinter trat die Fürsorgepflicht des Staates nachrangig – subsidiär – nach § 1 Zweyter Theil, 19. Titel zurück:

> Dem Staate kommt es zu, für die Ernährung und Verpflegung derjenigen Bürger zu sorgen, die sich ihren Unterhalt nicht selbst verschaffen, und denselben auch von andern Privatpersonen, welche nach besondern Gesetzen dazu verpflichtet sind, nicht erhalten können.

Die vorrangige Unterhaltspflicht von Kindern versagte in Zeiten großer wirtschaftlicher Not, wenn Seuchen und Hungersnöte um sich griffen. Nahmen sie die Eltern auf, wurde die Not durch noch mehr Köpfe geteilt. Es versagte, wenn die Kinder krank oder behindert waren. Lebten die Kinder als Gesellen oder Dienstboten in fremden Häusern, konnten sie die Eltern dort nicht aufnehmen und versorgen. Sie konnten allenfalls etwas zum Unterhalt beisteuern. Zogen die Kinder arbeitsuchend von Stadt zu Stadt, von Hof zu Hof hatten sie selbst keine Unterkunft, in die sie die Eltern aufnehmen konnten. Oftmals bestand kein oder zumindest kein regelmäßiger Kontakt mit den Eltern. Die Kinder wussten nichts vom Elend der Eltern oder wollten nichts davon wissen und die Eltern wussten nichts vom Schicksal der Kinder und deren Aufenthaltsort.

Lag die Versorgung und Pflege alter und kranker Menschen in erster Linie bei ihren Kindern und Ehegatten, so wurden in vielen Familien Verwandte herangezogen, soweit es die wirtschaftlichen Umstände und Wohnverhältnisse zuließen. Ledige Töchter, Schwestern, Tanten und Nichten übernahmen oftmals die Pflege. Für Frauen war es nicht einfach, eine Arbeit zu finden, die sie zu ernähren vermochte. Fanden Frauen in der Familie eine Aufgabe bei der Pflege von Angehörigen, so hatten sie zumindest eine bescheidene Grundversorgung. In manchen Bauernfamilien war eine Tochter ausersehen, die Eltern im Alter zu pflegen. Sie erhielt keine Mitgift und musste deshalb im Elternhaus bleiben. Um Erbzersplitterungen zu vermeiden, erhielten auch manche Töchter vermögender Familien keine Mitgift, keine Heiratserlaubnis des Vaters. Sie lebten mitversorgt im Haus der Familie und übernahmen erzieherische und pflegerische Aufgaben. Sie pflegten und versorgten ihre alten Eltern. Offen blieb nur die Frage, wer die Pflegerin später im Alter pflegen würde. In wohlhabenderen Familien konnte das im Haus lebende Gesinde diese Aufgabe übernehmen. In anderen Familien hatten die Kinder das Elternhaus verlassen, bevor es der Unterstützung und Pflege der Eltern bedurfte. Im Alter und bei Gebrechlichkeit blieben die Eltern allein zurück. Ältere Personen zogen häufig mit Verwandten zusammen und führten mit diesen gemeinsam den Haushalt.[50] Es waren diese Verwandte, die später die Versorgung und Pflege übernahmen.

Stiftungen und Spitäler

Aus den Klöstern und neben diesen hatten sich die Hospitale für arme, kranke und alte Menschen, auch Siechenhäuser oder Lazarett genannt, entwickelt. Die ersten Hospitale gehen auf das 6. Jahrhundert zurück.[51] Die schrecklichen Seuchen des Mittelalters wie Pest, Cholera und Lepra führten zur Einrichtung von Anstalten für Erkrankte. Fast jede größere Stadt hatte ein Leprosen- und ein Pestilenzheim. Die Seuchen kehrten ständig wieder trotz zahlreicher Schutz- und Vorsorgemaßnahmen.[52] Die Erkrankten erhielten in diesen Anstalten keine ärztliche Behandlung. Sie wurden in erster Linie abgeschieden untergebracht, um Ansteckung zu verhindern. Diese Hospitale hatten mit Krankenhäusern nichts gemeinsam, sondern waren Pflege- und Bewahranstalten. Eine ärztliche Versorgung war bis dahin weithin unbekannt. Die Pflege erbrachten die schlecht bezahlten Siechenmägde und Siechenknechte.[53] Es mangelte an vielen Orten an Beleuchtung, Belüftung und Beheizung der Hospitale.[54] 1537 klagte eine Freiburgerin über die schlimmen Zustände im Blatternhaus, wo Ratten, Mäuse und Spinnen zugange waren und die Kranken verdorbenes, von Maden zerfressenes Fleisch

---

50 Ehmer 1982, 197.
51 Haug 1965, 2; Fischer 1982, 31 f.
52 Bräuer/Schlenkrich 2002, Archiv Dresden 794 ff., Archiv Freiberg 917 ff., Archiv Leipzig 1006, 1088, Archiv Zwickau 1321 ff.
53 Bräuer/Schlenkrich 2002, Archiv Leipzig 1129.
54 Weller 1979, 64; von Steynitz 1970, 20, 114.

erhielten.⁵⁵ Andere Hospitale hatten sich die Aufnahme Reisender und Pilger zur Aufgabe gemacht.

Vor allem in den Städten waren Stiftungen und testamentarische Zuwendungen anzutreffen. Nächstenliebe und die Sorge um das eigene Seelenheil hatten zur Einrichtung einer Vielzahl von wohltätigen privaten und kirchlichen Stiftungen geführt. Schon in vorchristlicher Zeit glaubten Menschen daran, durch bestimmte Leistungen und Kulthandlungen das Leben nach dem Tod beeinflussen zu können. Die großen Stifter errichteten Spitäler für die Unterbringung von Kranken, Alten, Armen, Irren und Waisen. Daneben gab es Stiftungen der Gemeinden und der Landesherren. Diese Stiftungen gewährten Almosen, Nahrung und Kleidung.

Die bekannteste heute noch existierende Stiftung ist die 1520 gegründete Fuggerei in Augsburg. Sie wird als die älteste Sozialsiedlung der Welt betrachtet. Nach dem Stiftungszweck werden nur bedürftige katholische Augsburger Bürger aufgenommen. Die Hausordnung verlangt, dass jeder Bewohner täglich ein *Vater unser*, ein *Ave Maria* und ein *apostolisches Glaubensbekenntnis* für die Stifter zu beten hat. Hier lebte Franz Mozart, der Großvater des Komponisten Wolfgang Amadeus Mozart.

Die Spitäler waren in die Fußstapfen der Klöster getreten, die den Mönchen und Nonnen Versorgung schuldeten und in die sich der Adel im Alter einkaufen konnte. Im Zuge der Reformation im 16. Jahrhundert aufgelöste Klöster wurden zu Spitälern umgewidmet. Andere Spitäler hatten sich aus den Hospitälern entwickelt. Es gab Großspitäler und kleine zumeist private Spitäler für eine Handvoll Arme und Alte. Die Spitäler und Hospitäler ergänzten die von den Klöstern erbrachten Leistungen. Viele Hospitäler und Spitäler dienten der Pflege einheimischer armer alter Menschen, wie deren Aufnahmegesuche belegen. Alter allein genügte zumeist nicht, um Aufnahme im Spital zu finden. Es mussten Krankheit und Pflegebedürftigkeit hinzukommen.⁵⁶ Besonders wichtig für das Seelenheil schuldete das Spital ihnen neben der Versorgung *Umb gottes willen* ein christliches Begräbnis.⁵⁷ Die Armutsinsassen mussten nach Kräften Arbeiten verrichten wie Flicken, Stricken und Holzhacken. Wer dazu nicht mehr imstande war, konnte zum Leeren von Nachttöpfen und Aufsagen von Gebeten am Krankenbett Sterbender herangezogen werden. Diese armen Bewohner der Spitäler, die Ar-

---

55 Fischer 1979, 115 (Anm. 2).
56 Fischer 1979, 141 f.; Bräuer/Schlenkrich 2002, Archiv Freiberg, 902, 909 f.
57 Schlenkrich 2014, 101: 60 Jahre als Mindestalter für den Eintritt ins Johanneshospital in Leipzig.

mutspfründner teilten sich eine Armen- oder Siechenstube zum Schlafen und Arbeiten. Die Spitalordnungen regelten die Versorgung. Nicht nur in Hungerjahren war die Verpflegung in einzelnen Spitälern entgegen den Spitalordnungen sehr bescheiden und beschränkte sich auf Rüben und Kraut, Brühe und Grütze, Brot und Mus. Mus war ein Brei aus Getreide, der so dick war, dass der Löffel darin stecken blieb. Fleisch und Fisch waren selten. Die Kost war monoton und lieblos zubereitet, doch war sie kalorienreich und vermochte, satt zu machen. Immerhin erhielten die Armutspfründner regelmäßige Mahlzeiten, was anderen armen und alten Mitbürgern verwehrt war.[58] In Kriegswirren geschah es, dass Bewohner des Spitals bei Privatleuten untergebracht werden mussten und sie Almosen erhielten. Das Spital war nicht mehr zur Versorgung in der Lage.[59] Es fanden sich kaum Armutspfründner, die Angehörige hatten. Wer Angehörige hatte, wurde auf einen Platz bei diesen verwiesen. Die Versorgung durch die nächsten Verwandten ging nach dem Subsidiaritätsprinzip der Armenpflege durch die Spitäler und die Kommune vor.

Die Spitäler versorgten obendrein die Herrenpfründner, die sich in das Spital eingekauft hatten. Nicht immer handelte es sich um ältere Menschen. Manche hatten ihr gesamtes Vermögen dem Spital vermacht. Die Zuwendungen der Herrenpfründner verschafften den Spitälern Vermögen, das wiederum den armen Insassen zugute kam. Die Herrenpfründner waren von den Armutspfründnern getrennt untergebracht bei besserer Versorgung mit Nahrung und Aufwartung. Sie huldigten oftmals ausufernden und viel beklagten Ess- und Trinkgewohnheiten. Manche hatten eigene Wohnungen im Spital, selbst Wohnungen mit eigener Küche. Andere behielten ihre Wohnung außerhalb des Spitals bei und ließen sich durch das Spital versorgen.[60] Die Spitale wussten die Pfründe zu verwalten und zu mehren, und konnten große Vermögen anhäufen. Dies weckte die Begehrlichkeit der Städte, die zunehmend auf die Verwaltung der Spitäler und die Verwendung deren Vermögen Einfluss nahmen.

In den Spitälern erfolgte die Versorgung entsprechend den von den Pfründnern eingebrachten Leistungen. Je nach der Höhe der eingebrachten Leistungen wurde zwischen Armutspfründen, Mittelpfründen und Herrenpfründen unterschieden. Große Unterschiede waren bei der Verpflegung, den Speisen und Getränken und der Unterbringung zu verzeichnen. Viele

---

58 Fischer 1979, 113 f.
59 Bräuer/Schlenkrich 2002, Archiv Zwickau 1247.
60 Von Steynitz 1970, 109.

Spitäler wie das Lübecker Heilig-Geist-Spital hatten sich zu einem Spital speziell für alte Leute entwickelt, zu Einrichtungen der Versorgung und Pflege alter Menschen. Selbst Ehepaare fanden hier einen Platz.[61] Hierbei handelte es sich um eine frühe Form der Altenheime, wie sich diese schließlich im Laufe des 19. Jahrhunderts entwickelten.

Die Gemeinden und Landesherren nutzten die Spitäler zur Versorgung ehemaliger Bediensteter, die hervorgehobene Positionen inne gehabt hatten, und deren Witwen. Landesherren gründeten herrschaftliche Spitäler zur Versorgung verdienter Diener oder erwarben Betten in städtischen Spitälern für diese. Zünfte und Gesellenbruderschaften kauften oder mieteten Betten in Spitälern für ihre invaliden Mitglieder.[62] Handwerksmeister mieteten Betten für erkrankte Gesellen.[63] Die Stadt Frankfurt ließ im Heilig Geist-Spital selbst verdiente Mitarbeiter versorgen, die einfache Ämter begleitet hatten wie einen Büchsenmacher, Zöllner und Grabenmeister. Diese Gehorsamspfründner, sogenannte Panisten, waren noch im Alter verpflichtet, Arbeiten zu verrichten. Dasselbe galt für die Gesindepfründner im Heilig Geist-Spital in Frankfurt.[64] Die Pflicht zur Arbeit blieb für die Pfründner der einfachen Stufen selbst im Alter erhalten.

Zum Wohle der Stifter und entsprechend der Entstehungsgeschichte der Spitäler wurde viel Wert auf den Besuch von Gottesdiensten und Beten gelegt. Die Bewohner sollten ein frommes Leben führen. Mancherorts galt eine strenge Spitalordnung, die Besuch und Ausgang reglementierte. Auf Fluchen und Lästern konnten Strafen folgen. Sie wurden auf Schmalkost gesetzt. Wer schwere Verfehlungen wie Gotteslästerung begangen hatte, den erwarteten Rutenstreiche oder wurde ins Loch eingesperrt.[65] Das Leben auf engem Raum führte zu Zank und Streit unter den Bewohnern sowie zwischen Bewohnern und dem Spitalmeister und seinen Mitarbeitern. Viele der Mitarbeiter waren ehemalige Soldaten und wachten mit militärischer Disziplin und Strenge über Zucht und Ordnung. Deshalb war ein Leben im Spital nicht von allen begehrt. Jedoch war es für viele Menschen eine Notwendigkeit, weil es keine andere Form der institutionellen Versorgung im Alter gab.

---

61 Von Steynitz 1970, 126.
62 Moritz 1981, 159.
63 Moritz 1981, 53.
64 Haug 1965, 72; Schlenkrich 2014, 103 für das Jacobshospital in Leipzig; Moritz 1981, 155.
65 Moritz 1981, 160; Bräuer/Schlenkrich 2002, Archiv Dresden 133.

Aufgrund ihres Reichtums und ihres ausgedehnten Grundbesitzes mit Wiesen, Feldern und Äckern wirkten sich Schwankungen der Lebensmittelpreise für Spitäler nicht so verheerend aus wie für andere Zeitgenossen. Trotzdem führten die ständig steigenden Nahrungsmittelpreise im 18. Jahrhundert dazu, dass manche Spitäler die Qualität und Quantität der Speisen reduzierten, manche gar ihre Küchen schließen mussten und den Armen und Pfründnern nur noch Geld ausreichten oder diese zum Betteln gezwungen waren. Viele Spitäler hatten einen schlechten Ruf als Ort von Krankheiten und üblen Gerüchen. Es finden sich Berichte über Streitigkeiten unter den Bewohnern und schlechte Behandlung derselben.[66] Deshalb zogen es vermögende Pfründner wegen dem schlechten Ruf mancher Spitäler vor, in ihrer eigenen Wohnung zu verbleiben und nur die Verpflegung vom Spital zu beziehen. Hinzu kam, dass seit dem Ende des 16. Jahrhunderts immer weniger Erblasser die Spitäler zur Mehrung ihres Seelenheils in Testamenten bedachten, sondern das Hab und Gut an die Kinder weitervererbten. Die Spitäler mussten in der Folge die Zuwendungen und Leistungen an die Insassen zurückführen.[67] Trotzdem gab es regelmäßig erheblich mehr Bittgesuche von armen und alten Menschen um Aufnahme als freie Plätze.

Die Geschichte des Esslinger Spitals kann zur Veranschaulichung dienen: Die Gründung des Esslinger Spitals ging auf das 13. Jahrhundert zurück. Dem lag der Zweck der unentgeltlichen Pflege von Armen, durchreisenden Fremden, Wöchnerinnen, verlassenen Kindern, Schwachen und Lahmen zugrunde. Später sollte Durchreisenden nur mehr im Falle der Erkrankung Obdach gewährt werden. Eine Laienbruderschaft betrieb das Spital. Mildtätige Schenkungen, Schenkungen auf den Todesfall und Ablassbriefe trugen zum Unterhalt des Spitals bei und es verfügte im Laufe der Zeit über ein großes Vermögen. Später ging es in die Verwaltung der Stadt über und musste aus seinem Vermögen zu den Lasten der Stadt beitragen.[68] Der Reichtum hatte im 15. Jahrhundert im Spital zu großer Verschwendung unter den Beschäftigten wie den Bewohnern geführt. Sie lebten üppig und verkauften Brot und Wein aus den Beständen des Spitals. Die Reformation beendete diese Völlerei. Neben den Armen lebten im Spital die Herrenpfründner. Diese hatten sich ins Spital eingekauft und sie erhielten eine bessere Versorgung als die Armutspfründner. Ein Vertrag regelte detailliert die Versorgung und Unterbringung der Herrenpfründner, wenngleich die Verträge nicht immer

---

66 Bräuer/Schlenkrich 2002, Archiv Chemnitz 80 f., 106, Archiv Dresden, 669.
67 Borscheid 1978, 420 ff.
68 Ebenso von Steynitz 1979, 108 f. für das Lübecker Heilig-Geist-Spital.

eingehalten wurden.[69] Den Armenpfründnern, den Almußnern, fehlte es am Vermögen hierzu. Sie waren zu Gehorsam, zum Besuch von Gottesdienst und Seelmessen und zu Arbeiten verpflichtet, soweit es in ihren Kräften stand. Arbeit und Beten standen für ein gottgefälliges Leben.[70] Unter den Armenpfründnern überwog die Zahl der Frauen. Es waren ledige, verlassene oder verwitwete alte Frauen. Es kamen die erkauften Armutspfründner hinzu. Sie hatten nur ein kleines Vermögen zur Verfügung, das nicht reichte, um sich eine Herrenpfründe zu kaufen. Ihr Platz war bei den Armen und Kranken. Sie mussten ebenfalls Arbeiten verrichten.[71] Entsprechend ihres eingebrachten Geldes erhielten sie eine bessere Verpflegung. Das Spital bot eine ärztliche Versorgung nach damaligem Standard und stellte Badstuben zur Verfügung.[72]

Den Spitälern oblag neben der geschlossenen Armenfürsorge im Spital obendrein die offene Armenfürsorge. Begehrt waren die Küchenladenpfründe. Die Ladenpfründner konnten gegen ein Entgelt am Küchenladen der Spitäler Speisen und Getränke abholen. Sie lebten nicht im Spital und mussten sich nicht der oft strengen Ordnung des Spitals fügen. Sie wollten nicht in unmittelbarer Nachbarschaft mit Armen und Kranken leben. Das Spital verteilte obendrein am Küchenladen Wein und Kost an Bettler und unterhielt Suppenküchen für Bedürftige.

Die Versorgung der Spitäler galt den Armuts- und Herrenpfründnern im Spital, am Küchenladen und den Herrenpfründnern zu Hause. Daneben kümmerte sich das Spital um die ehrbaren Hausarmen. Sie wurden in ihrer Wohnung versorgt. Darunter waren viele ehemalige Handwerker und ihre Angehörigen, die durch Krankheit und Alter nicht mehr für ihren Lebensunterhalt aufkommen konnten.[73] Sie vermieden tunlichst, ihre Armut nach außen sichtbar zu machen. Das hätte sie bei ihren Zunftgenossen und ihrer Verwandtschaft in ein schlechtes Licht gerückt. Es galt, den sozialen Abstieg zu verbergen.

Die tätige Betreuung in und durch Spitäler erreichte nur einen kleinen Teil der Bedürftigen. Wer keine Aufnahme im Spital fand oder nicht durch Angehörige verpflegt und versorgt wurde, konnte allenfalls auf Almosen

---

69 Schlenkrich 2014, 99.
70 Haug 1965, 76 ff.; Schlenkrich 2014, 97 ff. für das St. Georg Hospital in Leipzig.
71 Schlenkrich 2014, 99; Moritz 1981, 51.
72 Haug 1965, 81; Schlenkrich 2014, 103 für das Jacobshospital in Leipzig.
73 Borscheid 1989, 124 ff.; Haug 1965, 71 f., 81; Bräuer/Schlenkrich 2002, Archiv Dresden 510; Schlenkrich 2014, 103.

hoffen, die die Kirchen, Klöster, Spitäler und Gemeinden aus dem Armenkasten verteilten. Vielen blieb nur der Weg zum Betteln auf der Straße, vor der Kirche, an der Haustür.

Leibrenten

Eine besondere Form der Altersversorgung waren Leibrenten, auch Leibgedinge genannt. Klöster, Spitäler, Gemeinden und Zünfte nahmen Anleihen bei begüterten Bürgern auf und boten im Gegenzug Leibrentenversprechen in der Form wiederkehrender Zuwendungen. Dabei handelte es sich um einen Rentenkauf mit einem spekulativen Moment: Mit den Leibrenten sollten die Anleihen verzinst und zurückbezahlt werden. Der Leibrentner hoffte auf ein langes Leben. Der Anleihenehmer hoffte auf den frühen Tod des Leibrentners, da mit dessen Tod die Zahlungsverpflichtung erlosch.[74]

Die Leibrenten entwickelten sich zu einer Form der Versorgung der begüterten städtischen Bevölkerung und des Adels. Entscheidend für die festgesetzten Leistungen waren Alter und Gesundheitszustand der Leibrentner. Leibrenten waren den begüterten Bürgern und Adligen vorbehalten, die über das erforderliche Vermögen verfügten. Sie boten den Leibrentnern optimale Freiheit in ihrer Lebensgestaltung ohne Bevormundung durch Spitäler und deren Hausordnungen und ohne Bevormundung durch ihre Kinder. Die Leibrente bot Sicherheit und Versorgung trotz Teuerungen und bei einem langen Leben. Von entscheidender Wichtigkeit war, dass der Leibrentner den Vertrag mit einer Institution oder Person abgeschlossen hatte, die Sicherheit und Zahlungsfähigkeit bot. Ansonsten war die Gefahr groß, dass das hingegebene Vermögen verloren war und Bedürftigkeit im Alter drohte. Da die Leibrente das Erbe der Nachkommen schmälerte, war es nicht in deren Interesse und sie versuchten, dem entgegen zu wirken.

Das Leibgedinge konnte auch darin bestehen, dass Äcker, Wiesen, Wald oder ein Hof einem Spital zur Bewirtschaftung übergeben wurden. Das Spital erbrachte aus den Erträgen Geld oder Naturalien wie Brot, Mehl oder Holz an den Leibrentner. Diese Gestaltung war einem Pachtvertrag verwandt. Der Leibrentner war der Bewirtschaftung und den damit verbundenen Mühen enthoben. Diese Form des Leibgedinges setzte großen und ertragreichen

---

74 Borscheid 1989, 159 ff.; Haug 1965, 131; von Steynitz 1979, 116.

Grundbesitz voraus. Mit dem Tod des Leibrentners fiel das Eigentum dem Vertragspartner zu.

Daneben gab es innerfamiliäre Formen der Übergabe, die zwischen Leibrente und Ausgedinge angesiedelt waren. Die Eltern überließen einem ihrer Kinder, einem Verwandten oder gar einer außenstehenden Person das Haus, den Hof, das Handwerk zur Nutzung. Die Erwerber verpflichteten sich zur Übernahme von Gegenleistungen nach ausgehandelten Vorgaben, die sich am gezogenen Nutzen orientierten. Selten war Geld vereinbart, sondern eher waren Naturalien geschuldet. Meistens waren es Witwer oder Witwen, die nicht mehr allein Haus, Hof oder Handwerk versorgen konnten. Die Erwerber konnten auch ein Darlehen auf den Grundbesitz aufnehmen. Mit dem aufgenommenen Geld und aus den laufenden Erträgen wurden die Eltern sodann sukzessive ausbezahlt. Diese innerfamiliäre Form eines Leibgedinges stand dem Ausgedinge nahe, das in der bäuerlichen Bevölkerung anzutreffen war.

Kommunale Wohlfahrtspflege

Im 16. Jahrhundert ging die Pflicht zur Armenfürsorge von den Kirchen auf die Gemeinden über, wenngleich die Kirchen weiterhin in großem Umfang der Armenfürsorge nachgingen. Schon die auf dem Reichstag von Augsburg 1530 und 1548 verabschiedeten Reichspolizeiverordnungen[75] *Von der Römisch-Kayserlichen Majestät Ordnung und Reformation guter Policey* verpflichtete die Gemeinden zur Unterstützung der Armen.

> [...] Item das auch die Oberkeyt versehung thüe, das eyn yede Stadt und Commun, ire armen selbst erneere und unterhalte, unnd den frembden nit gestattet, an eynem jegklichen ort im Reich zu betteln [...]

Sie kennzeichnet die Ablösung der mittelalterlichen kirchlichen Armenpflege durch die Armenpflege der Gemeinden. Damit wurde dem Umstand Rechnung getragen, dass im Zuge der Reformation die Armenpflege durch die katholische Kirche von Ort zu Ort nicht mehr gegeben war. Jetzt war die Armenpflege nicht mehr Aufgabe der Kirchen und Klöster, der christlichen Brüder und Schwestern, sondern der Gemeinden. Gleichwohl blieb es weithin bei der Armenpflege durch Klöster, Kirchen und Spitäler neben dem Ar-

---

75   Abgedruckt bei Weber 2002, 129 ff., 167 ff.

menkasten der Gemeinde. Diese entlasteten die Gemeinden. Die Gemeinden zogen die von den Kirchen und Klöstern verwalteten Stiftungen und Spitäler an sich. Das evangelische Kirchengut, der Kirchenkasten, wurde dem Staatshaushalt einverleibt. Es vollzog sich der Übergang des Unterrichts-, Kranken- und Wohlfahrtswesen auf den Staat. Das Heilig-Geist-Spital in Lübeck wurde zu einer unter der Aufsicht der Stadt stehenden Einrichtung zur Versorgung bedürftiger alter Männer und Frauen. In Anbetracht der neu eingeführten konfessionellen Parität sollten diese Mittel allen Bürgern ohne Rücksicht auf die Konfession zugutekommen.[76] Die Leistungen der Gemeinden in der Armenpflege waren von Ort zu Ort sehr verschieden. Sie hingen von der Leistungsfähigkeit der Gemeinde ab, den Mitteln, die dieser zur Verfügung standen und durch private Spenden ergänzt wurden. Sie hingen aber auch davon ab, was die örtlichen Träger als Bedarf anerkannten, wobei es zu willkürlichen Zuschreibungen kam. Dies konnte vor allem in kleinen und leistungsschwachen Gemeinden zu großen Härten führen und begünstigte das Umherziehen der Bettler.[77]

Zeitgleich vollzog sich ein Wandel in der Anschauung über Armut. Es wurde zwischen selbstverschuldeter Armut, der Armut Arbeitsunwilliger, der *muthwilligen* Armut, Scheinarmut und unverschuldeter Armut der Arbeitsunfähigen wie der Alten, Gebrechlichen und Kranken unterschieden. Die Bettelei gesunder Personen wurde als Müßiggang verurteilt. Diesem wurde der Kampf angesagt. Selbst alte Menschen, die keine Arbeit mehr finden konnten und sogar blinde Menschen sollten irgendeiner Beschäftigung nachgehen, wozu weithin das Spinnen von Garnen diente.[78] Arbeit statt Betteln war die Devise. Nur wer zu einer Arbeit außerstande war, dem sollte Betteln erlaubt sein, der sollte Almosen empfangen dürfen. So sah die Almosenordnung von Basel aus dem Jahr 1530 Almosen nur zugunsten von *[...] grosz krankchheitten, alter, unvermögenlicheit halb sich nit meer erneren und arbeitten mögen [...].*[79]

Die Reichspolizeiverordnung von 1548 verlautete in § 26:

Wir wollen auch, das eyn yede Oberkeyt der der Bettler, unnd anderer müsiggenger halben, eyn ernstlich einsehens thue, damit niemants zu bettlen gestatt werde, der nit mit schwacheyt oder gebrechen seins leibs beladen und deß nit nottürfftig sey [...]

---

76 Sachße/Tennstedt 1980, 30 ff.; von Steyniz 1970, 109 f.
77 Fischer 1979, 298 ff.
78 Fischer 1979, 391 f.
79 Zitiert nach Fischer 1979, 119 (Anm. 2).

Arme Menschen, die zu keiner Arbeit mehr fähig waren, richteten ihre Almosengesuche nunmehr an die Gemeinde. Nur dieser Personenkreis war würdig, Almosen zu empfangen. Müßiggänger, Arbeitsunwillige und Liederliche sollten keine Almosen erhalten.[80] Wählten die ‚schlechten Armen' den Weg des Bettelns, warteten zur Abschreckung Prügel und Gewahrsam auf sie. Dem lag das Selbstverständnis der städtisch-handwerklichen Schicht zugrunde, die von lebenslanger Arbeit geprägt war und das vom Protestantismus geförderte Menschenbild. Um ehrbare und unwürdige Arme voneinander zu trennen, veranstalteten Kommunen Haussuchungen bei den Bettlern. In Basel führte dies zu der Feststellung, dass unter den ehrbaren Bettlern eine große Zahl alter kranker Bettler vertreten war.[81]

Die Lübecker Hospitalordnung von 1602 lautete:

> Demnach man im Werk ist, gute Ordnung anzurichten, dadurch die faule, muthwillige, sowohl auch die fremden umherschleichenden Bettler abgeschafft und die rechte nothdürftige Arme in den Armenhäusern, so hoch sich deren Vermögen erstrecket, unterbracht und alimentieret werden mögen.[82]

Luther hatte die Auffassung vertreten, dass das Seelenheil nicht nur durch gute Werke wie Stiftungen und Almosen zu bewahren und zu fördern sei. In seiner Schrift *An den christlichen Adel deutscher Nation* forderte er ein geregeltes Armenwesen. Der Armut sei nicht durch Almosen, sondern durch Arbeit und Arbeitsbeschaffung bis zum Arbeitszwang zu begegnen. Dies führte zu einer Abwertung von Almosen und Spenden. Die Spendenbereitschaft ging merklich zurück. Erfolgreiches Wirtschaften über Generationen hinweg galt als Zeichen eines gottgefälligen Lebens. Der Staat fasste die Armenfürsorge ins Auge. Er verpflichtet die Almosenämter und Armenkassen der Gemeinden, nur den unverschuldet in Not geratenen Bedürftigen Unterstützung zukommen zu lassen. Er forderte die strenge Trennung zwischen den wahrhaft Bedürftigen und den mutwilligen Bettlern. Das Bettler- und Vagabundenunwesen sollte eingedämmt werden.

Die ‚schlechten Armen', die wegen Trunksucht, liederlichem Lebenswandel oder Faulheit in Armut geraten waren, konnten kaum auf Unterstützung hoffen. Die ‚guten Armen' waren bereit, für ihr ehrliches Fortkommen zu arbeiten, soweit es Alter und Gesundheit zuließen. Unterstützung sollte nur erhalten, wer arbeitsunfähig war und von Dritten wie Kindern und nahen

---

80 Bräuer/Schlenkrich 2002, Archiv Freiberg 910, Archiv Zwickau 1281.
81 Fischer 1979, 272.
82 Zitiert nach von Steynitz 1970, 118.

Verwandten keine Unterstützung erwarten konnte. Unterstützung erhielten nur arbeitsunfähige Arme, wozu eine Vielzahl alter Menschen zählten, während arbeitsfähige Arme ihnen zugewiesene Arbeiten in der Gemeinde, im Armen- und Arbeitshaus und in den ersten entstehenden Manufakturen übernehmen mussten oder Handwerksbetrieben zur Verfügung gestellt wurden.[83] Menschen im hohen Alter, die trotz Gebrechen und Schwäche noch als arbeitsfähig eingestuft wurden, mussten Arbeiten verrichten, selbst wenn diese Arbeiten zu nichts nutze waren.

Schon im 17. Jahrhundert entstanden Zucht- und Arbeitshäuser. Spitäler wurden zu solchen Arbeits- und Zuchthäusern umfunktioniert. Ihnen oblag die Erziehung der Armen zu Ordnung, Fleiß und Sparsamkeit. Armut wurde mit Nicht-Arbeit gleichgestellt. Zuchthäuser waren in erster Linie Anstalten zur Korrektion, Erziehungs- und Besserungsanstalten und weniger Gefängnisse zur Vollstreckung von Freiheitsstrafen, wie es diese im 20. Jahrhundert in Deutschland gab. In vielen Häusern lebten Irre, Kranke, Waisen, Alte, Liederliche und strafrechtlich Verurteilte neben- und miteinander. Fürsorge, Vorsorge und Verwahrung gingen ineinander über. Dem Absolutismus war es eigen, mit Härten, Schlägen und Zwang vorzugehen. Mildere Erziehungsmaßnahmen waren ihm fremd. Selbst von einem langen arbeitsamen Leben gebeugte alte Menschen wurden zur Arbeit angehalten. Auch für alte Menschen galt in den Arbeitshäusern der Satz *Arbeit statt Almosen* und sie mussten bei Zuwiderhandlungen und ungebührlichem Verhalten mit körperlicher Züchtigung rechnen.[84] In Bayern verlautete 1774:

> [...] Zu erst bemelden arbeiten können Kinder von 6 Jahren an [...] nach denen Gesundheits-Umständen auch erwachsene Leute biß in die 80iste Jahre gebraucht werden [...][85]

Bis zuletzt sollte die Arbeitskraft ausgenutzt werden. Die Arbeitskraft war die Grundlage für den absolutistischen Staat und die merkantilistische Wirtschaftsordnung. In den Zucht- und Arbeitshäusern wurden vor allem Garne gesponnen, Tuch gewoben, Stroh geflochten, Marmor und Glas geschliffen und Holz geraspelt. Das trockene Schleifen von Marmor und Gläsern wie Brillengläser war der Gesundheit sehr abträglich. Der feine Staub setze sich in den Lungen fest und führte zu frühem Tod.[86] Aus den Zucht- und Arbeits-

---

83 Bräuer/Schlenkrich 2002, Archiv Chemnitz 53 f., 65, Archiv Dresden 620, 769, Archiv Leipzig 1006.
84 Sothmann 1970, 71; von Steynitz 1970, 112.
85 Churfürstliches Polizei-Kollegium von 1774, zitiert nach Baumann 1984, 64.
86 Seiderer 2014, 2.

häusern entwickelten sich die ersten Manufakturen. Erst im 18. Jahrhundert wurden Zuchthäuser zunehmend ausschließlich für Straftäter eingerichtet. Die Laster der Zuchthäusler gaben ein schlechtes Vorbild für andere. Erstmals entstanden neben den Zucht- und Arbeitshäusern separate Heime für Arme und Alte, für Witwen und Waisen. Gerade Waisenkinder sollten nicht mit dem Laster in Zucht- und Arbeitshäusern in Berührung kommen. Für versehrte, kranke und alte Soldaten wurden die ersten Invalidenheime eingerichtet. Zwischen den Zucht- und Arbeitshäusern entwickelten sich die Korrektionshäuser. Sie dienten der Aufnahme notorischer Bettler und Müßiggänger. Zucht- und Arbeitshäuser waren vorrangig Einrichtungen der Städte. Auf dem Land kamen sie kaum vor. Hier waren Versorgungsanstalten, Armen-, Witwen- und Waisenhäuser anzutreffen.[87]

Menschen suchten für sich selbst oder für Angehörige um Aufnahme ins Armen- und Arbeitshaus nach.[88] Die Löhne in den Arbeitshäusern erreichten nicht das damals ohnehin dürftig erachtete Existenzminimum. Wer arm war, blieb arm. Eine Münchener Wollkämmerin mit vier minderjährigen Kindern bewarb sich um Aufnahme ihrer drei älteren Kinder im Arbeitshaus, damit diese dort Versorgung erhielten. Sie wollte wie bisher in Heimarbeit spinnen, um ein unentgeltliches Mittagessen zu bekommen. Neben der Arbeit wollte sie ihr jüngstes Kind und den 64-jährigen kranken Ehemann versorgen. Sie bat zusätzlich um ein Almosen, um das Leben bestreiten zu können.[89]

Unterschieden wurde obendrein zwischen einheimischen und fremden Bedürftigen. Schon die Reichspolizeiverordnungen von 1530 und 1548 verpflichteten die Gemeinden nur zur Unterstützung ihrer eigenen Armen. Die Gemeinden sahen es nicht als ihre Aufgabe an, für fremde Arme zu sorgen.

Die Armenunterstützung war Aufgabe der Heimatgemeinden. Die Gemeinden mussten alle am Ort Geborenen oder die mehrere Jahre lang dort wohnenden Personen in Notlagen unterstützen. Der Zeitrahmen für das Heimatrecht wechselte von Land zu Land und betrug bis zu fünf Jahren. Die Kehrseite des Heimatrechts kraft Aufenthaltsdauer war, dass die Gemeinden zu verhindern suchten, dass ältere und kranke Leute sich langfristig ansiedelten.[90] Konnte das Heimatrecht nachgewiesen werden, wurden die Armen in die Armendeskriptionsliste aufgenommen. Sie gehörten nun zu

---

87 Baumann 1984, 86; Borscheid 1989, 424 ff.; Bräuer/Schlenkrich 2002, Archiv Leipzig 984, 1034 f.
88 Sothmann 1970, 112 f.
89 Baumann 1984, 189.
90 Baumann 1984, 89; Bräuer/Schlenkrich 2002, Archiv Chemnitz 54.

den Almosenempfängern und Hausarmen. Über ihre Bedürftigkeit wachte fortan die Gemeinde mit eigens bestellten Aufsehern. Sie erhielten Almosen in Form von Geld und Naturalien. Die Almosen reichten kaum zur Lebensführung und mancher Almosenempfänger und Hausarme war zum Betteln gezwungen. War ein Heimatrecht am Aufenthaltsort durch langjährigen Aufenthalt nicht nachweisbar, oblag die Unterstützung den Gemeinden, die in den vergangenen Jahren die Betreffenden entsprechend lange geduldet hatten. Dies konnte letztlich wieder die Geburtsgemeinde sein. Der Zeitrahmen sank im Laufe der Zeit. Er betrug zuletzt zwei Jahre in der zweiten Hälfte des 19. Jahrhunderts. Nun lag Freizügigkeit im wirtschaftlichen Interesse der Industrialisierung.

Gemeinden hatten deshalb ein Interesse daran, ältere und kranke Menschen ohne Vermögen vor Erreichen der jeweils geltenden Frist wieder los zu werden. Sie richteten ein Rückführungsersuchen an die Heimatgemeinde und schoben die alten Menschen ab. Durchziehende Personen konnten auf Unterkunft in Elendsherbergen für eine Nacht, in seltenen Fällen gar drei Nächte oder einmalige Almosen, eine Wegzehrung hoffen. Elende wurden im Mittelalter alle Ortsfremde und Pilger genannt.[91] Für diese Durchreisenden fanden sich Elendsherbergen vor den Toren der Städte. Wer nicht aus eigenen Kräften weiterziehen konnte, dem konnte es geschehen, dass er nach einer Nacht auf den Armenkarren, die Bettelfuhr gelegt und zur Gemeindegrenze gebracht wurde. „Fremd, arm und krank zu sein war einstens schon fast ein Todesurteil; es fand sich niemand, der solche Menschen aufnahm und versorgte [...]"[92]

Mit Armen- und Bettelordnungen versuchten die Gemeinden den Zustrom von Bettlern einzudämmen. Bettelordnungen verfolgten ordnungspolizeiliche Zwecke und sollten verhindern, dass Leistungen aus den Armenkassen missbräuchlich in Anspruch genommen wurden.[93] Für Auswärtige galten weithin Niederlassungs- und Bettelverbote. Städte hatten für Bettler eine große Anziehungskraft. Die Vielzahl der Kirchen bot gute Gelegenheit zum Betteln. Sie siedelten sich in den Vorstädten an. In den Vorstädten war das Wohnen billig und sie fielen in der Masse der Menschen nicht so auf.

---

91 Moritz 1981, 84; Haug 1965, 144; Weller 1979, 25; Bräuer/Schlenkrich 2002, Archiv Dresden 18, Archiv Chemnitz 35; Sachße/Tennstedt 1980, 324.
92 Bischoff-Luithlen 1998, 161.
93 Sachße/Tennstedt 1980, 109 ff. m. w. N; Bräuer Schlenkrich 2002, Archiv Dresden 280: Dresdner Bettelordnung von 1628.

Kordonsmannschaften, Polizeidiener und Bettelvögte spürten den Bettlern nach. Wurden fremde und unwürdige Bettler aufgegriffen, so erwartete sie Polizeigewahrsam bei Wasser und Brot, Gefängnis und gar Schläge. Fremde Bettler konnten obendrein ausgewiesen werden. Es erwartete sie der Schub, wenn sie dem nicht freiwillig nachkamen. Sie wurden mit Gewalt an die Stadt- oder Landesgrenze gebracht. Die Obrigkeit in Leipzig nahm kurz nach dem 30-jährigen Krieg mehr als 1.400 auswärtige Bettler fest und verbrachte sie zur Grenze. Es waren zumeist Soldatenfrauen und ihre Kinder. Die Gemeinden sahen es nicht als ihre Aufgabe an, für ortsfremde Arme zu sorgen. Die Rodler (Büttel) spürten fremde Bettler auf, sperrten sie ein, wiesen sie aus der Stadt, nahmen ihnen das Erbettelte ab. Der Augsburger Chronist Barnabas Holzmann (1530–1575) schrieb hierzu:

> [...] mussten auf die Rodler sorgen, die ihnen täten viel zu leid.
> Alt, jung, gesund, krank ohne Unterschied
> warfen sie da mit großer Zwangnuss
> in elend, stinkende Gefängnuss
> in finster Türen und Gewölb [...]

Weiter wusste er zu berichten:

> Deshalb man Rodler auf sie richt,
> die ihnen, wa sie sy abkamen
> was sie erbettelt hätten, nahmen,
> stießen sie zu dem Tor hinaus [...].[94]

So geschah es selbst im Hungerjahr 1771, als notleidende Menschen die Städte und ihre Getreidespeicher heimsuchten. Der Abtransport kranker Bettler erfolgte auf der Armenkarre, der Bettelfuhr. Das war das Schicksal vieler alter Menschen. Schlimmstenfalls wurden sie von einer Stadtgrenze zur nächsten gebracht und dort wieder weitergekarrt bis der Tod ein Einsehen hatte. Deshalb gab es immer wieder Verbote des unmenschlichen und entwürdigenden Hin- und Herkarrens kranker Bettler. Nicht immer und überall wurden all diese Möglichkeiten ausgeschöpft, um Bettler zu vertreiben.[95]

Almosen sollten nur diejenigen bekommen, die bereit waren zu arbeiten, aber keine Arbeit fanden oder Arbeitsunfähige. Es galt das Prinzip der

---

[94] https://bildsuche.digitale-sammlungen.de/index.html?c=viewer&bandnummer=bsb00010265&pimage=49&suchbegriff=&l=it (online-Zugriff am 02.11.2021, Zeile 575, 610)

[95] Baumann 1984, 114 ff., 188, 344 f.; Bräuer/Schlenkrich 2002, Archiv Chemnitz 64, Archiv Dresden 194, 283, 613, 706, 708 f., 718 Archiv Leipzig 1079, 1204 ff.

Abb. 3: Bettlerzunft.

Arbeit zu jedem Lohn, um die Armen zu disziplinieren. Almosen sollte es nur gegen Wohlverhalten geben. Die würdigen Bettler erhielten in Städten wie Nürnberg ein Zeichen aus Messing an ihre Kleidung geheftet. Das *Heilige Blechle* legitimierte sie zum Betteln. Die Bettler schlugen aufs Blechle, um ihren Anspruch auf Unterstützung kund zu tun.[96] Dem Betteln haftete etwas Anrüchiges, Unwürdiges an. Es war verdächtig. Deshalb bedurfte es des Legitimationszeichens. Die Bettelordnungen enthielten zumeist keine umfassenden Bettelverbote. Sie schränkten das Betteln nach Ort und Zeit ein: Kein Betteln in der Kirche, Betteln nur an bestimmten Tagen. Alte arbeitsunfähige Menschen konnten darauf hoffen, weiterhin betteln zu dürfen. Hingegen galten mancherorts Bettelverbote für bestimmte Gruppen wie Gesellen und Soldaten.[97] Ein umfassendes Bettelverbot erging in Stuttgart und Ludwigsburg Ende des 18. Jahrhunderts und obendrein ein Verbot des direkten Almosengebens an Bettler.

Es gab Bettelerlaubnisse, Bettelzeichen für die würdigen Bettler und Almosenzeichen für diejenigen, die Almosen in Anspruch nahmen. Die Träger der Almosenzeichen durften nicht betteln. Das Almosenzeichen befugte sie zur Unterstützung aus der kommunalen Armenkasse. Die Almosenempfänger in den Städten wie Frankfurt erhielten in erster Linie Brotlaibe als Almosen. Darüber hinaus konnten sie um Kleidung, Unterkunft und Brennholz nachsuchen. Gelegentlich wurde für einen bestimmten Zweck oder an Feiertagen eine Geldspende ausgereicht.[98] Armenpolizei war sogleich Moral- und

---

96 Sachße/Tennstedt 1980, 67, 207; Moritz 1981, 104; Fischer 1979, 233 ff.; Bräuer/Schlenkrich 2002, Archiv Freiberg 928, Archiv Leipzig 1107; Sothmann 1970, 182 f.; Bischoff-Luithlen 1998, 116 ff.
97 Bräuer/Schlenkrich 2002, Archiv Freiberg 912, 918, 940.
98 Fischer 1979, 236; Bräuer/Schlenkrich 2002, Archiv Zwickau 1314; Moritz 1981, 105 ff.

Sittenpolizei. Selbst alte Menschen mussten Arbeiten wie Spinnen und Stricken verrichten, wollten sie Almosen erhalten. Bettel- und Almosenzeichen forderten die Bevölkerung auf, das Wohlverhalten des Trägers zu kontrollieren. So hieß es in einer Straßburger Anordnung von 1523:

> [...] solche almusen nit unzimlich verschwendt oder verthan werde oder durch die ihennen, so solch almusen nehmen, desto weniger in würtzhüsern, bierhüsern oder uf stube verzert [...][99]

Wer sein Geld ins Wirtshaus trug, war nicht würdig, weiterhin betteln zu dürfen oder Almosen zu empfangen. Bettel- und Armutszeichen waren Mittel der sozialen Kontrolle. Sie grenzten diejenigen aus, denen es verwehrt war, solch ein Zeichen zu tragen und überließ sie einem ungewissen Schicksal.

Es gab sogar Zünfte und Bruderschaften der Bettler oder Blinden. Die Bettlerbruderschaften dienten dazu, die auswärtigen Bettler zu kontrollieren und fernzuhalten. Sie hatten eigene Gerichte mit einem Bettelvogt an der Spitze. Sie erhoben Eintrittsgebühren und regelmäßige Beiträge und kümmerten sich um ihre kranken und alten Mitglieder. Viel konnten sie nicht gewähren.[100]

Das Tragen solcher Armutszeichen an der Kleidung empfanden manche Menschen als diskriminierend und sie litten lieber Hunger. Darunter waren viele ehemalige Handwerker und ihre Angehörigen, die durch Krankheit und Alter in Not geraten waren. Für einen alten Handwerker bedeutete dies ein Zeichen des sozialen Abstiegs. Er setzte sich der Verachtung seiner Zunftkollegen aus und sank im Ansehen seiner Verwandten. Sie konnten die Erlaubnis erhalten, als ehrbare Hausarme zu Hause verpflegt zu werden und sie mussten das Armutszeichen nicht tragen. So wurden den Straßburger Armenpflegern aufgetragen, diese Hausarmen heimlich zu unterstützen.[101] Die zu Hause versorgten bedürftigen Menschen, die Hausarmen, die außerstande waren einer Arbeit nachzugehen und die ein tadelloses Leben geführt hatten, nahm einen breiten Raum in der städtischen Armenpflege ein. Die Städte führten umfangreiche Listen mit deren Personalien, Lebenslauf, Familienverhältnissen und dem Grund für die Bedürftigkeit. Der Rat der Stadt entschied über die Zuwendungen. Damit ihre Bedürftigkeit nicht nach außen drang, enthielten in manchen Städten die dem Rat vorgelegten Listen

---

99   Zitiert nach Fischer 1979, 244.
100 Fischer 1982, 29 f.; Weller 1979, 32; Fischer 1979, 224 ff.
101 Fischer 1982, 25 f.

nicht die Namen, sondern nur die Anfangsbuchstaben und Adresshinweise.[102] Ihrem Ruf zuliebe war Diskretion angesagt.

Viele Gemeinden und Städte wie Frankfurt beschäftigten Menschen mit körperlichen Gebrechen als Wächter. Zusätzlich zu ihrem kargen Lohn erhielten sie in Frankfurt Brotlaibe aus dem Almosen der St. Nikolei-Stiftung. In den Genuss des Brotalmosens konnten Diener und Wächter der Stadt weiterhin gelangen, wenn sie wegen Alter und Schwäche nicht mehr beschäftigt werden konnten.[103]

In Zeiten von Kriegen, Missernten, Teuerungsjahren und Hungersnot setzte eine Landflucht verarmter Kleinbauern, entlassenem Gesinde, arbeitslosen Tagelöhnern und Witwen mit ihren Kindern in die Städte ein, die um Almosen, um Gaben aus den städtischen Kornspeichern nachsuchen wollten. Die Städte schlossen ihre Tore gegen diesen Zustrom. Gleichwohl konnten sie sich der Not nicht gänzlich verschließen und verteilten am Stadttor Brot an die Bedürftigen. Fehl-, Mangelernährung und Krankheiten waren die Folge solch unzureichender, einseitiger Nahrung und dezimierten die Bevölkerung. Vorne dran waren alte und kranke Menschen.[104] Der Augsburger Chronist Barnabas Holzmann schrieb über die Hungerjahre von 1570–1575, die auf die *Kleine Eiszeit mit* ihren langen kühlen Wintern folgten:

> Vil nackent vor den kirchen stuenden,
> offt die Scham kaum decken konden.
> Man gab in manichem reichen hauss
> an gewissen tagen pfennig auss. [...]
> Irer aignen kind sie nimer achten,
> die dann vor hunger gar verschmachten.[105]

Hungersnöte wurden von Seuchen wie Pest und Blattern begleitet. Der Tod ereilte zuerst die geschwächten Glieder der Gesellschaft und dazu zählten alte Menschen. Barnabas Holzmann schrieb hierzu:

> Dann auf der herrn Fugger mist
> ain alter mann gestorben ist.
> Ein alter mann starb auch im bad
> doch im gnuerg zuvor gessen hat.[106]

---

102 Bräuer/Schlenkrich 2002, Archiv Dresden 615, 733, 547, Archiv Leipzig 1052.
103 Moritz 1981, 109.
104 Fischer 1979, 102 ff.
105 Zitiert nach Fischer 1979, 105.
106 https://bildsuche.digitale-sammlungen.de/index.html?c=viewer&bandnummer=bsb 00010265&pimage=49&suchbegriff=&l=it (online-Zugriff am 02.11.2021, Zeile 710).

Die Grenze zwischen würdigen und unwürdigen Bettlern, würdigen und unwürdigen Armen war nicht leicht zu ziehen und wurde oftmals recht willkürlich gezogen. Maurer, Zimmerleute und Steinmetze gingen zur Arbeitssuche auf Wanderschaft. Schneider, Schuster und Sattler zogen übers Land und boten ihre Arbeit auf Bauernhöfen an. Fanden sie keine Anschlussarbeiten, gerieten sie zumindest vorübergehend in Bedrängnis und waren aufs Betteln angewiesen. Wenn Tagelohn- und Saisonarbeit, Spinnen und Kleinhandel nicht zum Überleben reichten, musste Betteln herhalten. Mägde, Dienstboten und Tagelöhner waren bei längerer Arbeitslosigkeit zum Betteln gezwungen, da es ihnen an einem sozialen Netz in der fremden Umgebung mangelte. Dies war das Heer der Berufsmobilen, die immer wieder keinen anderen Ausweg kannten als zu betteln und von einer Stadt zur anderen unterwegs waren. Daneben gab es Witwen, Waisen, verlassene Kinder, entlassene Soldaten, ledige Mütter und alte Menschen, die zum Betteln gezwungen waren. In Krisenzeiten sollen zwischen 25 bis 30 % der Gesamtbevölkerung bettelnd durchs Land gezogen sein. *Not macht mobil.*[107] Umherziehende Bettler und Bettlerinnen erhielten in den Spitälern und den Seelhäusern der Städte und Gemeinden ein Bett für eine Nacht und eine Mahlzeit. Dann mussten sie weiterziehen. Nach Kriegen und in Hungerjahren zogen ganze Familien durch die Lande. Auch in normalen Zeiten waren fahrende Handwerker und Hausierer auf den Straßen mit ihren Familien unterwegs. Erkrankten Mitreisende, geschah es, dass sie einfach zurückgelassen wurden. Fremde kranke Arme wurden vom Armenknecht aus der Stadt geführt oder vom Büttel auf der Bettelfuhr zur Gemeindegrenze gebracht. Diese Praxis machte vor Krankheit und Invalidität keinen Halt und das traf besonders alte Menschen.[108]

Die Bettelordnungen und die darin vorgesehenen Maßnahmen zeigten nur eine eingeschränkte Wirkung. Dies lag zum einen an den unzulänglichen Verwaltungsstrukturen dieser Zeit. Es lag obendrein am damaligen Verständnis von Mildtätigkeit, die Vorrang vor Kontrolle und Überwachung haben sollte. Die Kirchen wandten sich gegen Bettelverbote und hielten an der jahrhundertealten Tradition der Barmherzigkeit und Caritas fest.[109] Büttel und Bettelvögte zählten bei geringer Entlohnung und geringem Ansehen fast zu der Gruppe, die sie bekämpfen sollten. Mancher hatte ein Einsehen mit den Armen und schaute weg.

---

107 Bräuer/Schlenkrich 2002, Archiv Dresden 750.
108 Bischoff-Luithlen 1998, 161 f.; Mitterauer 1986, 235, 251; Fischer 1979, 208.
109 Fischer 1979, 152 f.

Die Armut auf dem Land war weniger augenfällig als die Armut in den Städten, die seit der zweiten Hälfte des 18. Jahrhunderts ständig zunahm. Ende des 18. Jahrhunderts mit einer steigenden Bevölkerungszahl, mit der die Produktivitätssteigerungen in der Landwirtschaft nicht Schritt halten konnten, und einer Verteuerung der Nahrungsmittel nahmen Armut, Elend und Hunger in den Städten und auf dem Land erheblich zu. Es erreichte selbst die Schichten, die sich sonst von ihrer Arbeit gerade noch hatten ernähren können. Besonders traf dies wieder Alte und Kranke.[110]

Alleinstehende Frauen

In der gesamten europäischen und deutschen Geschichte blieb die Tatsache konstant, dass die ärmsten Mitglieder der Gesellschaft alleinstehende Frauen waren, ob nun ledige, verlassene oder verwitwete Frauen, und vor allem alleinstehende Frauen im Alter. 1523 betrug in Straßburg der Anteil der Frauen unter den bedürftigen Personen 69 %.

Frauen ohne Vermögen hatten es schwer, einen Ehepartner zu finden. Sie hatten keine Aussteuer, keine Mitgift vorzuweisen. In den Städten hatten sie in den Zünften nur geringe Erwerbsmöglichkeiten. Die meisten Zünfte ließen keine Frauen zu.[111] In den Beibringungsinventaren der Handwerkerstadt Nürtingen am Neckar kommt die Bedeutung der Mitgift für Frauen deutlich zum Ausdruck. Sie brachten Bettgewand, Leinwand, Möbel wie Bettladen, Hausrat und Vieh mit in die Ehe. Bei den Männern waren dieselben Sachen seltener aufgeführt. Sie verfügten über Waffen und vor allem über Handwerkszeug. Überraschend ist, dass der Wert des Beibringungsguts der Frau zumeist deutlich höher, bis doppelt so hoch als das des Mannes war. Frauen hatten zur Familiengründung deutlich mehr beizusteuern als die Männer. Sie waren gezwungen vor der Eheschließung im fremden Dienst eine Aussteuer zusammen zu sparen. Die Eltern mussten den Töchtern eine höhere Mitgift geben als den Söhnen, so sie konnten und wollten.[112]

Frauen ohne Familienbindung und ohne Grundbesitz fielen der Armenpflege anheim, wenn sie keiner Beschäftigung nachgehen konnten. Sie erhielten kostenlose Speisungen aus den Armenschüsseln, in den Städten

---

110 Borscheid 1989, 394 f.; Fischer 1982, 53; Fischer 1979, 208 f.
111 Fischer 1979, 128 ff.
112 Benscheidt 1985, 55, 49, 100, 187.

lebten sie in Armenspitälern, wurden von den kommunalen Armenkassen, den Armenhäusern und den Klöstern unterstützt oder zogen als Bettlerinnen umher.[113] Betrügerisches Betteln als scheinbar Schwangere mit der Bille unterm Rock, als angebliche Wöchnerin vor der Kirchentür oder als Mutter eines Monsters, der Dutzbetterin, als vorgeblich Geisteskranke oder Schwerkranke, der Vopperin, als reuige Prostituierte, der Sündfegerin, oder als Mutter in Begleitung geliehener Kinder. Bettelnde Frauen stießen zumeist auf weniger Ablehnung als männliche Bettler. Alte Frauen fanden selbst in den ärmsten Gegenden Mitleid und etwas Unterstützung.

Das bürgerliche Frauenideal sah Frauenarbeit in der Öffentlichkeit als unweiblich an, obwohl dies in Handwerker- und erst recht in Bauernfamilien üblich war. Mittellosen alleinstehenden Frauen blieb jedoch nichts anderes übrig als Lasten zu schleppen, Feldarbeit zu verrichten, anderer Leute Wäsche zu waschen, Kleinhandel zu betreiben. Manchen Frauen blieb nur die Prostitution, die gesellschaftliche Ächtung bedeutete. Ideal und Wirklichkeit klafften weit auseinander.

Ältere arme Frauen mussten Arbeiten annehmen, die ihnen die Gemeinden anboten. Manche ältere Frau konnte sich ein Zubrot als Grabebitterin, Leichensängerin, auch Leichensägerin genannt, verdienen. Es handelte sich um ein Amt der Gemeinde, die ihnen die Aufgabe übertrug, eine Nachricht vom Todesfall von Haus zu Haus zu verbreiten und auswärtigen Verwandten zukommen zu lassen. Sie wurden mit Naturalien entlohnt.[114] Sie verdienten sich etwas durch Nähen, Spinnen, Sticken, Waschen und Wassertragen hinzu. Diese Tätigkeiten boten keine dauerhafte und ausreichende Verdienstmöglichkeit und waren alten und kranken Frauen kaum mehr möglich. Wassertragen überstieg ihre Kräfte.

Während der Pestepidemien in Leipzig zwischen 1681–1683 wollte der Rat der Stadt alte bedürftige Frauen dazu verpflichten, Essen, Getränke und Arzneien in die Häuser Pestkranker zu bringen. Manche verweigerten den Dienst. Sie brachten vor, wegen ihrer Kinder oder dem Alter dazu nicht in der Lage zu sein, woraufhin der Rat überlegte, ob er die ungehorsamen Weiber nicht zur Abschreckung aus der Stadt verweisen solle.[115] Der Rat von Straßburg hatte 1564 entschieden, armen Frauen das Almosenrecht abzusprechen, wenn sie sich weigerten, Pestkranke zu pflegen.[116]

---

113 Bräuer/Schlenkrich 2002, Archiv Chemnitz 59.
114 Bischoff-Luithlen 1989, 239 ff.; Bräuer/Schlenkrich 2002, Archiv Chemnitz 61, 75.
115 Bräuer/Schlenkrich 2002, Archiv Zwickau 1282.
116 Fischer 1979, 246.

Die Witwen von Handwerkern konnten Zuschüsse aus der Zunftkasse erhalten. Häufig sahen Zunftordnungen Arbeitsbeschränkungen und Arbeitsverbote für Witwen vor. Sie konnten das Handwerk des verstorbenen Ehemanns allenfalls mit Hilfe eines Gesellen vorübergehend fortführen. Manche Zunft verlangte die Wiederheirat innerhalb eines Jahres. Die Wiederheirat der Handwerkerwitwe diente der Fortführung des Betriebs, als Vorsorge gegen Armut und zur Altersversorgung. Nicht selten war der einheiratende Ehemann deutlich jünger als die Frau. Umgekehrt war es für manche Handwerksgesellen, der kein Meistersohn war, die einzige Möglichkeit, eine Meisterstelle zu bekommen.

Die Witwen von Lehrern und Pfarrern erhielten nach dem Tod des Ehemannes nur für kurze Zeit eine Unterstützung der Gemeinden. Weithin galt die Gnade des vierteljährlichen Nachsitzens mit einer beschränkten Fortzahlung der Bezüge des verstorbenen Ehemannes. Der Herzog von Württemberg richtete deshalb eine Stiftung zur Unterstützung der Pfarrerswitwen ein, den *Pfarrerswitwenfiskus*.[117] Die Neubesetzung eines Amtes konnte daran geknüpft werden, dass der Bewerber bereit war, die Witwe des Amtsvorgängers zu heiraten. Ansonsten mussten sie die Dienstwohnung verlassen und es blieben nur die Spitäler und der Armenkasten.[118]

In manchen Landstrichen waren zur Versorgung der Pfarrerswitwen Witwenkassen eingerichtet worden. Die Pfarrer mussten in diese Witwenkassen regelmäßig Beiträge entrichten. Sie konnten jedoch nur geringe Beiträge einzahlen, und entsprechend gering waren die Auszahlungen an die Witwen. Die Auszahlungen beschränkten sich oftmals auf einen einmaligen Betrag. Sie genügten keinesfalls zur Lebensführung. Nach dem Beispiel der Pfarrerswitwenkassen entstanden auch andere Witwenkassen.[119] Allen gemeinsam war, dass sie kaum über einen soliden Grundstock verfügten. Es ermangelte an ausreichenden versicherungsmathematischen Kenntnissen, um Beiträge und Leistungen in ein ausgewogenes Verhältnis zu bringen, weshalb viele dieser Ansätze scheitern mussten oder die Erträge spärlich blieben.

Pfarrer, Lehrer und viele städtische Bedienstete wurden teilweise in Geld, teilweise in Naturalien entlohnt. Dazu zählte die Überlassung einer Dienstwohnung. Beim Tod des Ehemannes musste die Witwe die Dienstwohnung räumen und hatte kein Dach über ihrem Kopf mehr. So erging es auch vielen Witwen städtischer Bediensteter. Obdachlosigkeit und Betteln gingen einher.

---

117 Weller 1979, 77.
118 Borscheid 1989, 100 ff.
119 Bräuer/Schlenkrich 2002, Archiv Freiberg 888, Archiv Leipzig 1101, 1119, 1122.

Als eine Witwe um eine Wohnung und Almosen für sich und ihren blinden Sohn beim Rat der Stadt Zwickau nachsuchte, erhielt sie einen ablehnenden Bescheid. Der Sohn kam ins Waisenhaus.[120]

Uneingeschränkter konnten Witwen von Kaufleuten den Betrieb weiterführen. Für kleine Kaufmannsbetriebe wie die Krämer, Höker und Hausierer gab es in Städten ebenfalls einen Zunftzwang. Doch war dieses Gewerbe Frauen nicht verschlossen. Deshalb versuchten viele Frauen ihr Glück im Handel und zwar im Kleinhandel. Es gab viele Klagen des Handwerks, wenn die Frauen dieselben oder ähnliche Waren anboten, wie sie die Handwerker selbst herstellten und insbesondere, wenn es sich um Waren handelte, die die Frauen auf dem Land von unzünftigen Handwerkern erworben hatten. Häufig waren die Klagen von Barbieren und Apothekern, wenn die Frauen fragwürdige Heilmittel verkauften wie gefärbten Branntwein.[121] *Not macht erfinderisch.*

Witwen ohne größeres eigenes Vermögen traf der Zwang zur Wiederheirat oder sie mussten sich aus eigener Kraft ernähren. Waschen, Nähen, Wassertragen, Handel standen ihnen offen und boten doch zumeist kein ausreichendes Dasein. Verwitweten Frauen bot sich seltener als Männern die Möglichkeit zur Wiederheirat. Dies war insbesondere der Fall, wenn sie älter waren oder eine Schar kleiner Kinder hatten. Die Männer scheuten davor, sich um Stiefkinder zu kümmern.[122] Kaum ein Mann nahm solch eine Bürde auf sich. Schwierig war die Situation von Witwen, deren verstorbener Ehemann noch Kinder aus einer früheren Ehe hatte. Die Witwe musste sich das Erbe mit diesen Kindern teilen und es blieb oft nicht genug für sie übrig. Die Stiefkinder hatten keine Veranlassung, sich um sie zu kümmern. Sie hatten genug mit sich selbst zu tun. Heirateten die Witwen vor Ablauf des von der Kirche geforderten Trauerjahres erneut, setzen sie sich dem Vorwurf der Schamlosigkeit aus. Gleichwohl blieb mancher Witwe nichts anderes übrig als solch eine Notheirat. Die Fortführung von Hof und Handwerk, die Sorge um das tägliche Brot machten eine rasche Wiederheirat unumgänglich. Ein gemeinsamer Haushalt senkte die Kosten der Lebensführung. Unter den Frauen, die älter als 60 Jahre alt waren, waren mehr verwitwete als verheiratete Frauen. Deshalb kann es nicht verwundern, dass in den Armenlisten, den Bittgesuchen um Almosen und Aufnahme ins Spital vor allem verwit-

---

120 Bräuer/Schlenkrich 2002, Archiv Leipzig 1197, Archiv Zwickau 1249 f.
121 Bräuer/Schlenkrich 2002, Archiv Dresden 748, 831, 833, Archiv Freiberg 915, Archiv Zwickau 1304.
122 Bräuer/Schlenkrich 2002, Archiv Chemnitz 60, 63, 65, 72.

wete Frauen anzutreffen sind und insbesondere Witwen mit Kindern oder ältere Witwen. Bettelnde alte Frauen und Witwen erlebten, dass sie aus den Städten vertrieben oder in ihre Heimatgemeinden abgeschoben wurden. Aberwitzig erscheint das Schicksal einer Soldatenwitwe aus Nürnberg. Wegen eines missglückten Selbstmordversuchs wurde sie zu einer 14-tägigen Zuchthausstrafe verurteilt, denn Selbstmord wurde auch als Mord geahndet.[123] Selbsttötung war eine Sünde und die christliche Gemeinschaft hatte die Aufgabe, diese zu ahnden.

Auf diese Witwen wartete im Alter regelmäßig bittere Armut. Bitter war auch der Abschied für die Ehemänner im Angesicht des Todes. Sie wussten darum, dass ihre Frauen und Kinder unversorgt zurückblieben. Hatte die Krankheit des verstorbenen Mannes die Ersparnisse aufgezehrt, musste die Witwe selbst um Almosen für seine Beerdigung bitten.[124] Beim Tod der Frau hatten die Männer eher die Möglichkeit einer Wiederheirat und waren aus haushaltsökonomischen Gründen vor allem in Bauern- und Handwerkerfamilien sogar zur raschen Wiederheirat genötigt. Männer bevorzugten die Heirat mit jüngeren Frauen. Waren die Frauen in gebärfähigem Alter und bekamen Kinder, waren diese beim Tod des Mannes noch oft sehr klein. Sie blieben unversorgt zurück und konnten nicht zum Unterhalt beitragen. Das war der Fluch der jüngeren Ehefrauen. Es war für die Frauen die Kehrseite bei der Zweit- oder Drittheirat des Ehemannes.

Begüterten Frauen bot sich die Möglichkeit, sich gegen ein Eintrittsgeld im Alter in ein Spital, Kloster oder ein Stift zurückzuziehen. Sie konnten das volle Ordensgelübde ablegen oder als Stiftsdame ein keusches, einfaches Leben führen. Wohlhabende Frauen konnten in den Spitälern als Pfründnerin eine Altenwohnung mit Kochgelegenheit erwerben.[125] Sie waren auf keine von äußerer Not erzwungene Wiederheirat verwiesen. Wollten sie doch erneut heiraten, fanden sie eher eine Gelegenheit hierzu als arme Frauen. Doch manche der Frauen musste nach dem Tod des Ehemannes einen Kleinkrieg mit dessen Verwandten um das Erbe führen. Zwar stand ihnen die im Heiratsvertrag versprochene Morgengabe zu. Doch auch um diese wurde gestritten oder war bereits zu Lebzeiten des Ehemannes verbraucht.

---

123 Sothmann 1970, 125.
124 Bräuer/Schlenkrich 2002, Archiv Chemnitz 56, Archiv Zwickau 1205; Kroll 2012, 112 ff.
125 Reif 1982, 146 f.; Weller 1979, 17.

Adlige und Fürsten

Der Adel war aus der Ritterschaft und der Verwaltung von Ämtern im Mittelalter erwachsen. Zur Versorgung erhielten die Adligen von den Landesfürsten Lehen. Diese bestanden aus Grund und Boden bzw. Herrschaftsrechten und Pfründen. Sie waren von der Bezahlung von Steuern und Abgaben befreit. Soweit Adlige die Pflicht zur Heeresfolge traf, lebten sie in Anbetracht der zahllosen Kriege gefährlich. Die Hoffnung auf Kriegsbeute, Abenteuer, Ruhm und Achtung, und die Aussicht, später zur Belohnung mit Ämtern versorgt zu werden, förderten das Kriegshandwerk trotz aller Gefahren und Entbehrungen. Viele starben schon in jungen Jahren. Sie mussten nicht nur mit dem Tod in der Schlacht rechnen. Der Tod konnte sie durch Krankheiten, Entbehrungen und Seuchen treffen. Im Zuge von Feldzügen und Schlachten brachen oftmals Seuchen aus und rafften ganze Heere dahin. Die Pest konnte die Heere mehr als eine Schlacht dezimieren. Nicht alle Erwartungen auf Ruhm und Kriegsbeute erfüllten sich. Mancher adlige Ritter endete als Strauchdieb und Wegelagerer, wie es Grimmelshausen (1622–1676) im *Simplicissimus* beschrieben hat. Aus dem Kriegsdienst freigesetzte Ritter wurden zur Landplage. Adlige konnten sich von der Heerfolge entbinden lassen, indem sie Abstandszahlungen erbrachten oder einen Stellvertreter stellten.[126] Im Alter waren sie nur noch zu Rat und nicht mehr zur Tat verpflichtet. Mit dem Aufkommen der Söldnerheere im Spätmittelalter und der stehenden Heere im 17. Jahrhundert entfiel zunehmend die Pflicht zur persönlichen Kriegsdienstleistung. Im 18. Jahrhundert erfolgte die Freigabe der Lehensgüter von der Vasallenpflicht. Damit entfiel endgültig die Pflicht zum Kriegsdienst. An dessen Stelle trat die Aussicht auf eine militärische Laufbahn im Heer und auf eine Offiziersstelle.

Der 30-jährige Krieg hatte einen verarmten Landadel hinterlassen, den materielle Sorgen plagten. Besitzersplitterung tat ein Übriges dazu. Dieser verarmte Landadel, die sogenannten Zaunjunker, unterschieden sich kaum von der bäuerlichen Bevölkerung. Andere verdingten sich als Söldner in fremden Heeren. Groß war der Unterschied zu den Standesgenossen im Dienst von Fürsten und der Bistümer. Die Verarmung des Adels drückte manche Familie auf den Stand der Bauern und Handwerker, einige gingen dem Bettel nach. Hatten sie sich in eine Zunft eingeschlichen, drohte ihnen der Verlust des Standes und der Vorrechte des Adels, wie es § 81 des

---

[126] Wohlfeil 1965, 319 ff.

Zweyten Theils, Neunter Titel des Allgemeinen Preußischen Landrechts zum Ausdruck brachte. Hingegen hatten es andere Adlige verstanden, verlassene Ländereien nach dem 30-jährigen Krieg an sich zu bringen und konnten ihren Reichtum vergrößern.

Adlige und vor allem der niedere Adel strebten in den neu aufgestellten stehenden Heeren Offiziersstellen an. Gerade für nachgeborene Söhne, die kein Erbe antreten konnten, war die Laufbahn im Heer eine der wenigen standesgemäßen Betätigungen. Neben dem eigentlichen Kriegshandwerk erwuchsen ihnen mehr und mehr Aufgaben in der Verwaltung und Wirtschaft des Heeres. Das Einkommen der unteren Offiziersränge war bescheiden. Sie benötigten weiteres eigenes Einkommen, Unterstützung von Verwandten oder mussten sich verschulden, um eine standesgemäße Lebensführung zu unterhalten. Erst wenn sie die Offizierslaufbahn im Laufe der Jahre und Jahrzehnte weiter beschritten hatten, lockten höhere auskömmliche Bezüge.[127] Das Offizierskorps blieb eine Domäne des Adels. Verdiente Offiziere konnten nach ihrer Entlassung aus dem Dienst auf ein Gnadengehalt, Unterbringung im Invalidenhaus oder eine Versorgung mit Ämtern hoffen. Sicher war das nicht.[128]

Der Hof-, Staats-, Offiziers- und Landadel verstand es, sich durch Pfründe, Ämter und die Bewirtschaftung ihrer Güter bis ins hohe Alter versorgt zu stellen. Gleichwohl darf nicht verkannt werden, dass das Leben im Alter für diese in den zumeist kalten und zugigen Gemäuern dieser Zeit beschwerlich sein konnte. Auch wenn sie genug zu essen hatten, waren die Speisen wenig abwechslungsreich. Gegen Krankheiten standen ihnen kaum hilfreiche Mittel zur Verfügung. Die Vererblichkeit der Güter und Ämter forderte die Ehrerbietung und den Gehorsam der Nachkommen. Erbe und Testament waren ein gewichtiges Faustpfand in der Hand des Stammvaters. Mit Erreichen der Großjährigkeit im Alter von 25 Jahren gelangten die Söhne nicht aus der Gehorsamspflicht gegenüber dem Stammvater. Er übte weiterhin die Hausmacht aus. Verdienst, Macht und Vermögen sicherte dem Stammvater Autorität, Achtung und Ehrerbietung. Er übte die absolute Macht über seine Familienangehörigen und seine Dienstboten aus. Er bestimmte über das Schicksal seiner Kinder. Er entschied, wer von den Abkömmlingen eine Mitgift für eine Heirat bekam, wer eine Ausbildung machen konnte, ein Amt übernahm oder die Offizierslaufbahn beschritt. Schließlich hatte er es in der Hand, den Erben und zukünftigen Stammvater zu bestimmen. Um die

---

127 Mitterauer/Sieder 1991, 190 ff.
128 Borscheid 1989, 262 ff.

Zersplitterung des Besitzes zu verhindern, konnten nicht alle Abkömmlinge in die Fußstapfen des Stammvaters treten. Ihnen stand der Weg in einen Orden, ein Kloster, ein Stift oder ein Domkapitel offen, der eine Versorgung im Alter garantierte. Dies galt insbesondere für die unverheirateten Töchter und nachgeborenen Söhne, die kein Erbe antreten durften, damit das Familienvermögen nicht dahin schmolz. Sie erhielten eine Mitgift, um sich in ein Kloster oder ein Stift einzukaufen. Die Klöster kamen in den Ruf, die Spitäler des unverheirateten oder alten Adels zu sein. Seit dem Spätmittelalter war es nicht mehr erforderlich, in die geistliche Gemeinschaft des Klosters einzutreten. Statt einem gottgefälligen Leben mit Beten und Fasten war in manchen Klöstern ein ausschweifender Lebensstil anzutreffen.

Der Habsburger Karl V., letzter Kaiser des Heiligen Römischen Reiches (1500–1558) hatte zwei Jahre vor seinem Tod die Kaiserwürde niedergelegt. Entgegen den sonst üblichen Gepflogenheiten hielt er nicht eisern an der Macht fest. Er regelte die Nachfolge in seinen Besitztümern und begab sich in die Nähe eines spanischen Klosters. Er suchte den Anschluss an das Kloster, trat diesem jedoch nicht bei. Schon 1520 war er vor der Pest in ein spanisches Kloster geflohen.

Der höhere Adel hatte sich seit dem Mittelalter die Besetzung der Domkapitelstellen für seine Angehörigen vorbehalten. Diesen oblag die Beratung der Bischöfe und sie nahmen Leitungsfunktionen im Bistum wahr. Diese Stellen waren mit hohem politischen Einfluss, sozialem Prestige und wirtschaftlichen Vorteilen wie wohldotierten Pfründen verbunden. Wegen dieser Pfründe waren diese Stellen sehr begehrt. Die zu Domherren erwählten Söhne studierten zum Teil Theologie und zumeist Jura zur Vorbereitung auf ihr Amt. Trotz der Reformation blieben einige Domkapitel selbst in vielen lutherischen Gebieten erhalten, wenngleich ihre politische Macht schwand. Mit dem Reichsdeputationshauptschluss von 1803 verschwanden fast alle der letzten Domkapitel. Es blieben nur wenige erhalten. Mit dem Reichsdeputationshauptschluss ging obendrein die Versorgungsfunktion der Klöster und Stifte im Alter und für Witwen weitgehend verloren. Unverheirateten Töchtern und nachgeborenen Söhnen blieb die Rolle der mitarbeitenden Verwandten auf dem Gut des Stammhalters. Sie waren versorgt doch nicht immer gern gesehen und geschätzt.[129]

Teilten die Ehefrauen des Hochadels Luxus und Glanz an der Seite ihres Mannes, mussten sie nach dessen Tod häufig erleben, von seinen Verwand-

---

129 Borscheid 1989, 303 ff.

ten und Nachfahren abgeschoben zu werden. Dies konnte in ein Kloster oder ein Stift geschehen, ein Nebenhaus oder einen Witwensitz. Sie partizipierten nicht von der Machtfülle des Stammvaters. Nur an seiner Seite genossen sie Achtung.

Franziska Theresia Herzogin von Württemberg (1748–1811) war die zweite Ehefrau des Herzogs Carl Eugen von Württemberg (1728–1793). Er liebte ein Leben in Luxus, wollte gar den absolutistischen Glanz von Versailles nachahmen. Neben den Schlössern in Ludwigsburg und Stuttgart ließ er Schloss Monrepos, Schloss Solitude und Schloss Hohenheim errichten. Seine Verschwendungssucht brachte den Staat an den Rand des Ruins und die Landstände mussten laufend Geld beisteuern Mit seiner Ehefrau Franziska verbrachte er die Zeit in Schloss Hohenheim, das er ihr zum Geschenk machte. Nach seinem Tod zwangen seine Verwandte und Nachfolger sie, Schloss Hohenheim zu verlassen und sie musste viele persönliche Gegenstände zurücklassen. Sie wurde in Schloss Stuttgart wie eine Gefangene gehalten, bis sie auf einen Großteil der finanziellen Zuwendungen verzichtete, die ihr nach den Versorgungsregelungen im Ehevertrag zustanden. Sie verbrachte ihren Witwenstand mit ihrem auf 50 Personen geschmolzenen Hofstaat in dem vom württembergischen Hof mit seinem Glanz und seiner Macht abgelegenen Schloss Kirchheim. Nicht alle Witwen des Adels waren derart wohlversorgt auf ihrem Witwensitz. Auf andere wartete ein Lebensabend in abgelegenen, kalten Gemäuern und sie waren auf Bittgesuche an die Verwandtschaft angewiesen.

Abb. 4: Kirchheim/Teck.

Auf die weltlichen Söhne warteten Aufgaben in den höheren Staats- und Hofämtern. Sie beharrten auf den Zugang zum höheren Staatsdienst, der ihrem Stand zukam. Die Zahl der Aspiranten war groß und viele mussten scheitern. Konnten sie sich nicht durchsetzen, zogen sie sich auf ihre Güter zurück. Die Gutswirtschaft war ein bedeutendes Standbein des Adels. Dies zahlte sich besonders in Zeiten steigender Agrarproduktion und steigender Agrarpreise aus. Eine florierende Gutswirtschaft eröffnete den Zugang zum Handel und auch zum lohnenderen Exporthandel. Dem Adel im Dienst von Landesfürsten war Konkurrenz durch gebildete Söhne aus dem Bürgertum erwachsen. Diese hatten im In- und Ausland studiert, zumeist Jura und Theologie, und beherrschten mehrere Sprachen. Ihre Fähigkeiten stellten eine beträchtliche Konkurrenz zu den Adligen dar, die kraft Geburt einen Anspruch auf höhere Ämter erhoben. Der Adel fühlte sich zurückgesetzt und beschwerte sich. Herzog Wilhelm V. von Bayern (1548–1626) nannte als Grund dafür, dass es ihnen mal an der richtigen Religion, Geschicklichkeit oder Arbeitslust mangele.[130] Im 16. Jahrhundert waren fast alle Reichsvizekanzler bürgerlicher Herkunft. Hinzu kam, dass gebildete Bürgerliche in den Adelsstand erhoben wurden, den Briefadel. Damit verschmolz der Adel zunehmend mit dem Bürgertum. Der Adel hatte sich zu lange auf seinen Vorrechten und Pfründen in Militär und Verwaltung ausgeruht. Deshalb waren immer mehr Söhne aus Adelsfamilien veranlasst, ein Studium aufzunehmen, um die gehobenen Positionen an Fürstenhöfen, in Ministerien und in der Verwaltung besetzen zu können. Dies zahlte sich dann im 17. Jahrhundert aus. Es waren nunmehr fast ausschließlich Adlige im Amt des Reichsvizekanzlers. Sie konnten ihre Ämter zumeist bis zum Lebensende beibehalten.[131] Waren sie ihres Amts müde, überdrüssig, oder waren sie körperlich oder geistig überfordert, konnten sie einen jüngeren Helfer heranziehen, der sie unterstützte. Nicht selten war es der eigene Sohn oder Schwiegersohn. Waren sie finanziell nicht abgesichert, verfügten sie über kein Vermögen, dann klammerten sie sich bis zuletzt an ihre Stellen. Der Adel wurde zunehmend eins mit dem Großbürgertum und der höheren bürgerlichen Beamtenschaft, wenngleich seine Privilegien und Grundbesitz ihm weitergehende Möglichkeiten boten. Die Weimarer Reichsverfassung hob 1919 die öffentlich-rechtlichen Vorteile der Geburt und damit des Adels auf.

Für den landbesitzenden Adel stand anstelle oder neben der Besetzung von Ämtern in der Verwaltung die Bewirtschaftung des Grundbesitzes im Vordergrund. Er bedurfte der Einkünfte aus der Landwirtschaft, um einen aufwändigen Lebensstil zu finanzieren. Daher rührte die Klage Herzog Wilhelm V., dass es ihnen an Arbeitslust im Amt fehlte und sie sich eher ihren

---

130 Von Gschliesser 1972, 35.
131 Von Gschliesser 1972, 17.

Ländereien widmeten statt den Verwaltungsaufgaben, was den Bürgersöhnen in der Verwaltung Anschub bot.

Manche Adligen suchten den Anschluss an die Kaufmannschaft, den Bergbau oder gründeten Manufakturen. Ihr Vermögen gestattete es ihnen, in neue Herausforderungen zu investieren. Der in Ungnade gefallene Hofmarschall Pankraz von Freberg (1508–1568) gründete eine Eisenhütte und erwarb Eisengruben nebst Schmelzhütte und Hammerwerk. Diese Felder boten neue Tätigkeits- und Verdienstmöglichkeiten. Die Nutzung ihrer Ländereien und Regalien boten ihnen die Möglichkeit, im großen Stil Handel zu betreiben, insbesondere den Handel mit landwirtschaftlichen Gütern wie Getreide.[132] Es bestand im Alter keine Notwendigkeit, das Zepter aus der Hand zu geben. Bis zuletzt konnte die Hausmacht in der Hand beibehalten werden. Ansonsten blieb im Alter die Möglichkeit, die Geschäfte zu übergeben und von den Erträgen zu leben.

Staatsdiener

Militär

Die Versorgung der Militärangehörigen stellte ein drängendes Problem dar. Im Mittelalter und der beginnenden Neuzeit hatten entlassene Landsknechte ohne Sold und Brot sich mancherorts zu einer echten Landplage entwickelt. Die meisten Landsknechte und Soldaten standen nach ihrer Entlassung mit leeren Händen da, vagabundierten mit Frau und Kindern durchs Land.[133] Nur wenige kehrten aus Kriegen mit gefüllten Taschen zurück, die ihnen Landerwerb und ein geruhsames Leben ermöglichten. Kriegsbeute und Sold waren rasch wieder ausgegeben. Der Sold blieb oft genug aus. Das erklärt die vielbeklagten Raubzüge der Landsknechte und Soldaten nach den Kriegen. Sie waren darauf angewiesen, zu ihren Herkunftsfamilien zurückzukehren oder ihr Glück in zivilen Berufen zu finden.

Der ausgediente Soldat Roßig bewarb sich in Dresden um den Dienst eines Almosensammlers.[134] Ein abgedankter Soldat, der im sich im Krieg eine Fußverletzung zugezogen hatte und nicht mehr als Messerschmied auf Märkten

---

132 Aubin/Zorn 1971, 497, 594 f.
133 Bräuer/Schlenkrich 2002, Archiv Chemnitz 78.
134 Bräuer/Schlenkrich 2002, Archiv Dresden 717, 726.

arbeiten konnte, wollte eine Erlaubnis zum Branntweinausschank einholen. Ein Kriegsinvalide und Witwer mit sechs Kindern ersuchte um die Erlaubnis zum Handel mit Tuch.[135] Der Weg in zivile Berufe gelang den Soldaten nicht immer und war von ihnen oft gar nicht gewollt. Dem invaliden und ausgemusterten Soldaten Christian Lehmann wurde 1751 der Antrag auf Betrieb einer Schmiede versagt mit der Begründung, es habe in seiner Gemeinde noch niemals eine Schmiede gegeben.[136] Viele ausgediente und beurlaubte Soldaten zogen wie früher die entlassenen Landsknechte als Bettler und Räuber von Stadt zu Stadt und in den Städten waren sie nicht willkommen. Es gab Städte, die selbst gegen bettelnde invalide und kriegsverletzte Soldaten Bettelverbote verhängten. Die Städte suchten, die Soldaten mit Bettelordnungen fern zu halten. Wenigen gelang es, im bürgerlichen Leben ihren Platz und Auskommen zu finden. Davon waren nicht sie allein betroffen. Es traf obendrein ihre Frauen und Kinder. Die Klagen über bettelnde ‚Soldatenweiber', verwaiste, arme Soldatenkinder gab es reichlich.[137]

Mit dem Aufkommen stehender Heere im 17. Jahrhundert ging es mehr und mehr um die Versorgung der Soldaten. Bettelnde Soldaten waren kein Ruhmesblatt für die Fürsten und den Staat. Um den Staatsetat nicht zu belasten, konnten diese in Friedenszeiten ohne oder mit geringem Sold beurlaubt werden. Sie mussten sich nur zu Reserveübungen bereithalten. Es kam für diese beurlaubten Soldaten wie bei den entlassenen Soldaten darauf an, im zivilen Leben eine Beschäftigung zu finden. Sie versuchten sich im Gesindedienst auf den Höfen, als unzünftige Handwerker auf dem Land und als Schulmeister. Dies alles waren Beschäftigungen mit geringen Aussichten auf Ersparnisse, von denen im Alter gezehrt werden konnte. Invalide Soldaten konnten eine geringe Militärpension erhalten. Verdiente Offiziere und Soldaten konnten nach Entlassung aus dem Dienst auf ein Gnadengehalt, Unterbringung im Invalidenhaus oder eine Versorgung mit Ämtern hoffen. Sicher war das nicht.

1789 wurde in München das Militärische Arbeitshaus errichtet. Es handelte sich um ein Arbeitshaus, das unter der Leitung und Verwaltung von beurlaubten oder invaliden Soldaten stand. Es sollte der Beschäftigung armer Menschen und Soldaten dienen. In Spinn- und Nähabteilungen sollten Waren hergestellt werden, die in erster Linie dem Heeresbedarf dienten. Auch

---

135 Bräuer/Schlenkrich 2002, Archiv Dresden 67.
136 Bräuer/Schlenkrich 2002, Archiv Chemnitz 71, 87.
137 Bräuer/Schlenkrich 2002, Archiv Chemnitz 147, 168, 720, 734, 747, Archiv Dresden 638, 682, 711, Archiv Leipzig 1208.

Altenpflege

Abb. 5: Invalider Soldat.

beurlaubte und entlassene Soldaten, die im Zivilleben keinen Platz gefunden hatten, konnten im Arbeitshaus und in Manufakturen Arbeit finden.[138]
Schwer war das Los der Soldatenwitwen. Zumeist blieben sie und ihre Kinder unversorgt zurück. Anders als Bauernwitwen verfügten sie nicht über Grund und Boden, anders als Handwerkerwitwen konnten sie nicht mit einer frei gewordenen Meisterstelle werben. Die Chancen für eine Wiederheirat standen schlecht. Kurz nach dem 30-jährigen Krieg nahm die Obrigkeit in Leipzig mehr als 1.400 auswärtige Bettler fest und verbrachte sie zur Stadtgrenze. Es waren zumeist Soldatenfrauen und ihre Kinder. Die kranke Witwe eines Soldaten musste erleben, dass sie auf der Bettlerfuhr, dem Schiebeblock, wie so viele kranke Bettler aus der Stadt gekarrt wurde.[139] Um dem abzuhelfen entstanden nach und nach im 18. Jahrhundert erste Invalidenhäuser für kranke und alte Soldaten, Witwen- und Waisenhäuser für

---

138 Bräuer/Schlenkrich 2002, Archiv Dresden 676.
139 Bräuer/Schlenkrich 2002, Archiv Freiberg 910.

ihre Hinterbliebenen.[140] Diese sollten nicht nur der verzweifelten Lage der Betroffenen abhelfen. Es ging auch darum, zuverlässige junge Männer für den Dienst im Heer anzuwerben, die nicht vor unsicheren Zeiten und Not im Falle von Krankheit und Alter zurückschreckten, die ihre Angehörigen im Todesfall versorgt wussten.

Beamte

Die Beamtenschaft bildete die Grundlage der Verwaltung im absolutistischen Staat. Einerseits waren Adlige kraft ihrer Herkunft für die höhere Beamtenschaft an den Fürstenhöfen prädestiniert. Sie beanspruchten aufgrund ihrer Herkunft die Spitzenämter in der Verwaltung. Daneben konnten studierte Bürgerliche ebenfalls aufgrund einer fundierten und umfassenden Bildung Spitzenpositionen in der Verwaltung der Höfe und in Ministerien erlangen. Sie traten in Konkurrenz zu den Adligen im Wettbewerb um Spitzenpositionen. Die Rezeption des römischen Rechts, der stetig wachsende Umfang der Verwaltungsaufgaben forderte eine wissenschaftliche Vorbildung und Lateinkenntnisse. Vor allem Juristen waren gefragt. Die zahlreichen Universitätsneugründungen im 15. und 16. Jahrhundert hatten zu einer großen Zahl juristisch vorgebildeter Absolventen geführt, die zueinander in Konkurrenz traten. Der Jurist Johann Rudolf von Wämpl (1638–1704) brachte es bis zum Kanzler des Geheimen Rats der Kurfürsten in Bayern. Seine Vorfahren waren Metzger und Kuttelwascher und waren vom städtischen Rat in den Briefadel aufgestiegen. Die Beamtenschaft eröffnete sozialen Aufstieg.[141]

In den Residenzstädten hatte sich eine untere und mittlere Beamtenschaft aus den Hofbediensteten, dem Hofgesinde, entwickelt, andernorts aus dem Hofgesinde des Adels oder dem niederen Adel selbst. Die Besoldung dieser Beamten bestand aus Naturalien, Wohnung, Verpflegung und Geschenken der Fürsten. Obendrein konnten sie Sporteln erhalten. Das waren Anteile an den von ihnen eingezogenen Steuern und Verwaltungsgebühren. Einen Anspruch auf Besoldung hatten sie nur, wenn dies in ihren Verträgen vorgesehen war und selbst dann blieb diese oft aus. Amtsmissbrauch und Bestechung waren die Folge. Lange waren die Beamten von der Willkür ihres Herrn abhängig, der sie beliebig entlassen konnte. Dienstunfähige hatten im Alter allenfalls einen moralischen Anspruch auf Versorgung wegen ihrer

---

140 Borscheid 1989, 262 ff.; Sothmann 1970, 26.
141 Von Schrenck-Notzing 1972, 46.

Leistungen, ihrer Treue und sie konnten an die Fürsorgepflicht, das Gewissen ihres Herrschers appellieren. Wenigen gelang es, eine Gnadenpension zugesprochen zu bekommen. Diese hatte nur zu Lebzeiten des Herrschers Gültigkeit und sie mussten erneut an die Gnade des Nachfolgers appellieren. Vielen blieb die erbetene Gnadenpension verwehrt.

In den Städten und Gemeinden entwickelte sich aus öffentlichen Funktionen eine zumeist bürgerliche Beamten- und Dienerschaft mit unterschiedlichen Rängen. In den oberen Rängen entstammten die meisten Patrizierfamilien oder waren Geistliche. Sie mussten ehrlichen Standes sein und über einen guten Leumund verfügen. Das Gehalt war mäßig und blieb oft aus. Die Beamten mussten sich um Zuverdienst bemühen, was Amtsmissbrauch und Korruption begünstigte. Besser gestellt waren die Spitalverwalter in Frankfurt. Sie erhielten Wohnrecht, Verpflegung, Naturaleinnahmen und eine Entlohnung. Von dieser Entlohnung mussten sie die Aufwendungen für die Herberge und das von ihnen eingestellte Gesinde bezahlen.[142] Waren sie im hohen Alter den Anforderungen ihres Amtes nicht mehr gewachsen, konnten sie um ihre Entlassung bitten. Zugleich konnten sie um Gewährung einer Herrenpfründe im Spital nachsuchen. Nicht immer wurde dem entsprochen. So wurde ein ausgeschiedener Spitalmeister in Frankfurt auf eine Wohnung außerhalb des Spitals verwiesen. Wem die Gunst der Stunde schlug, insbesondere in reichen Städten, konnte im Alter Leistungen zur Altersversorgung ohne Rechtsanspruch erlangen. Diese Pensionen waren eine Belohnung für lange und treue Dienste. Beamten in niederen Positionen war diese Wohltat nicht vergönnt. Die meisten mussten bis zum Tode ihr Amt verwalten. Konnten sie dem nicht mehr nachkommen, wurden sie entlassen oder sie erhielten einen Gehilfen an die Seite gestellt, mit dem sie sich das Gehalt teilen mussten. Andere stellten selbst einen Gehilfen ein und bezahlten ihn aus der eigenen Tasche. Dahinter stand der Gedanke, dass die Erfahrung mit dem Alter stieg und sie diese Erfahrungen an den jüngeren Amtsnachfolger weitergeben sollten. Viele versuchten, das Amt an einen Sohn weiterzureichen, der sie fortan versorgen musste. Es bürgerte sich die Ämtervererbung ein, die auch als Vetterleswirtschaft in Verruf geriet. Dabei handelte es sich um eine Form der innerfamiliären Alters- und Hinterbliebenenversorgung. Noch das Allgemeine Preußische Landrecht von 1794 sah in § 74 Zweyther Theil, Zehnter Titel vor, dass Abreden eines Beamten mit seinem Nachfolger anlässlich der Amtsübernahme der Zustimmung der vorgesetzten Behörde

---

142 Moritz 1981, 51, 125 ff.

bedurften. Der Ämterkauf und Halbscheid als Form der privaten Altersvorsorge durch den Nachfolger bestand noch im 18. und 19. Jahrhundert fort. In wenigen Fällen konnte ein Beamter ein Ruhegehalt erhalten. Der nach langer Krankheit entlassene Gerichtsschreiber Erasmus Löffler erhielt 1580 einen befristeten Gnadenlohn bis Ostern. Erst im Laufe des 19. Jahrhunderts mit dem Wandel des Beamtenverhältnisses von einem Privatvertrag in ein öffentlich-rechtliches Dienstverhältnis bürgerte sich eine Pension ein, die bei Invalidität oder ab dem 65. Lebensjahr und mindestens 40 Dienstjahren gewährt wurde. Diese bot den Beamten in gehobenen Positionen ein gutes Einkommen, nicht jedoch dem Gros der einfachen Beamten und niederen Dienern.

Keinen Anspruch auf Versorgung hatten die Beamtenwitwen. Für eine kurze Übergangszeit hatte der Nachfolger des Mannes für die Witwe zu sorgen. Eine Wiederheirat mit dem Nachfolger war eine naheliegende Lösung. Sie heirateten in das Amt ein. In Ländern wie Bayern waren in den Dienstverträgen Vertragsklauseln verbreitet, die die Eheschließung eines Beamten von der Zustimmung des Dienstherrn abhängig machte. Damit sollte eine Vorkehrung gegen eine leichtfertige Eheschließung unvermögender Beamten getroffen werden. Wer entgegen dieser Klausel heiratete, schuf keinen Entlassungsgrund. Doch für den Dienstherrn galt der Beamte weiterhin als unverheiratet. Der Beamte konnte nicht um eine bessere Entlohnung wegen seines Familienstandes, ein Gnadengeld für seine Ehefrau für den Fall seines Todes nachsuchen. Zwar lag das Gnadengeld im freien Ermessen des Dienstherrn. Doch sollte schon das Ansinnen verhindert werden. Das Zustimmungserfordernis wurde besonders streng bei Militärangehörigen gehandhabt.[143]

In der zweiten Hälfte des 18. Jahrhunderts wurden erste Witwen- und Waisenkassen gegründet, in die Beamte Beiträge zu entrichten hatten und ein staatlicher Zuschuss floss.[144] Eine 1756 in Württemberg auf freiwilliger Basis gegründete Kasse war schon nach 30 Jahren bankrott. Das System krankte an den unzureichenden Berechnungen der zu entrichtenden Beiträge und der zu erbringenden Leistungen. Den Berechnungen lag ein Durchschnittsalter von 62 Jahren zugrunde. Versicherungsmathematische Berechnungen waren dem System fremd. Die preußische *Allgemeine Witwen-Verpflegungs-Anstalt* von 1775 erhob regelmäßige Prämien von ihren freiwilligen Mitgliedern. Ehemänner über 47 Jahren, deren Ehefrau 15 Jahre jün-

---

143 Wunder 2000, 143 f.
144 Borscheid 1989, 277 ff.; Weller 1979, 124.

ger war, konnten der Kasse nicht beitreten. Diese Kasse geriet ebenfalls in finanzielle Bedrängnis und musste schon 1783 die Beitragszahlungen und Eintrittsbedingungen verschärfen. Andere Länder folgten diesem Beispiel. Bei Wiederheirat entfiel die Pension. Dies konnte auch bei Volljährigkeit der Kinder eintreten.[145] In Anbetracht der geringen zu erbringenden Prämien von etwa 5 % des Gehalts fielen die Witwenpensionen eher dürftig aus und deckten nur geringe Bedürfnisse.

Häufig bildeten entlassene Soldaten die Schicht der niederen oder einfachen Beamten und Staatsdiener. Besondere Vorkenntnisse waren in dieser Schicht nicht gefordert. Sie waren als Boten, Wildhüter, Schützen, Türschließer oder Wächter tätig. Die Besoldung war gering und es gab häufig Gesuche um eine Erhöhung. Die Besoldung niederer Beamte und Diener bestand zum Teil aus Naturalien wie Holzdeputat, Wohnraum, der Bewirtschaftung von Dienstgrundstücken und von den Einwohnern zu erbringende Vergütung für Diensthandlungen. Konnten sie ihren Dienst nicht mehr verrichten, drohte ihnen die Kündigung. Untere städtische Beamte konnten in Ausnahmefällen eine geringe Altersrente erhalten, die sich am bescheidenen Existenzminimum dieser Zeiten orientierte. Ansonsten blieben sie ihrem Schicksal überlassen und zuletzt blieben ihnen Almosengesuche und Betteln. Ungelöst blieb das Schicksal der Witwen und Waisen der verstorbenen niederrangigen Beamten. Ein Dresdner Lazarettschreiber verstarb zu Beginn des 18. Jahrhunderts nach 30 Jahren im Dienst der Stadt. Seine Ehefrau musste um ein Almosen nachsuchen. Ähnlich erging es den Witwen von Ratsdienern. Ein dringendes Anliegen der Witwen war, dass sie in der Dienstwohnung bleiben konnten. Dies war ihnen selten vergönnt, brauchte doch der Nachfolger ebenfalls eine Wohnung.[146]

Nur die höheren Ränge in den Verwaltungen konnten auf ein auskömmliches Leben mittels Vermögen und Ersparnissen und mit Glück auf eine Altersversorgung hoffen. Ihrem Stand und ihren Verdiensten gebührte dies. Ganz anders war es um die niederen Ränge bestellt. Viele drängten sich um diese niederen Ämter, weshalb keine Veranlassung bestand, um diese mit Entlohnung und Altersversorgung zu werben. Erst im beginnenden 19. Jahrhundert wurde ein Pensionssystem entwickelt, das einen Rechtsanspruch auf eine Altersversorgung vorsah. In der zweiten Hälfte des 19. Jahrhunderts

---

145 Wunder 2000, 17.
146 Aubin/Zorn 1971, 578 f.; Borscheid 1989, 61 f.; Bräuer/Schlenkrich 2002, Archiv Dresden 788, Archiv Freiberg 889, Archiv Leipzig 981, Archiv Zwickau 1215.

fand die Versorgung der Witwen und Waisen des verstorbenen Beamten eine Regelung.[147]

Pfarrer

Ein ähnliches Gefälle an Status und Einkommen wie bei den Beamten war bei den Pfarrern anzutreffen. Die meisten Pfarrer waren vor der Reformation Priester und Mönche gewesen. Die neue Generation der Pfarrer in den Städten entstammte vor allem bürgerlichen Familien und insbesondere Handwerkerfamilien. Sie sollten ein Studium der Theologie absolviert haben. Zuwendungen der Eltern und Stipendien ermöglichten ihnen ein solches Studium. Ihre Stellung war der Beamtenschaft vergleichbar. Die Pfarrer in den Städten wurden vom Stadtrat schon aus Gründen der Repräsentation angemessen versorgt und das Kirchengut trug ebenso dazu bei. Sie konnten sogar Pfründe erhalten. Sie zählten zu den Honoratioren und standen zwischen dem mittleren und dem gehobenen Bürgertum. Die gehobene Geistlichkeit wie die Superintendenten stand in der Hierarchie der Stadt weit oben. Zugleich waren sie Mittler zwischen den gehobenen Ständen und den einfachen Kreisen. Wem die Gunst der Stunde schlug, konnte eine Altersrente zugesprochen bekommen. Nicht alle Pfarrer waren gut versorgt. Das belegen Zuwendungen der Zünfte an alte, bedürftige Pfarrer. Selbst die nicht besonders gut gestellte Zunft der Schuster zählte hierzu.[148]

Hingegen waren die Anforderungen an Herkunft und Bildung der Dorfpfarrer weitaus geringer. Viele waren bäuerlicher Herkunft und blieben diesem Stand verhaftet. Waren die meisten Stadtpfarrer ordentlich versorgt, traf dies auf die Dorfpfarrer nicht zu. Viele lebten zumeist in bescheidenen Verhältnissen, wozu eine große Kinderzahl beitrug. Sie mussten einem Nebenerwerb nachgehen, der oft den Haupterwerb darstellte. Sie bewohnten das Pfarrhaus und erhielten ein Stück Land von der Gemeinde zur Bewirtschaftung. Wem das zu mühsam war, konnte das Land verpachten. Statt einer Entlohnung mussten sie in vielen Ländern den kleinen Kirchenzehnten eintreiben. Sie konnten sich etwas dazu verdienen, indem sie Pensionäre und Schüler ins Haus aufnahmen, Privatunterricht erteilten. Die Pfarrhäuser waren klein und oft in einem maroden Zustand.[149] Viele verwalteten ihre Pfarrei bis zum Tode

---

147 Ehmer 1990, 43.
148 Benscheidt 1985, 177, 241 f.; Bräuer/Schlenkrich 2002, Archiv Zwickau 1300 ff.
149 Werdermann 1925, 15 f., 62 f., 77.

oder nahmen sich einen Helfer, den Substituten. Im Württembergischen gab es Pfarrer, die mit 80 Jahren und sogar mehr als 90 Jahren auf der Kanzel standen. Die Versorgung der Pfarrer im Alter blieb weit ins 19. Jahrhundert nicht geregelt. Es konnte sein, dass ein Nachfolger das Amt nur erhielt, wenn er sich verpflichtete, dem alten Pfarrer Sach- und Geldleistungen zu erbringen. Oft ging das Amt vom Vater auf den Sohn über, der zum Unterhalt der Eltern beitragen musste. Diese Erbpfarreien waren weit verbreitet, obwohl sich in der Bevölkerung Widerstand regte, da die seelsorgerische Arbeit darunter litt. Mancher Nachfolger musste die Witwe oder Tochter des Pfarrers heiraten.[150]
Aus Niebede bei Brandenburg ist folgende Geschichte überliefert:

> Dort hinterließ der Pfarrer Kieselbach eine Tochter, mit der sich der Nachfolger, Pastor Scheunevogel, vermählte. Als er 1618 nach 17jähriger Ehe starb und ihm Pfarrer Diewitz folgte, heiratete letzterer die Witwe, die dann nach dem Tod ihres zweiten Ehegatten noch dessen Amtsnachfolger, einem jugendlichen Mann, der eben von der Universität gekommen war, die Hand zum Ehebunde reichte [...][151]

Das Amt wurde erheiratet und für die Hinterbliebenen war gesorgt. Dafür gab es eine sowohl göttliche wie pragmatische Rechtfertigung:

> Dass Gott der Urheber des Predigtamtes, und zugleich der Stifter des Ehestandes ist, so lassen sich beide Sachen, wenn alle sündlichen Nebenabsichten davon entfernt sind, mit der Göttlichkeit des Berufes ganz gut vergleichen.[152]

Die Pfarrer wurden von der Gemeinde und vom Kirchengut unterhalten und ihnen stand eine Wohnung und zumeist ein Grundstück zur Bewirtschaftung zur Verfügung. Davon wollten sie im Alter nicht lassen, selbst wenn ihre seelsorgerische Arbeit zunehmend darunter litt. Sie erhoben Gebühren für Taufen, Hochzeiten und Beerdigungen und speisten bei diesen Feierlichkeiten mit. Anlass zu Klagen gab die weit verbreitete Trunksucht unter den Pfarrern. Bei Taufen, Heiraten und Beerdigungen war Bewirtung üblich. Die Ernährungslage war gesichert.

Die Pfarrer verfügten über ein schmales, jedoch gesichertes Einkommen, das sie über die Masse der Bevölkerung ihrer Zeit hervorhob. Sie mussten keine körperlich schwere Arbeit verrichten. Zwar waren die Einkünfte der Pfarrer nicht üppig, gleichwohl waren sie wirtschaftlich besser gestellt als das Gros der ländlichen und städtischen Bevölkerung, was sich in einer überdurchschnittlichen Lebenserwartung und einer großen Kinderschar äußer-

---

150 Werdermann 1925, 36, 60 f.
151 Zitiert nach Werdermann 1925, 36.
152 Zitiert nach Werdermann 1925, 51.

te. Dem Amt war ein hoher Status in der Gemeinde, Ansehen und ein Sendungsbewusstsein eigen, weshalb Pfarrer selbst im hohen Alter nicht von ihrem Amt lassen konnten.[153] Nicht umsonst hieß es, dass protestantische Pfarrer und Professoren auf Kanzel und Katheder sterben würden. Ihre Arbeit war weniger anstrengend als die der Bauern und Handwerker. Sie konnten die Arbeit freier einteilen, was sich mancherorts in Klagen über faule Pfarrer äußerte.

Im 18. Jahrhundert kam die Übung auf, den alten Pfarrern, die ihr Amt nicht mehr versorgen konnten und um Freistellung baten, ein Leibgedinge zu gewähren, das von der Pfarrei oder dem Nachfolger aufzubringen war.[154] Den Klagen über Pfarrer, die ihr seelsorgerisches Amt nicht mehr erfüllen konnten, sollte damit abgeholfen werden. Trotzdem wurden viele im Alter nicht ihres Amtes entbunden. Mancher alte und kranke Pfarrer hing trotzdem an seinem Amt, da das Leibgedinge zu gering war.

Pfarrwitwen konnten für einige Monate auf Fortzahlung des Gehaltes des verstorbenen Mannes rechnen: Die Gnadenmonate, solange benachbarte Pfarrer kostenfrei die Pfarre mitversorgten. Danach konnten die Pfarrerswitwen und ihre Kinder in große Schwierigkeiten geraten. Sie blieben ohne Versorgung und verloren obendrein die Wohnung im Pfarrhaus. Sie hatten keinen Handwerksbetrieb oder einen Bauernhof, der zur Wiederheirat einlud. Der Kinderreichtum war ein weiterer Hinderungsgrund.[155] Einzelne Landesherren wie der sächsische Kurfürst August richtete 1583 eine Stiftung zur Versorgung von Pfarrerswitwen ein, die bei Bedürftigkeit geringe Pensionen leistete. Eine weitere kurfürstliche Stiftung folgte 1707. In Niedersachsen erhielten Pfarrerswitwen Unterkunft in Witwenhäusern mit Gärten und Äckern zur Selbstversorgung. Im 16. Jahrhundert gründeten Pfarrer auf freiwilliger Basis Pfarrerwitwenkassen aus Spenden und Beiträgen. Deren Leistungen waren beschränkt, zumeist einmaliger Natur. Später entstanden in manchen Ämtern und schließlich in einzelnen Ländern Pfarrwitwenkassen, die sich aus staatlich geregelten Zwangsbeiträgen der Pfarrer und Antrittsgeldern der Nachfolger speisten und etwas bessere Leistungen boten.[156] Doch erst Ende des 19. Jahrhunderts konnte die Witwe eines Pfarrers zu ei-

---

153 Werdermann 1925, 30, 121.
154 Borscheid 1989, 292 ff.; Werdermann 1925, 24.
155 Bräuer/Schlenkrich 2002, Archiv Chemnitz 106.
156 Wunder 2000, 14 ff.; Bräuer/Schlenkrich 2002, Archiv Dresden 566, Archiv Zwickau 1274, 1364.

ner bescheidenen Hinterbliebenenversorgung gelangen, auf die sie einen Rechtsanspruch hatte.

In den katholischen Gebieten blieben die Domkapitel weiterhin in der Hand des Adels. Trotz der Reformation nahm die Zahl der Priester und Mönche in den verbliebenen katholischen Gebieten weiter zu. Das ständig sich vermehrende Kirchengut verschaffte ihnen ein wirtschaftlich sorgenfreies Leben. Das Rentnerdasein und Schmarotzertum der Mönche in den Klöstern und das Treiben der Bettelmönche waren Zielscheibe heftiger Kritik. Die Säkularisation von 1803 führte zur Abschaffung vieler Domkapitel und Klöster. Die Mönche, Domherren und Bischöfe verließen nicht mit leeren Händen ihre Ämter. Sie erhielten Abfindungen und lebenslange Pensionen. Dies galt auch für Mönche, die aus dem Kloster austraten. Ansonsten lebten sie weiterhin in den verbliebenen Klöstern.[157]

Lehrer

Das Schulwesen hatte seinen Ausgang genommen von den Kloster-, Dom-, Stifts- und Pfarrschulen, die den geistlichen Nachwuchs, den Adel sowie die Kinder der vermögenden Kaufleute ausbildeten. Der Unterricht lag in den Händen gelehrter Mönche. Wohlhabende Familien ließen ihre Kinder von Privatlehrern unterrichten. Kant, Fichte, Hegel und Hölderlin standen als Lehrer in privaten Diensten. In den Städten folgten die Stadt- und Ratsschulen, die Kinder aus Handwerker- und Kaufmannsfamilien für ihre spätere berufliche Tätigkeit in Lesen, Schreiben und Rechnen ausbildeten. Viel Platz nahm daneben die religiöse Erziehung ein. Manche Lehrer an höheren Schulen konnten im Alter auf eine Pension hoffen. Dies war ihrem Ansehen geschuldet. Da die meisten Schulen die Aufnahme von Mädchen verweigerten, entstanden für diese Winkelschulen. Lehrerwitwen vermittelten Grundkenntnisse im Lesen und Schreiben. Die Reformation hatte die Notwendigkeit aufgezeigt, Lesen zu können. Sie förderte die Einsicht in die Notwendigkeit von Bildung und Schulunterricht.

Mit dem Aufkommen der Renaissance und des Humanismus im 18. Jahrhundert begann eine Rückbesinnung auf die Werte der Antike und ihre Tugenden, das Wunschbild nach einem vollkommenen Menschen, der über weitreichende Kenntnisse verfügte. Der wachsende Handel und die auswärtigen Beziehungen der Fürsten machten vielfältige Fremdsprachenkenntnisse erforderlich. Nunmehr wurde in Domschulen und an höheren Schulen von

---

157 Borscheid 1989, 300 ff.

Lehrern unterrichtet, die an Universitäten eine Ausbildung erlangt hatten, darunter noch immer viele Theologen. Für viele der gebildeten Lehrer war der Lehrberuf nur eine Durchgangsstation auf dem Weg zu einer Pfarrerstelle, einer Stelle im gehobenen Beamtentum oder der Kaufmannschaft. Das Preußische Allgemeine Landrecht von 1794 erklärte in § 64 Zweyter Theil, Zwölfter Titel Lehrer an Gymnasien und höheren Schulen zu Beamten. Damit wurde der Weg geebnet für eine geregelte Anstellung und Besoldung, dem später eine Altersversorgung folgen sollte.

In den Städten und auf dem Land entstanden gemeine Schulen, Volksschulen als niedere Schulen. Auf dem Land sollten die Pfarrer den Unterricht übernehmen, da dieser in großem Umfang Religionslehre umfasste. Diese gaben die Aufgabe bevorzugt an Mesner und Küster weiter oder es wurden Handwerker, entlassene Soldaten als Lehrer angestellt.[158] Im Protokoll der Wahl für eine Lehrerstelle in einem Dorf in Pommern ist festgehalten:

> Jakob Maehl, Weber, hat die Fünfzig hinter sich, hat gesungen: a) O Mensch, bewein', b) Zeuch ein zu Deinen Toren, c) wer nur den lieben Gott lässt walten. Melodie ging in viele andere Lieder, Stimme sollte stärker sein, quieckte mehrmalen, so nicht sein muss. Gelesen Josua 19, 1–7 mit 10 Lesefehlern, Buchstabieren Jos. 18, 23–26 ohne Fehler. Dreierlei Handschriften gelesen, schwach und mit Stocken, drei Fragen aus dem Verstand, hierin gab er Satisfaktion. Diktando 3 Zeilen geschrieben, fünf Fehler. Des Rechnens auch nicht kundig.[159]

Jakob Maehl erhielt die Stelle. Sein Mitbewerber, ein entlassener Soldat, stand im Verdacht, zu gerne den Stock zu schwingen.

Der Lehrer stand dem Pfarrer zur Seite und hatte zahlreiche Kirchendienste zu verrichten wie das Läuten der Glocken, das Anzünden der Kerzen und Reinigen der Kirche. Auf Luther ging die Vorstellung zurück, dass ein Pfarrer vor Antritt seines Amtes Erfahrungen als Schulmeister gesammelt haben sollte.[160] Die Volksschullehrer galten als niederer Berufsstand – nur etwas besser angesehen als Tagelöhner. Nur wenige Lehrer erhielten eine feste Besoldung. Ihnen stand das von den Eltern zu erbringende Schulgeld und kostenlose Unterkunft zu. Deshalb waren sie wie die Dorfpfarrer ebenfalls auf einen Nebenerwerb angewiesen. Die Lehrer betrieben nebenher eine kleine Landwirtschaft, ein Handwerk oder erteilten Privatunterricht. Dies konnte so weit gehen, dass sie die Aufsicht über die Schulkinder ihren Ehefrauen auftrugen und selbst ihrer Landwirtschaft nachgingen. Die Ehefrauen

---

158 Enzelberger 2001, 17 ff.
159 Zitiert nach Enzelberger 2001, 39.
160 Werdermann 1925, 25.

übten derweil Kirchenlieder und Gebete mit den Schulkindern. Für ihre Kirchendienste erhielten sie weitere Entlohnung und sie durften auf Geschenke hoffen. Von Steuern und Frondiensten waren sie befreit. In armen Gemeinden waren sie auf Reihumverpflegung im Dorf angewiesen und mussten sich bei den Dörflern ihre Verpflegung abholen. Selbst in Ländern und Gemeinden, in denen es eine Schulpflicht gab, kamen die Kinder auf dem Land oft nur an Sonntagen und im Winter zum Unterricht. Die übrige Zeit mussten sie auf dem elterlichen Hof oder in der Hausindustrie mitarbeiten. Die Arbeit war wichtiger als Bildung. Von Bildung wurde keiner satt. Entsprechend gering war der Lehrer angesehen, zumal er das Schulgeld bei den Eltern eintreiben musste. Er hielt die Kinder von der Arbeit ab, wo ihre Hände gebraucht wurden. Der Unterricht fand meist im Haus des Lehrers in der Wohnstube statt. Konnte der Lehrer sein Amt im Alter und bei Krankheit nicht mehr ausüben, musste er sich um einen Helfer bemühen und mit ihm die Einkünfte teilen. In seltenen Fällen erhielten Lehrer ein Ruhegehalt. Sie konnten froh sein, wenn sie ihre Kirchenämter weiter ausüben konnten und dafür eine Belohnung bekamen. Viele vererbten ihre Stelle an den Sohn, der sie im Alter unterstützen musste, oder teilten sich die Stelle und die Bezahlung mit einem Nachfolger. Die Not zwang manchen Lehrer bis zum Tod, sein Amt auszuüben, was der Qualität des Unterrichts nicht zuträglich war. Anrührend ist die Geschichte des gichtkranken Lehrers, der nicht mehr gehen konnte. Seine Schüler fuhren ihn auf einem Karren.[161] Noch im Jahr 1809 verlautete anlässlich der Amtsübergabe des Lehrers Andreas Kaibel an seinen Pflegesohn Jakob Wenzel in der Gemeinde Ingelheim:

> [...] derselbe von hier gebürtig ist, auch schon seit mehreren Jahren bei dem Alter und Schwäche des zeitherigen Schuhllehrers Herrn Kaibel das Lehramt und die damit verbundene Organistenstelle mit voller Zufriedenheit der Gemeinde besorget, überhaupt jederzeit sich so betragen hat, daß demselben das beste Zeugnis sowohl hinsichtlich seine Fähigkeiten als sonstig Moralische Characktern ertheilet werden muß, übrigens auch von dessen billigen und redlichen Denkungs Art zu erwarten stehet, daß derselbe den noch lebenden 72jährigen alten und ganz entkräfteten Schuhllehrer Kaibel fernerhin unterstützen werde, wovon er schon in mehreren Familien Angelegenheiten beweiße genug gegeben, und es allen als nahen Verwandten es allerdings für Pflicht erkennet, seinem Wohlthäter, dem Er bei dem frühen Verlust seiner Eltern Erziehung und Bildung zu verdanken hat, sich erkenntlich zu erzeigen, weßfals auch ein billiges arrangement zwischen beiden rücksichtlich des Gehaltes und Genuß von einigen Schuhlgütern sich anhoffen laßet [...][162]

---

161 Enzelberger 2001, 40.
162 www.ingelheimergeschichte.de/index.php?id=800 (online: Zugriff am 02.11.2021).

Sogleich nach erfolgter Amtsübernahme schlossen Andreas Kaibel und Jakob Wenzel beim Präfekten einen Vertrag, der die finanzielle Seite und die Versorgung des Andreas Kaibel regelte. Diese Lehrerstelle in Ingelheim wurde über vier Generationen in einer Familie weitergegeben – ererbt und erkauft. Im 18. Jahrhundert kam weithin die Pflicht zum Besuch der Volksschulen auf und es entstanden erste Seminare zur Ausbildung professioneller Volksschullehrer. Erziehung und Bildung sollten Bausteine auf dem Weg zum vollkommenen Menschen sein. Trotzdem blieb die prekäre Entlohnung der Volks- und Dorfschullehrer weiterhin bescheiden. Ihre Witwen blieben noch lange Zeit unversorgt zurück.

Ländliche Bevölkerung

Die ländliche Bevölkerung im Reich war recht vielseitig strukturiert. Die meisten Menschen betrieben eine Landwirtschaft und lebten auf Höfen. Neben Adligen, Großgrundbesitzern, freien Bauern, hörigen Bauern und leibeigenen Bauern lebten Mägde, Knechte und Tagelöhner mit auf den Höfen. Das Leben der Menschen war eng verbunden mit dem Grund und Boden, den sie ihr Eigen nennen durften oder der ihnen zur Bewirtschaftung zur Verfügung stand.

Die Mehrzahl der Häuser beherbergte zugleich Wohn- und Stallbereich. Sie hatten zumeist keinen Schornstein. Der Rauch drang in Kammern und Stallungen und zog durch Türen, Fenster und das Dach ab. Der Rauch diente zum Räuchern der Würste, hielt Schädlinge vom Korn fern und trocknete die Feldfrüchte.[163] Der meistbenutzte Raum war die Küche und, wo es sie gab, die Stube. Von der Küche aus wurde der Hinterladeofen zur Stube beheizt. Hier wurde gegessen und geschlafen. Auch wenn die Kleidung von der Arbeit nass war, schliefen die Menschen darin. Überall hing dicke Luft von Rauch, Essen, nassen Kleidern, Ausdünstungen und Tabak. Überm Ofen hing die Wäsche zum Trocknen. In vielen Häusern war am Ofen ein Hafen für Wasser eingemauert. Diese Ofenblase hielt warmes Wasser bereit, was noch mehr zur Feuchtigkeit in den Räumen beitrug. Nicht selten lebte Kleinvieh mit in der Stube und im Winter bevorzugt unterm Ofen.[164] Größere Höfe hatten eine eigene Schlafkammer für die Bauersleute und Schlafkammern für das Gesin-

---

163 Gläntzer 1979, 122, 158, 162, 168, 174.
164 Gläntzer 1979, 124, 162, 173.

de, die über und neben den Viehställen lagen. Auch Futtergänge und Ställe dienten zum Schlafen. Nicht jeder hatte ein eigenes Bett. Manchmal teilten sich mehrere Personen ein Bett und die Kinder erhielten einen Schlafplatz auf den Truhen, in denen Kleider aufbewahrt wurden. Im Spessart und Oberfranken stand im Winkel neben dem Ofen ein Bett für Kranke und Alte.[165] Die Häuser reicher Bauern waren zweistöckig mit Kammern für Kinder, Gesinde und Gäste im zweien Stock und manchmal einer zweiten Stube. Daneben konnte es Nebenkammern für Vorräte und Werkarbeiten und eine Dreschtenne geben. Korn und Heu fanden zumeist unter dem Dach Platz.[166] Selten waren die Häuser aus Stein. Es gab überwiegend Häuser aus Holz und Lehm. Die Böden konnten aus Bruchstein, Fliesen, Lehm, in Lehm eingelegte Kiesel, gebrannte Ziegel oder Dielen bestehen.[167] Bei Großbauern standen die Wirtschaftsgebäude vom Wohngebäude getrennt.[168] Hingegen lebten die Tagelöhner auf den Höfen in kleinen ärmlichen Behausungen. Ihre einstöckigen Lehmhäuser beherbergten die Küche, eine kleine Wohnstube, einen Stall fürs Vieh und einen Raum für Futtermittel. Oft lebten mehrere Familien unter einem Dach.[169]

Auf dem Land lebten zahlreiche Handwerker. Die Landwirtschaft brauchte Schmiede und Sattler, die Höfe brauchten Schneider, Maurer und Zimmerleute. Anders als bei den Handwerkern in den Städten bestand auf dem Land kein Zunftzwang. Die meisten Handwerker hatten ebenfalls ein Stück Land und hielten etwas Vieh für den Eigenbedarf. Viele der einfachen Bauern, Tagelöhner und Handwerker betrieben obendrein im Nebenerwerb ein Heimgewerbe wie Töpfern, Spinnen und Weben. Das Heimgewerbe verschaffte ihnen einen Zusatzverdienst, wenn es in den Wintermonaten in der Landwirtschaft und im Handwerk nicht viel zu tun gab.

In einzelnen Regionen und vor allem in den Mittelgebirgen hatten sich Bergwerke angesiedelt. Bergarbeiter förderten Braun- und Steinkohle, Kupfer, Zinn, Silber und Salz. Es war ein harter und gefährlicher Beruf. Sie genossen besondere soziale Achtung. Ihnen zur Seite standen die Bergtagelöhner.

---

165 Gläntzer 1979, 122, 124.
166 Gläntzer 1979, 57 ff., 87, 158 f.
167 Gläntzer 1979, 94, 126 f., 135, 142.
168 Gläntzer 1979, 74, 112 f., 155 f., 166.
169 Gläntzer 1979, 92, 113.

Bauern

Gutshörige und leibeigene Bauern waren in ihrer Freizügigkeit beschränkt. Sie waren an den Grundherrn und das ihnen zugewiesene oder gehörige Land gebunden. Sie mussten die Zustimmung des Grundherrn zur Heirat einholen. Die Bauern mussten vielfältige Lasten tragen. Da gab es Handspann- und Frondienste. Sie mussten die eigenen Flächen und große Teile der Nutzfläche ihrer Grundherren bewirtschaften. Es mussten Abgaben geleistet werden an den Landesherrn, den Grundherrn, an die Kirchen den Kirchenzehnten und noch viele mehr. Die wirtschaftlich bedrückende Lage der abhängigen Bauern hatte sich im 15. und 16. Jahrhundert in den Bauernkriegen entladen. Sie konnten sich gegen die Obrigkeit und die Grundherren nicht durchsetzen. Der Aufstand wurde blutig niedergeschlagen.[170] Erst im Verlauf des 18. und 19. Jahrhunderts vollzog sich die Bauernbefreiung von der Grundherrschaft. Im Zuge der Revolution von 1848 wurden die letzten Abhängigkeiten und Lasten aufgehoben. Mit der Bauernbefreiung in Zeiten der Aufklärung fielen die gegenseitigen Rechte und Pflichten von Bauern und Gutsherren.[171] Nun mussten die freien Bauern Grundsteuern und Gemeindeabgaben anstelle von Hand- und Spanndiensten leisten.[172]

Die Grundherren hatten ein Interesse an einer geordneten Wirtschaftsführung ihrer Bauern. Die ordnungsgemäße Bewirtschaftung der Güter musste gewährleistet sein. Verstarb die Bäuerin, drang die Gutsherrschaft auf eine rasche Wiederheirat des Bauern. Die Rolle der Hausfrau musste besetzt sein. Ihr waren auf dem Hof vielfältige Aufgaben im Haushalt, bei der Erziehung der Kinder, auf dem Feld und bei der Viehwirtschaft zugewiesen. Deshalb waren in ländlichen Gegenden Zweit- und Drittheiraten der Bauern mit oft deutlich jüngeren Frauen anzutreffen. Selten nahm eine Magd oder eine Tochter die Rolle der Hausfrau ein. Auch eine verwitwete Bäuerin war dem Zwang zur Wiederheirat ausgesetzt, wenn kein erwachsener Hoferbe da war. Mit Rücksicht auf einen Hoferben konnte sie von der Wiederheirat absehen.

Die Grundherren legten Wert darauf, dass die Höfe von leistungsfähigen Personen bewirtschaftet wurden. Das waren zumeist die Jüngeren und nicht ältere, schwache oder gar kranke Bauern. Deshalb war es ihnen ein Anliegen, dass die Bauern den Hof möglichst früh an einen jüngeren Nachfolger

---

170 Weller 1979, 42 ff.; Aubin/Zorn 1971, 363 f.
171 Weller 1979, 116; Aubin/Zorn 1971, 596 ff.; Kroll 2012, 124.
172 Henning 1969, 7 ff.

übergaben. Damit mussten die Altbauern frühzeitig die Fäden aus der Hand geben und sich den Jüngeren unterordnen. Sie konnten auf dem Hof verbleiben oder sich in eine separate Wohnstatt zurückziehen, so es die Größe und Ertragskraft des Hofes zuließ. Von der Mitarbeit waren sie nicht entbunden. Im Osten gab es grundherrliche Bauern neben gutsabhängigen Bauern und gutsabhängigen Tagelöhnern. Jedes Gut war ein eigener Ortsarmenverband vergleichbar den Gemeinden. Der Grundherr hatte seinen abhängigen Bauern als Leibgedinge im Alter, eine Kate, eine Stube, ein Stück Land zum Bewirtschaften und Nahrungsmittel zu gewähren. Landarbeiter wurden erst aufs Altenteil gesetzt, wenn die Kräfte schwanden. Sie erhielten eine Kate oder Stube und Mehl. Für weitere Nahrung und Kleidung mussten sie auf dem Gut arbeiten. Das waren Arbeitszeiten im Sommer von elf Stunden und im Winter von Sonnenauf- zum Sonnenuntergang. Die Bauern bewirtschafteten den Hof bis zu ihrem Tod, wenn sie ihn nicht vorher an einen Nachfolger übergaben. Alter und körperliche Schwäche konnten dazu führen, dass vermehrt Angehörige oder Gesinde in die Aufgaben und die Aufsicht auf dem Hof einrückten. Auf dem Hof konnten obendrein Geschwister des Altbauern leben, die keinen eigenen Hof oder Haushalt gegründet hatten und nicht in fremden Diensten standen. Sie erhielten für ihre Mitarbeit Unterkunft und Kost. Die Bezahlung für ihre Mitarbeit war bescheiden. Sie mussten selbst im Alter nach Kräften mitarbeiten und wenn sie nur die Kinder und die Hühner beaufsichtigten.[173] Auch in Westfalen hatten Hofhörige einen Versorgungsanspruch gegen den Gutsherrn.[174]

Unterm Dach der Bauern lebte die Familie, die eine Produktionseinheit bildete. Der Arbeitskräftebedarf wurde in erster Linie mit Familienangehörigen gedeckt. Daneben konnten Zieh-, Pflege- und Kostkinder mit auf dem Hof leben. Schon im Kindesalter arbeiteten sie auf dem Hof mit. Erwachsene Kinder erhielten selten oder nur einen geringen Lohn. Deshalb wurde ihre Mitarbeit der Beschäftigung von Gesinde vorgezogen. Nicht alle der bäuerlichen Familien hatten Gesinde. Das Gesinde konnte Teil der Familie und der Produktionseinheit sein. Dafür bürgerte sich in der Familiensoziologie der Begriff das *Ganze Haus* ein. Die biologische Familie fand Erweiterung mit dem Gesinde und den mitarbeitenden Verwandten zur Hausgemeinschaft, einem erweiterten Personenverband. Anderes Gesinde wie Tagelöhner lebte nur zu vorübergehenden Arbeiten bei der Ernte und dem Viehhüten mit auf dem Hof und musste dann weiterziehen. Andere lebten als Inwohner dauerhaft

---

173 Mitterauer 1986, 276; Sachße/Tennstedt 1980, 185.
174 Borscheid 1989, 71 ff.

mit auf dem Hof. Zur Abgeltung des Wohnrechts mussten sie bei Bedarf auf dem Hof mitarbeiten. Wieder andere Tagelöhner, Häusler und Gesinde konnten in einer eigenen Kate leben, ein kleines Stück Land bewirtschaften und trieben ihr Vieh auf die Allmende, das Gemeineigentum der Gemeinde. Sie verdingten sich bei Bedarf und je nach Jahreszeit bei den Bauern. Die Strukturen der Familien, der Höfe, der Bewirtschaftung war höchst unterschiedlich und ging ineinander über. Hinzu kam, dass die bäuerliche Bevölkerung mancherorts gezwungen war, neben der Land- und Viehwirtschaft einer gewerblichen Arbeit nachzugehen. Dies galt besonders für die landarme und landlose Bevölkerung. Dieser Haus- und Heimindustrie wie Töpfern, Flechten, Stricken, Sticken, Schnitzen wurde an Abenden oder in der Winterzeit nachgegangen, wenn es in der Landwirtschaft weniger zu tun gab. Es wurde vor allem gesponnen und gewoben. Diese gewerblichen Arbeiten waren von Region zu Region unterschiedlich ausgeprägt. So wurden Webarbeiten bevorzugt in Regionen mit Flachsanbau ausgeführt und in waldreichen Gegenden wurde geschnitzt. In Regionen mit steinigen Äckern und nassen Wiesen, die nur dürftige Erträge in der Landwirtschaft erbrachten, war die Heimarbeit im ganzen Dorf anzutreffen. Von den Menschen auf der Schwäbischen Alb hieß es: *Bei ons webt älles, bloß dr Pfarr et.*[175] Es war die Grundlage für die sich entwickelnde Heimindustrie, die sich zu einem eigenen Wirtschaftszweig entwickeln sollte.

Das Leben der Bauern war eingebettet in Arbeit und nochmals Arbeit. Der Hof war die Lebensgrundlage, das Erbe für die Kinder, die schon von klein an als Arbeitskräfte und zur späteren Altersversorgung herangezogen wurden. Sie waren von der Natur abhängig, die sie im einen Jahr reichlich belohnen und im nächsten Jahr alle Arbeit vernichten konnte. Der Hof erlebte Missernten, Krieg und Krankheit. Missernten führten zu Landflucht der Kleinbauern. Gesinde wurde entlassen, Tagelöhner fanden keine Arbeit. Sie zogen in die Städte, um Almosen zu bekommen. Das Leben war mühselig und entbehrungsreich. Der 30-jährige Krieg von 1618–1648, die Hungersnot von 1770/71 stürzte weite Kreise in bittere Not und Elend.[176]

Die vielbeschworene Dreigenerationenfamilie, Bauernhöfe auf denen drei Generationen gleichzeitig lebten, war von Land zu Land und von Region zu Region unterschiedlich anzutreffen. Insgesamt betrachtet stellte sie die Ausnahme dar. Bauernsöhne konnten in vielen Fällen erst heiraten, wenn sie den Hof übernommen hatten. Bevor diese Kinder bekamen, waren die al-

---

175 Bischoff-Luithlen 1998, 176.
176 Braudel 1990, 70; Aubin/Zorn 1972, 523 ff.

ten Bauern vielleicht schon verstorben. Bei einem mittleren Sterbealter von 50 Jahren und einem Heiratsalter von 25–30 Jahren war die Wahrscheinlichkeit gering, dass drei Generationen in einem Haushalt lebten und dies gar über längere Zeit der Fall war. Dreigenerationenfamilien fanden sich gerade in 5,7 % der Familien. Sie waren am ehesten in Gegenden mit einer reichen Bauernschaft und kaum in Realteilungsgebieten und in den ländlichen Unterschichten anzutreffen.[177]

Unter Bauern konnte zwischen dem Alt- und dem Jungbauern ein Generationenvertrag, ein Übergabevertrag geschlossen werden. Generationenverträge regelten die Versorgung im Alter und die Hofübergabe. Diese wurden auch Altenteil, Ausgedinge oder Leibzucht genannt. Sie enthielten Vereinbarungen über Wohnrecht, Versorgung mit Lebensmitteln und Brennholz, Sitzplatz, Pflege und Ehrfurcht zwischen den Alt- und den Jungbauern. Dem Ausgedinge kam die Funktion einer Altersversorgung zu. Es war eine flexible Frühform der hauswirtschaftlichen Altersversorgung.[178] Mit dem Hof ging zugleich die Hausherrenstellung über. In Ausnahmefällen erfolgte das Ausgedinge mit nichtverwandten Nachfolgern. Die Ausgestaltung war vielfältig. Die Grundherren zeigten ein großes Interesse an einer Hofübergabe an den jüngeren, leistungsfähigeren Bauern. Sie begünstigten, forderten und erzwangen gar eine Hofübergabe. Diese Generationenverträge haben wesentlich zu dem Mythos der Dreigenerationenfamilie beigetragen, in der die alten Eltern im Kreis ihrer Kinder und Enkelkinder im Alter versorgt werden. Das war gerade nicht immer der Fall. Im Ausgedinge gab der Altbauer die Herrschaft über Hof und Haushalt an den Nachfolger. So es die Größe und Ertragskraft des Hofes zuließen, gründete der Altbauer einen eigenen kleinen Haushalt. Oft blieb ihm nur eine eigene Stube oder ein Platz in der gemeinsamen Stube.

Mit ins Ausgedinge konnten neben den Altbauern minderjährige Kinder oder Verwandte wie eine unversorgte Schwester des Altbauern gehen. Einer Tochter konnte auferlegt werden, mit den Eltern ins Ausgedinge zu gehen, damit sie die Eltern im Alter versorgte. Es war das Schicksal dieser *dubbeligen* Tochter, dass sie von den Eltern dazu auserkoren war, nicht heiraten zu dürfen und deren Versorgung und Pflege übernehme musste.[179] Je nach der Ertragskraft des Hofes und den räumlichen Gegebenheiten, bezogen die Altenteiler ein eigenes Haus auf dem Hof oder in der Nachbarschaft, eine

---

177 Mitterauer/Sieder 1991, 54 ff.
178 Ehmer 1990, 19; Sieder 1991, 65 ff.
179 Sieder 1991, 45.

eigene Wohnung auf dem Hof, eine eigene Stube, das *Stüberl*, auf dem Hof oder bloß einen Stuhl und Schlafplatz in den Räumen der Familie, im Winkel neben dem Ofen.[180] Das Ausgedinge bedeutete nicht, dass sich der alte Bauer und seine Ehefrau gänzlich aus der Wirtschaft zurückzogen. In vielen Verträgen war die Mitarbeit explizit vorgesehen oder eine Entlohnung für die Mitarbeit in Geld oder Naturalien vereinbart. War die Ehefrau jünger als der Altenteiler, wie es bei Zweit- und Drittehen zumeist vorkam, war ihre Mitarbeit im Haushalt und auf dem Hof weiterhin üblich. Das Ausgedinge bedeutete einen Wechsel in der Führung des Hofes. In Zeiten überwiegender Natural- und geringer Geldwirtschaft blieb der Altbauer im Ausgedinge an die Nähe des Hofes des Jungbauern gebunden. In wirtschaftlich ertragreichen Gegenden mit großen Höfen wie in Westpreußen kam es vor, dass die Altenteiler in die Stadt zogen und dort von einer jährlichen Zahlung des Jungbauern lebten.[181] Bei dieser Ausgestaltung erwuchs das Ausgedinge zu einer privaten Rentenversorgung. Davon abgesehen verblieben die Altenteiler im Familienverband selbst bei getrennten Haushalten. Die Hofübergabe bedeutete eine Zäsur im Leben auf dem Hof. Für den Altbauern konnte es bedeuten, dass ihm die Last der täglichen Arbeit abgenommen oder diese gemindert wurde. Für den Nachfolger bedeutete es die Übernahme von Aufgaben, Macht und Verantwortung. Der Zeitpunkt der Hofübergabe war nirgends festgeschrieben. Er musste ausgehandelt werden oder erfolgte durch äußere Zwänge wie dem Drängen der Gutsherrschaft oder Erkrankung des Altbauern. Hatte der Altbauer keine Kinder, mussten Verwandte, Ziehkinder oder Gesinde auf dem Hof eingebunden und mit ihnen das Ausgedinge ausgehandelt werden.

Das Ausgedinge konnte eine große, wirtschaftliche Belastung für den Hof bedeuten. Dies galt insbesondere für kleinere und mittlere Höfe und umso mehr, wenn außer den Altbauern noch andere Kinder und Verwandte mit ins Ausgedinge gingen und der Jungbauer für alle aufkommen sollte. Diese Konstellation war häufig dort anzutreffen, wo das Ältestenerbrecht galt und jüngere unmündige Geschwister vorhanden waren.[182] Die Altbauern nahmen die ausbedungenen Leistungen nicht unbedingt vollständig in Anspruch. Sie gaben einen Rahmen vor, der im Streitfall eingeklagt werden konnte. Die vereinbarten Leistungen konnten den Hof ruinieren. Die Altenteiler nahmen weiterhin nach Kräften Arbeiten auf dem Hof vor und beaufsichtigten die Enkelkinder. Im Idealfall konnten die Altenteiler eine eigene Wohnung oder

---

180 Gläntzer 1979, 122, 125, 134.
181 Mitterauer 1986, 320 f.; Ehmer 1990, 30.
182 Mitterauer/Sieder 1991, 81.

ein eigenes Haus beziehen und waren damit der Bevormundung durch die eigenen Kinder und Nachfolger weithin enthoben. Jedoch kam dies nur in Betracht, soweit der Hof tragfähig war. Die Ertragsfähigkeit kleinerer und mittlerer Landwirtschaften war jedoch beschränkt. Andere mussten über einen Platz am Tisch und am Ofen froh sein. Selbst da gestaltete sich das Nebeneinander nicht immer konfliktfrei. Kleinliches Gezänke zwischen Altenteiler und Hofnachfolger kam häufig vor. Es ging um solch alltägliche Kleinigkeiten wie die Nutzung der Küche. Streitigkeiten und Prozesse zwischen den Generationen zeugen davon, dass das Miteinander nicht sorgen- und konfliktfreifrei verlief, sondern der Alltag voller Angst vor Übervorteilung, Demütigungen war. Der Hofnachfolger musste die finanziellen Lasten und die Bürde der Pflege tragen. Die Altenteiler fühlten sich verkannt, in die Ecke gedrängt, überflüssig. Das Sprichwort *Übergeben und nimmer leben* bringt dies mehr als deutlich zum Ausdruck und noch deutlicher kommt es in der Bezeichnung *Altenteilpulver* für Arsen zum Ausdruck. An der Tragfähigkeit des Hofes fehlte es zumeist in den württembergischen Realteilungsgebieten. Galt Realteilung, schloss die Größe der Höfe häufig ein Altenteil aus. Hier blieb es beim konfliktreichen Zusammenleben unter einem Dach.

Die Altenteiler konnten auf die Nächstenliebe, den Respekt und das Verantwortungsgefühl ihrer Kinder hoffen. Die Kinder konnten ihnen Dankbarkeit erweisen für die ihnen geschaffene Existenz. Selbstverständlich war dies nicht. Wer seine Kinder streng und hart erzogen hatte, musste gar damit rechnen, dass sie ihnen dies im Alter zurückzahlten. Andere mussten erleben, dass mit dem Schwinden der Kräfte, dem Verlust der Funktionalität auf dem Hof und der Pflegebedürftigkeit ihr Ansehen in der Familie schwand, sie als Last betrachtet wurden oder gar Geringschätzung und Vernachlässigung erlebten. Das von den Gebrüdern Grimm aufgezeichnete Märchen vom *Enkel und Großvater* berichtet hiervon. Der Alltag auf den Höfen hatte viele Gesichter. Die oft kleinlich abgefassten Hofübergabeverträge zeugen davon, wie sich die alten Bauern hiergegen wappnen wollten. Dahinter stand Misstrauen gegenüber dem Hofnachfolger, Furcht vor Vernachlässigung. Sie mussten damit rechnen, dass ihr Ansehen schwand, sie die Macht aus den Händen verloren und sich mit wenig begnügen mussten und ihnen selbst das noch vorenthalten wurde. Deshalb versuchten viele, sich im Vorfeld mit den Mitteln des Übergabevertrages zu schützen, sich Vorteile auszuhandeln. Die Hofübergabeverträge spiegeln, wie sehr die Alten und Jungen auf dem Hof aufeinander angewiesen waren. Manche Bauern wollten den Hof früh übergeben und handelten sich Vorteile aus, die für die jungen Bauern eine schwere, drückende Last darstellten, die aus den Erträgen des Hofes kaum zu erwirtschaften waren. Überschuldung drohte den jungen Bauern. Andere verweigerten die Erfüllung der Verträge oder versuchten, mit Bosheiten, Erniedrigungen, Kleinkrieg die Eltern aus der Stube zu drängen. Peinlich genau wurde in den Übergabeverträgen die Gewährung von Brennholz, Naturalien, Kleidung, Wohnraum, die Mitbenutzung der Küche und Pflege im Alter aufgeführt. Dies verrät die Macht und den Argwohn der Älteren. Sie forderten in den Verträgen Liebe, Pflege und Unterstützung von den Jüngeren, weil dies nicht selbstverständlich war. Vielerorts wurde ein Kleinkrieg um die Erfüllung der Verträge geführt. Beschwerden über Lieblosigkeit, Vernachlässigung häuften sich. Altenteiler wurden auf die Straße gesetzt.[183] Nicht alle wehrten sich. Sie schämten sich. Andere konnten sich schon nicht mehr wehren. Wieder andere nutzten die Nachfolger schamlos aus. Auf vielen Höfen reichten die Erträge nicht für mehrere Generationen. Der Alltag war weit entfernt von dem in Moral- und Erziehungsbüchern gezeichneten Wunschbild, den Huldigungen der Mehrgenerationenfamilie, die harmonisch auf dem Hof zusammenlebt, wie es im Gedicht *Das Gewitter* des schwäbischen Pfarrers und Lehrers Gustav Schwab (1792–1850) zum Ausdruck kommt:

> Urahne, Großmutter, Mutter und Kind
> In dumpfer Stube beisammen sind;
> Es spielet das Kind, die Mutter sich schmückt,
> Großmutter spinnet, Urahne gebückt
> Sitzt hinter dem Ofen im Pfühl [...]

Deshalb kamen die Hofübergabeverträge, das Altenteil in Verruf. Es wurde über ein Verbot solcher Verträge oder die Einrichtung von Moralgerichten nachgedacht. Die Gestaltungsmöglichkeiten wurden eingeschränkt. Insbesondere sollte eine frühe Hofübergabe ausgeschlossen werden, die die Jungbauern ruinieren konnte. Kam es zu Streitigkeiten und mussten sich die Altbauern über Lieblosigkeit und unzureichende Versorgung beklagen, dann sahen sie sich dem Vorwurf ausgesetzt, sie hätten die Übergabe nicht genügend vorbereitet und die Kinder zu Respektlosigkeit erzogen.

> Wer den Kindern giebt das Brod,
> und leidet selber Noth
> Den soll man schlagen mit dieser Keule tod![184]

Gleichwohl darf nicht vergessen werden, dass die Erfüllung der Übergabeverträge für die Jungbauern und ihre Familien eine hohe wirtschaftliche

---

183 Sieder 1991, 68 ff.
184 Zitiert nach Gaunt 1982, 164.

Last bedeuten konnte. Dies galt insbesondere, wenn sich die Altenteiler im Übergabevertrag hohe Zuwendungen hatten versprechen lassen oder sich schon früh aufs Altenteil setzen wollten. Der Generationenkonflikt war vorprogrammiert. Die Konflikte nahmen zu, als an der Wende des 18. zum 19. Jahrhundert die landwirtschaftliche Produktionsweise große Änderungen erfuhr und das Wissen der Eltern nicht mehr so sehr gefragt war. Die Hofübergabeverträge wurden zunehmend weniger. Auch die Obrigkeit war den Altenteilerverträgen gegenüber zunehmend skeptisch eingestellt. Die Altenteilerverträge schmälerten die Ertragskraft der Höfe, wenn die Altbauern sich von der Bewirtschaftung zurückzogen und mitversorgt werden mussten. Dies minderte die steuerliche Belastbarkeit des Hofes und trug zur Schmälerung der Steuereinnahmen bei. Einige Landesordnungen verboten gar die Hofübergabeverträge. Zwar waren die Hofübergabeverträge in ganz Mitteleuropa verbreitet. In der Praxis war die Möglichkeit weithin bekannt. Gleichwohl wurde von ihnen nicht so häufig Gebrauch gemacht, wie die dazu verfasste Literatur vermuten lässt. Es waren die Klagen und der mit den Hofübergabeverträgen einhergehende Missbrauch, die zu regem Schriftwechsel führten und in die Literatur eingegangen sind.

Solche Übergabeverträge spielten nur dort eine Rolle, wo etwas zu übergeben war. In Gebieten mit Realteilung kamen sie nur ausnahmsweise vor. In den Realteilungsgebieten arbeiteten die Bauern bis zum Tode. Die erwachsenen Kinder arbeiteten mit oder gingen in den Gesindedienst. Das Eigentum der verstorbenen Bauern wurde unter allen Erbberechtigten aufgeteilt. Dies führte weithin zu einer Zersplitterung von Grund und Boden. Übergabeverträge kamen eher in Anerbengebieten vor. In Anerbengebieten ging der Hof ungeteilt an einen Nachkommen, der die anderen Nachkommen ausbezahlen musste. Auch hier ließen kleinere landwirtschaftliche Betriebe ein Ausgedinge nicht zu.[185] Auf großen und reichen Höfen in Schleswig-Holstein übertrug der Bauer im Alter und bei nachlassenden Kräften nach und nach Aufgaben an Gesinde und seine heranwachsenden Kinder. Er gab die Herrschaft auf dem Hof nicht ab. Die geringe Lebenserwartung, der frühe Tod machte in vielen Fällen ein Ausgedinge überflüssig oder es war nur von kurzer Dauer.

Für die alten Bauern war das Leben im Alter ob mit oder ohne Ausgedinge, von Entbehrungen und Mühsal gekennzeichnet. Die meisten Höfe ernährten ihre Bewohner mehr schlecht als recht. Der Großteil der Bauern leb-

---

185 Mitterauer/Sieder 1991, 4.

te am Rande des Existenzminimums. Der Alltag war gekennzeichnet durch Eintönigkeit, Schmutz und Nässe. Im Winter zog die Kälte ein und führte zum Tod der Schwachen, Kranken und Alten. Der Tod vollzog die Übergabe ohne Übergabevertrag. Nur auf den großen Höfen konnten die Bauern auf ein geruhsames Leben im Alter hoffen. Arme Bauern, die ihren Hof nicht mehr selbst bestellen konnten, waren darauf angewiesen, dass ihre Kinder sie versorgten. Es konnte ihnen geschehen, dass sie von einem Haushalt ihrer Kinder zum anderen herumgereicht wurden.

Es waren die Produktionsbedingungen auf dem Land, die die Bauern zur Heirat und beim Tod des Ehegatten zur Wiederheirat zwangen. Der Arbeitsablauf auf dem Land, die Vielfalt der zu bewältigenden täglichen Aufgaben gestattete es ihnen nicht, unverheiratet zu bleiben. Die heute zu beobachtende Individualisierung, der Ein-Personen-Haushalt war mit den alltäglichen Zwängen nicht zu bewerkstelligen.

Verstarb die Bäuerin, war die Wiederheirat des Bauern die Regel. Die vielfältigen Aufgaben der Bäuerin im Haushalt und auf dem Hof, die Versorgung der Kinder verlangten, dass diese kurzfristig von einer Nachfolgerin übernommen wurden. Zu den vielfältigen Aufgaben der Bäuerin zählten neben der Erziehung der Kinder die Versorgung des Viehs, die Milchwirtschaft, die Gartenarbeit, die Besorgung der Hackfrüchte. Brot musste gebacken, Milch zu Butter und Käse verarbeitet, Fleisch, Obst und Gemüse mussten konserviert werden. Hinzu kamen Kochen und Waschen, der Handel mit Eiern und Federvieh.[186] Der Eintritt einer Nachfolgerin in die Familie konnte zu Spannungen führen und das Leben unter einem Dach beschweren. Sie musste ihren Platz in der Familie finden. Dies war ein Prozess, der zwangsläufig von Misstrauen und Eifersüchteleien begleitet war. Misstrauen und Streitigkeiten hinsichtlich der Besitz- und Erbrechte der Kinder waren anzutreffen. Daher rührt das in Märchen anzutreffende Bild der bösen Stiefmutter.

Verstarb der Bauer, waren materielle Einschränkungen und Isolierung selbst in begüterten Familien die Regel für die Witwen. Die Witwe eines Bauern war zur Bewirtschaftung des Hofes auf eine rasche Wiederheirat verwiesen, wenn sie sich nicht aufs Altenteil zurückziehen konnte. Übernahm ein Angehöriger den Hof, konnte die Witwe als Gesinde auf dem Hof verbleiben. Armen Witwen und vor allem solchen mit einer Kinderschar bot sich kaum die Gelegenheit zur Wiederheirat und es blieb oft nichts anderes übrig, als

---

186 Sieder 1991, 29, 60.

einen kleinen Hof mit den Kindern selbst zu bewirtschaften oder Almosen zu beziehen. Besser gestellt waren die Witwen des Landadels und der Großgrundbesitzer. Sie konnten die ihnen im Heiratsvertrag zuerkannte Morgengabe und ihr Heiratsgut geltend machen. Daneben konnten sie auf ein Wohnrecht und im Testament vorgesehene Leistungen in Naturalien und Geld hoffen. Damit waren sie zumeist ausreichend versorgt. Ein Erbanspruch stand ihnen in der Regel nicht zu. Dies hätte zur Besitzersplitterung geführt und die das Gut fortführenden Erben in ihrer Entscheidungsfreiheit eingeschränkt.[187] Die adligen Grundherren und Großgrundbesitzer kannten kein Ausgedinge. Sie kannten keine Notwendigkeit des Rückzugs. Macht, Autorität und Ansehen blieben ihnen bis ins Alter erhalten. Schwindende Arbeitskraft machte es nicht erforderlich, Besitz und Macht aus den Händen zu geben. Sie scharrten ihre Familie um sich. Hier war die vielgepriesene Mehrgenerationenfamilie unter einem Dach am ehesten anzutreffen. Die Pflege alter Adliger übernahm in diesem Familienverband eine ledige Schwester, eine unverheiratete Tochter oder eine Gouvernante.[188] Gleichwohl darf nicht verkannt werden, dass selbst auf solchen Gütern das Leben im Alter durch Nässe und Kälte der Behausungen, Eintönigkeit des Lebensabends getrübt war.

Unterbäuerliche Schicht

Neben den Bauern lebten auf dem Dorf landarme und landlose Bewohner, die ebenfalls Landwirtschaft betrieben. Die Gütler verfügten über ein Haus und wenig Land. Hingegen hatten die Häusler nur ein Haus und vielleicht noch ein kleines Stück Land. Gütler und Häusler mussten als Tagelöhner bei Bauern arbeiten. Ihr Land genügte nicht zur Selbstversorgung. Sie hielten Kleinvieh und vielleicht eine Kuh. Hatten Tagelöhner keinen eigenen Grund und Boden und lebten sie mit auf dem Hof eines Bauern, nannte man sie Inwohner oder Inhäuser. Sie arbeiteten auf dem Hof mit, wofür sie eine Kate, eine Stube und ein Stück Feld zur Bewirtschaftung erhielten. Es war ein Tauschgeschäft. Die besser gestellten Tagelöhner hatten ein eigenes Haus mit Küche und Stube. Vielleicht gab es sogar eine Kammer zum Schlafen. Dies konnte zugleich der Aufbewahrung von Früchten und Futtermittel dienen. Im Stall stand eine Kuh oder eine Ziege und die Hühner fanden auch ir-

---

187 Simnacher 1960, 139 f.
188 Reif 1982, 137.

gendwo einen Platz. In besonders ärmlichen Verhältnissen bestand das Haus aus einem Raum oder mehrere Familien teilten sich ein Haus. In strengen Wintern lebte das Kleinvieh, ein Schwein und Hühner mit in der Stube.[189] Die Lebenssituation und Lebensweise dieser unterbäuerlichen Schicht war vielfältig und von Region zu Region sehr unterschiedlich. Ihre Zahl war groß. Ihre wirtschaftliche Situation war ausgesprochen schwierig. Häufig fanden sie nur in Zeiten der Aussaat und der Ernte Arbeit bei den Bauern. Im Winter war die Arbeitssuche aussichtslos. Das ihnen gehörende oder überlassene Stück Land reichte nicht zur Selbstversorgung. Bei Missernten fanden sie keine Arbeit, ihr kleines Stück Land brachte erst recht keine Erträge. In Zeiten von Missernten und Teuerung waren Hunger und Verzweiflung angesagt. Wer kein Land als Sicherheit hatte, erhielt kein Darlehen. Sie mussten um Almosen im Dorf und auf den Höfen nachsuchen. In großer Zahl strömten hungernde Tagelöhner und ihre Familien in die Städte. Sie bettelten vor Kirchen und in den Gassen. Sie belagerten die Suppenküchen der Spitäler und hofften auf Brotspenden.

Für Gütler, Häusler, Inwohner und Tagelöhner kam ein Ausgedinge nicht in Betracht. Ihr Hab und Gut reichte nicht dafür, dass zwei Generationen davon leben konnten. Die alten Menschen mussten bis ins hohe Alter arbeiten bis sie zu keiner Arbeit mehr fähig waren. Deshalb betrieben viele von ihnen nebenher ein Heimgewerbe wie Töpfern, Spinnen, Weben und Stricken, das sie mehr schlecht als recht ernährte. Damit erlangten sie einen Nebenerwerb, den sie auch im Alter noch ausüben konnten, wenn sie zu schwach für die Arbeit in der Landwirtschaft waren.

Schon im Alter von zwölf Jahren gingen Kinder in den Gesindedienst auf einen fremden Hof. Der Gesindedienst war für viele nur eine Durchgangsstation in jungen Jahren.[190] Sie sollten in fremden Haushalten und auf fremden Höfen lernen und etwas ersparen. Dahinter stand die Hoffnung auf eine angesparte Mitgift, eine Heirat oder die Übernahme eines Hofes. Sie wollten Ersparnisse bilden, um sich selbstständig zu machen, um ein Stück Land, eine Kate zu erwerben. Doch nicht alle handelten so umsichtig. Weit verbreitet war ein kurzfristiges Streben nach Bedürfnisbefriedigung nach dem Motto *Lasset uns essen und trinken, denn morgen sind wir tot*. Niemand wusste, was der nächste Tag bringen würde. Wozu also sparen. Gesinde und Tagelöhner waren in den Wintermonaten und in Krisenzeiten besonders in ihrer Existenz gefährdet. Ihnen drohte Entlassung. Im Winter konnten sie kaum eine

---

189 Gläntzer 1979, 173, 184, 194.
190 Sieder 1991, 52 ff.

Arbeit finden. Dies traf besonders Ältere, die keine andere Anstellung finden konnten. Die Bauern zogen Jüngere vor, wussten sie doch um die nachlassenden Kräfte der Älteren, die nicht mehr so schnell und energisch anpacken konnten. Wer im fremden Dienst kein Auskommen gefunden hatte, konnte auf das elterliche Erbe hoffen. Wer zu den Eltern in die Kate zurückkehrte, teilte sich fortan die Enge, Dürftigkeit, Kälte und Nässe der Kate mit diesen. Wem dies alles nicht vergönnt war, musste auf dem fremden Hof bis zum Tode arbeiten, musste auf ein Gnadenbrot und ein Bettlager, einen Strohsack im Stall neben dem Vieh hoffen.

Standen die Kinder im Gesindedienst, verfügten sie über keine Räumlichkeiten, um die Eltern aufzunehmen. Ebenso war die Lage bei Kindern, die als Inwohner auf fremden Höfen lebten. Sie bedurften der Zustimmung der Hofherrschaft, um ihre Eltern aufnehmen zu dürfen.[191] Für das Alter konnten sie kaum vorsorgen. Hatten sie Kinder, sollten diese sie versorgen, was nur wenige leisten konnten. Die Kinder von Tagelöhnern und Häuslern standen oft in fremden Diensten fernab ihrer Eltern und waren nicht in der Lage, diese bei sich aufzunehmen.

Viele waren auf Almosen angewiesen, erhielten das Gnadenbrot des früheren Dienstherrn oder erhielten Reihumspeisung in der Gemeinde. Dorfbewohner und Bauern mussten sie nach ihrer jeweiligen Leistungsfähigkeit, ihrer Steuersumme mit Speisen versorgen oder sie gar vorübergehend bei sich aufnehmen. Dies war zwar der christlichen Nächstenliebe geschuldet, gleichwohl mit Widerwillen, Verachtung und Demütigung verbunden Die Bauern mussten Geld, Naturalien, Speisen, Kleidung und bei Bedarf Beherbergung bieten, bis sie die Bedürftigen weiterreichen konnten.[192] Schlimmstenfalls wurde ihnen ein Platz im Stall zugewiesen. War ihre Zeit um und konnten sie nicht zum nächsten Hof weiterlaufen, wurden sie auf dem Schubkarren dorthin gebracht.

Landlosen Bauern und ihren Witwen in Westfalen, Mecklenburg und Vorpommern stand Leibzucht gegen den Gutsherrn zu. Sie erhielten eine Wohnung und ein Stück Land zur Nutzung. Dafür mussten sie Dienstverpflichtungen nachkommen und noch im Alter und bei Krankheit nach ihren Kräften arbeiten.

---

191 Ehmer 1990, 35 f.
192 Borscheid 1989, 80; Sachße/Tennstedt 1980, 250.

Heimindustrie

Auf dem Lande gingen viele Bauern neben ihrer Landwirtschaft einem Nebenerwerb nach. Bei vielen Bauern reichten die Erträge von Grund und Boden nicht aus, um die Familie zu ernähren. Dasselbe galt erst recht für landlose und landarme Häusler, Gütler, Inhäuser und Tagelöhner. Gerade in den Wintermonaten waren Töpfern, Weben, Spinnen, Bürstenbinden, Holzschnitz- und Metallarbeiten weit verbreitet. Die Bauern banden das Gesinde in diese Arbeiten ein. Vor allem die Frauen kümmerten sich um den Verkauf der hergestellten Waren auf den Märkten.

In der zweiten Hälfte des 18. Jahrhunderts fand die Heimindustrie breiten Eingang in den landwirtschaftlichen Regionen: Flachs, Hanf, Seide, Wolle und Baumwolle boten neue Betätigungsfelder für landlose Tagelöhner und landarme Bauern. Sie bot den Menschen Abhilfe, wo es an Grund und Boden mangelte. Sie verdingten sich als Spinner und Weber. Die ganze Familie war eingebunden und half mit. Es bedurfte der Vorarbeit von zehn bis zwölf Personen, um das erforderliche Garn für einen Weber zu spinnen.[193] Hierzu konnten Frauen, Kinder und Alte herangezogen werden. Die Heimindustrie hatte nicht nur auf dem Land, sondern obendrein in den Städten ihren Platz, wo Handwerker, Gesellen und Tagelöhner diese ausübten. Auf dem Land galt kein Zunftzwang, was die Entstehung der Heimindustrie in ländlichen Gebieten begünstigte. Statt Heimindustrie ist auch der Begriff Hausindustrie verbreitet. Die Arbeit und Herstellung der Waren fanden zu Hause in den Häusern und Wohnungen statt. Wohnung und Werkstatt waren oft eins. Die Stube war zugleich Werkstatt.

Neben Heimarbeitern, die ihre Waren selbst vermarkteten, gab es solche, die im Dienst eines Verlegers standen. Kaufleute hatten es verstanden, ein Verlagssystem zu etablieren. Das Verlagssystem war auf Massenproduktion einfach herzustellender Güter ausgerichtet. Insbesondere in der Produktion von Garnen und Textilien griff das Verlagssystem um sich. Gegen Stücklohn stellten die Heimarbeiter Garne und Stoffe her. Mal lieferten die Kaufleute in der Funktion als Verleger Rohstoffe und Produktionsmittel, mal besorgten sich die Heimarbeiter diese selbst. Die Verleger kauften die produzierte Ware zum Stücklohn ab und vermarkteten diese. Hatten die Verleger die Rohstoffe geliefert, bestimmten sie deren Preis und zogen ihn vom Stücklohn ab. Sie sicherten sich häufig ein Ankaufmonopol. Damit gerieten die Heimarbeiter

---

193 Sieder 1991, 76.

immer mehr in Abhängigkeit von den Verlegern, deren Preisgestaltung und die Konjunktur. Die Arbeitsteilung konnte so weit gehen, dass an einem Ort das Garn gesponnen und vom Verleger angekauft wurde und an einem anderen Ort das Garn im Auftrag des Verlegers zu Tuch geworben wurde. Neben der Herstellung von Stoffen wie Leinen kam das Verlagssystem noch in der Metallverarbeitung, der Herstellung von Waffen und Stroh- und Holzwaren vor. Auf dem Land fanden die Verleger billige und nicht organisierte Arbeitskräfte. Es entstand eine Schicht von Selbstständigen, die sich ähnlich den Lohnarbeitern in wirtschaftlicher Abhängigkeit von den Verlegern befand. Neben den Verlegern vergaben Manufakturen Aufträge an die Heimarbeiter.

Die Heimindustrie war heftigen Konjunkturschwankungen ausgesetzt. Gute Jahre wechselten sich mit Hunger und Drangsal ab. In guten Jahren mit steigendem Verdienst nahmen Menschen vermehrt Heimarbeit auf, was zu Überproduktion und sinkenden Preisen führte. Heimarbeiter mussten auf keine Hofübergabe wie die Bauern warten und heirateten früh. Die frühe Heirat förderte Kinderreichtum, was steigende Lebenshaltungskosten bedeutete. Sinkendes Einkommen und Kinderreichtum ließen sie verarmen. Schlechte Ernten führten zu Teuerungen der Lebensmittel, weshalb der Warenabsatz stockte. Mussten die Haushalte mehr für Lebensmittel ausgeben, blieb weniger Geld übrig, um Waren wie Stoffe, Hüte oder Taschen zu erwerben. Für die Heimarbeiter bedeutete dies eine doppelte Abwärtsspirale. Für die meisten blieb nur Arbeit bis zum Lebensende. In Zeiten mit gutem Verdienst im 18. Jahrhundert konnten landlose Heimarbeiter Land erwerben, ein Haus errichten. Wer Land und Haus besaß konnte fürs Alter die Versorgung durch Kinder in einem Übergabevertrag vereinbaren.[194] Das Zusammenleben von alt und jung war bei Heimarbeitern nicht die Regel. Die Häuser und Wohnungen waren klein. Zumeist gab es neben der Küche nur noch einen weiteren Raum, der zugleich Wohnraum und Werkstatt war. Die erwachsenen Kinder verließen früh das Elternhaus, wollten ihr eigenes Geld verdienen, einen eigenen Hausstand gründen.

Bergarbeiter

Die Mittelgebirge, das Aachener Revier und das Ruhrgebiet waren reich an Erzen und Steinkohle. Hier wurden die Rohstoffe in Bergwerken zu Tage gefördert. Die Gewinnung von Eisen, Kupfer und Silber nahm einen rapiden

---

194 Borscheid 1989, 366 ff.; Ehmer 1990, 34; Sieder 1991, 99.

Aufschwung. Die Rohstoffe dienten zur Herstellung von Gefäßen, Messern, Scheren, Drähten, Ofenplatten, Rüstungen, Waffen, Geschützen und Kanonenkugeln. Der Bedarf im In- und Ausland war groß. Glasbläsereien entstanden an Orten mit Quarzvorkommen.[195] In den Bergwerken arbeiteten fast ausschließlich Männer. Es herrschte ein großer Männerüberschuss. Viele der Bergarbeiter heirateten nicht und gründeten keine Familie, die ihnen im Alter zur Seite stand, wenn sie überhaupt die Chance hatten, alt zu werden. Die Arbeit in Bergwerken war äußerst gefährlich. Es traten häufig Unfälle und Atemwegserkrankungen auf. Die Lebenserwartung war in dieser Berufsgruppe extrem niedrig. Invalidität und früher Tod gehörten zum Lebensrisiko.

Die Bergarbeiter verfügten über eine eigene staatlich abgesicherte Standesorganisation. Sie waren traditionell in genossenschaftlich organisierten Knappschaften eingebunden. Die Bergarbeiter entrichteten Beiträge an die Knappschaftskassen. Die Knappschaftskassen boten eine bescheidene Invaliden-, Witwen-, Waisen- und Krankenversorgung. Für arbeitsunfähige Invalide war ein Gnadenlohn vorgesehen, der sich nach ihren Vermögensverhältnissen und ihrer Bedürftigkeit richtete. Die Leistungen erfolgten nach Klassen. Damit war ihnen eine karge Versorgung im Falle der Invalidität sicher, wobei beruflich bedingte Krankheiten und Unfälle sie schon früh dahinrafften und nur wenige ein Gnadengesuch einreichen mussten. Die genossenschaftliche Versorgung trug der schweren Arbeitsbelastung und dem hohen Invaliditätsrisiko Rechnung. Die Entlohnung und Versorgung im Falle von Krankheit und Invalidität waren staatlich geregelt. Insofern stellten sie einen privilegierten Stand dar und waren in den meisten Ländern von Steuern und Dienstpflichten befreit.[196] Eine Altersgrenze mit Altersversorgung gab es nicht. Die Versorgung mit Gnadenlohn griff erst bei Invalidität und Bedürftigkeit ein. Der Gnadenlohn war kein Almosen. Trotzdem gab es keinen Rechtsanspruch. Sie mussten in Bittschriften um Zuwendungen nachsuchen und Ihre Bedürftigkeit darlegen und für viele blieb trotzdem nur das Armenhaus, weil der zuerkannte Gnadenlohn nicht reichte.[197] Da die meisten Bergarbeiter nicht verheiratet waren, konnten sie nicht auf Unterstützung und Pflege von Kindern bei Invalidität und im Alter hoffen. Manche Bergwerksgemeinden hielten für diese Plätze im Armenhaus bereit und einzelne Bergwerksgesellschaften hatten Spitalplätze für die invaliden Bergarbeiter

---

195 Aubin/Zorn 1971, 422 ff.
196 Borscheid 1989, 381 ff.; Köllmann 1981, 328.
197 Bräuer/Schlenkrich 2002, Archiv Freiberg 867, 869.

gestiftet. Der frühe Tod führte dazu, dass deren Versorgung kein dringendes Problem war. Im 18. Jahrhundert kam eine bescheidene Hinterbliebenenversorgung auf in Fällen, in denen der verstorbene Bergmann viele Jahre im Berg gearbeitet und ein unbescholtenes Leben geführt hatte. Trotz der Knappschaftskassen für Bergleute war die Armut unter Bergleuten groß. Dazu trug die häufige Arbeitslosigkeit bei. Gruben mussten immer wieder wegen bergtechnischen Problemen geschlossen werden. Bei Absatzproblemen gab es Feiertagsschichten oder halbe Schichten mit entsprechend geringerer Entlohnung. Die Entlassung konnte folgen. Gegen Arbeitslosigkeit boten die Knappschaftskassen keinen Schutz. Die Notlage war groß, wenn es wieder zu Teuerungen beim Getreide kam. Glücklich konnten sich Bergleute schätzen, die eine kleine Landwirtschaft nebenher betrieben. Wegen der Armut unter Bergleuten errichtete der Kurfürst Moritz (1521–1553) eine Stiftung auf St. Annaberg. 1711 bat das Bergamt Freiberg den Landesfürsten, ein Bergwaisen- und Armenhaus zu errichten.[198]

Die genossenschaftlich organisierten Knappschaften wurden 1854 im preußischen Knappschaftsgesetz zusammengeführt. Diese enthielt Regelungen zu Alters- und Invaliditätssicherung und zur Witwen- und Waisenversorgung. Es war Vorbild für die Bismarcksche gesetzliche Rentenversicherung von 1889/1891.

Daneben gab es die Gruppe der Bergtagelöhner und Lohnarbeiter. In den Bergwerken war eine große Zahl von Arbeitern mit dem Schöpfen von Wasser und dem Transport von Abraum beschäftigt. Sie kannten die Vergünstigungen und Absicherungen der Knappschaftskassen nicht. Konjunkturschwankungen, Krankheiten und Unfälle waren ständige Begleiter. Glücklich konnte sich schätzen, wer neben der Bergtagelöhnerei noch eine kleine Landwirtschaft betreiben konnte. Diese musste die Versorgung im Alter gewährleisten.

Städtische Bevölkerung

Zu Beginn der Neuzeit hatten die meisten der 3.500 Städte keine tausend Einwohner. Nur 26 Städte hatten mehr als 10.000 Einwohner wie Hamburg, Augsburg, Nürnberg, Mainz und Magdeburg. Bis zum Jahr 1800 hatten

---

198 Bräuer/Schlenkrich 2002, Archiv Freiberg 863 ff.

61 Städte die Einwohnerzahl von 10.000 überschritten.[199] Handel und Handwerk waren die prägenden Wirtschaftsformen der Städte.

Von den Städten der Neuzeit ist heute nicht mehr viel an Bausubstanz original erhalten. Brände wüteten immer wieder in den Städten und haben weite Teile in Schutt und Asche gelegt. Übrig geblieben sind zumeist nur Steinbauten der städtischen Oberschicht, Kirchen, Klöster und die Stadtmauern mit ihren Wehrgängen, Türmen und Toren. Selten sind Fachwerkbauten und die Behausungen der einfachen Bewohner erhalten. Dies suggeriert fälschlicherweise den Eindruck, dass die erhaltenen Bauwerke der städtischen Oberschicht die damals gängigen Behausungen waren.

Die Städte beherbergten Bauten für das kirchlich-geistige Leben wie Kirchen, Klöster, Bischofssitze, Stiftshäuser, Spitäler. Es fanden sich prächtige Palastanlagen in den Residenzstädten, adlig-feudale Bauwerke sowie solche für das bürgerliche Leben. Dazu zählten das Rathaus, der Brunnen, der Markt, Kaufhäuser, Zunfthäuser, Kaffee- und Tanzhäuser, Bad- und Trinkstuben und die vornehmen Bürgerhäuser. Um den Marktplatz herum gruppierten sich stattliche Bauwerke wie Kirchen, Rathaus und die prächtigen Bauwerke des Adels, der Kaufleute und vermögenden Bürger. Hier gab es die zumeist mehrstöckigen Wohn- und Arbeitsstätten vermögender Bürger mit Wohnhaus, Hof, Garten und Nebengebäuden. In den obersten Stockwerken befanden sich Räume für das Gesinde. Dachstühle, Keller und Scheunen dienten der Bevorratung. Pferde und Zugochsen waren in Ställen untergebracht. Wer konnte, eiferte dem Adel bei Gestaltung und Ausgestaltung seiner Anwesen nach und manchem erfolgreichen Kaufmann gelang es, den Adel zu übertreffen. Mit der Entfernung vom Marktplatz und vom Zentrum nahm die Pracht und Fülle der Bauwerke ab.

Die Masse der Stadtbewohner lebte in Holzhäusern, die zur Straßenseite hin schmal waren und sich lang nach hinten erstreckten, den Giebel- oder Traufhäusern. Sie standen eng aneinander gepresst und hatten nur kleine Fenster. Die Läden waren die meiste Zeit wegen des Gestanks in den Straßen und Gassen geschlossen. Die Geschosse sprangen an der Straßenseite über die Straße hin vor. Deshalb war es in den Häusern recht dunkel, feucht und kalt. Brennholz und Holzkohle waren knapp in diesen Häusern, waren Brennstoffe doch sehr teuer. Davon zeugen die Almosengesuche um Holz.[200] Die meisten Häuser beherbergten mehrere Wohnungen. Vor den Häusern und im Hof gab es Ein-Raum Bretterverschläge zum Wohnen. Zum Wohnen dien-

---

199 Rosseaux 2006, 6 f.
200 Engelsing 1978, 27, 30 f.; Bräuer/Schlenkrich 2002, Archiv Chemnitz 74, 81.

Altenpflege

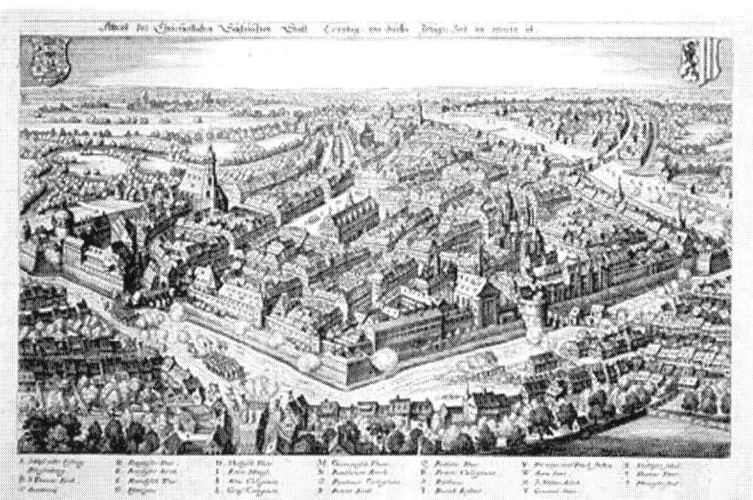

Abb. 6: Leipzig 1632.

ten obendrein Treppenverschläge und Keller ohne Licht und Belüftung.²⁰¹ Nicht jedes Haus hatte einen Abtritt. Die Menschen erleichterten sich im Hof. Die Kloschüssel wurde nachts auf die Gasse entleert. Schweine, Schafe und Hühner waren im Hof und in Verschlägen vorm Haus untergebracht, notfalls lebten sie mit in der Wohnung. Unrat und Mist landete in den Straßen und Gassen. Tagsüber liefen Schweine und Geflügel durch die Gassen. Daher rührten ein schlimmer Gestank, Ratten und Ungeziefer. Deshalb griff der Rat der Stadt Leipzig im 17. Jahrhundert zum Verbot der Schweinehaltung in der Stadt.²⁰² Schlachtereien und Rauch und Qualm aus Feuerstätten taten ein Übriges dazu. Neben den Gerüchen kam es zur Verschmutzung von Grundwasser und Brunnen, was zu schlimmen Erkrankungen führen konnte. Abfallentsorgung, die Entleerung von Sickergruppen zählte zu den städtischen Handwerken. Zu ihnen gehörte der Abdecker, der Tierkadaver entsorgte. Es gab Beschwerden über Aas, das tagelang in den Gassen lag. Der Kärner entsorgte den Unrat von den Gassen. Die Stadt beschäftigte Nachtarbeiter zur Kloakenreinigung.²⁰³ Die meisten Menschen in diesen einfachen

---

201 Bräuer/Schlenkrich 2002, Archiv Zwickau 1248.
202 Bräuer/Schlenkrich 2002, Archiv Leipzig 1090.
203 Rosseaux 2006, 109 f.; Bräuer/Schlenkrich 2002, Archiv Dresden 760, Archiv Freiberg 918, Archiv Leipzig 1090, 1110, 1125.

Wohnstätten lebten zur Miete. Nicht alle konnten einen eigenen Haushalt gründen. Sie lebten als Bett- und Schlafgänger zur Untermiete oder bei Verwandten. Kleinfamilien und Alleinstehende waren hier eher die Regel. Anders konnte es bei Kaufleuten zugehen. Bei diesen gab es neben der Produktionsgemeinschaft der Kernfamilie mitarbeitende Verwandte und im Familienverband lebende Knechte, Mägde, Gehilfen, Lehrlinge, Ladenmädchen. Für diese erweiterten Familienformen hat sich der Begriff das *Ganze Haus* eingebürgert. Hinzu konnte wie bei Adligen und vermögenden Patriziern häusliches Dienstpersonal kommen wie Diener, Köchin, Kutscher. Diese erweiterten Familienformen waren nicht bei der Masse der Familien anzutreffen. Größer war der Haushalt eines Handwerkers, wenn ein Lehrling oder Gehilfe und Verwandte im Haushalt mit lebten.

Die Städte waren Zuflucht für arme Menschen und Menschen ohne Obdach. Sie fanden Unterkunft in den Vorstädten, Kellern, Hinterhöfen und Gassen. Sie bettelten bei den Kirchen, am Markt, in den Gassen und an der Haustür. Sonn- und Feiertage boten eine gute Gelegenheit zum Betteln. In Hungerzeiten erhofften sie sich Brotalmosen. Die Stadt Leipzig gab in den Hungerjahren um 1771 Brotlaibe an Bedürftige aus. Es war keine Seltenheit, dass morgens Tote in den Gassen lagen.[204] Der alte Schmidt zu Güntersthal erhielt in der Stadt Freiburg die Erlaubnis auf der gedeckten Brücke wie andere arme Leute zu betteln. Doch durfte er dort kein Lager aufschlagen und übernachten.[205]

Die Städte und Zünfte mussten für Notzeiten Roggen- und Getreidespeicher anlegen. Arme Menschen durften in den Wäldern der Gemeinde an bestimmten Tagen Holz sammeln. In kalten Wintern mussten die Städte obendrein bedürftige Menschen mit Holz versorgen. Insbesondere für alte Menschen war bittere Kälte schwer zu ertragen und es gab viele Todesfälle in dieser Zeit. Sie bekamen Erkältungen, eine Lungenentzündung. Menschen erfroren. In einem kalten Winter verfeuerte ein Viehhirte in seiner Verzweiflung die Balken und Bretter seines Hauses. Er wusste sich nicht mehr anders gegen die Kälte zu wehren.[206]

Zur Stadt gehörte die Vorstadt, die mindere Stadt. Diese bot freie Flächen für Gärten und Getreideanbau. Hier fanden sich hölzerne Buden und Hütten,

---

204 Bräuer/Schlenkrich 2002, Archiv Dresden 619, Archiv Leipzig 1134, 1195, Archiv Freiberg 931, Archiv Zwickau 1245 f.; Fischer 1979, 115.
205 Fischer 1979, 116.
206 Bräuer/Schlenkrich 2002, Archiv Dresden 583, 596, 721,764, 774, Archiv Freiberg 910, Archiv Leipzig 773, 995, 1082, 1206, Archiv Zwickau 223.

Scheuern und Gartenhäuser. Die übel riechenden Färbereien, Gerbereien und Abfallgruben, die nicht gern in der Kernstadt gelitten waren, fanden hier ihren Platz neben Mühlen und Ziegeleien. In der Vorstadt lebten die Tagelöhner, Manufakturarbeiter, einfache städtische Bedienstete und Bettler. Die Bettler fanden Zuflucht auf den Friedhöfen und in den Scheunen. In größeren Städten finden sich Unterschiede in der Sterblichkeit nach den gesellschaftlichen Schichten. Hier machen sich unterschiedliche Lebenslagen, Ernährung, Hygiene, Wohnverhältnisse und Härten des Alltags bemerkbar. Ansteckende Krankheiten und Seuchen machten jedoch vor diesen verschiedenen gesellschaftlichen Schichten nicht halt und führten zu einer Angleichung der Lebenserwartung zwischen arm und reich.[207]

Städtische Oberschicht

In den Städten lebte eine Schicht begüterter Adliger, Kaufleute, Bankiers und hoher Beamter. Deren Bauwerke prägen noch heute das Bild der Städte im Mittelalter und in der Neuzeit mit ihren repräsentativen Bauten. Sie verfügten über große Haushalte mit Gesinde. Besonders aufwändig waren die palastähnlichen Bauwerke der aufstrebenden Kaufleute gestaltet, die dem adligen Lebensstil nachzueifern und diesen zu übertreffen suchten. Selbst der Assessor am Hofgericht in Tübingen und frühere Bürgermeister von Nürtingen bewohnte ein stattliches Gebäude mit 18 Zimmern. Zwei Zimmer waren dem Gesinde vorbehalten.[208] Nicht so feudal gestaltete sich das Dasein der studierten Pfarrer und Lehrer an höheren Schulen. Sie zählten zwar zu den Honoratioren der Stadt. Doch ihre Wohn- und Lebensverhältnisse waren weitaus bescheidener ausgestaltet.

Hier war die Mehrgenerationenfamilie häufiger anzutreffen als in den mittleren und unteren Schichten. Dabei spielte die Geburtenfolge und das Alter der Mutter eine Rolle. Die Frauen heirateten früher und mussten keine körperlich schweren Arbeiten verrichten. Frauen aus vornehmen Familien heirateten früher als Dienstbotinnen, die sich eine Mitgift zusammensparen mussten. Hinzu kamen bessere Wohn- und Ernährungsverhältnisse, die eine höhere Lebenserwartung für Eltern und Kinder begünstigten. Die Heirat jüngerer Frauen förderte die Geburtenfolge, da im Alter bis 30 Jahre die Wahrscheinlichkeit einer Schwangerschaft am größten ist. Sie bekamen ihre

---

207 Borscheid 1989, 247 ff.
208 Benscheidt 1985, 126 f.

Kinder schon in jungen Jahren. Da sie nicht selbst stillten, ihre Kinder zu einer Stillamme gaben, war der Abstand zwischen den Geburten geringer. Barbara Bäsinger, die Ehefrau von Jakob Fugger dem Älteren hatte zwischen 1441 und 1465 in gerade 24 Jahren zwölf Kinder geboren.
Bei den Kaufleuten stellte die Mitarbeit der älteren und erwachsenen Kinder im Haushalt und Geschäft eine Selbstverständlichkeit und Notwendigkeit dar. Die Kinder profitierten vom Ansehen und Vermögen der Eltern. Sie nahmen wichtige Funktionen im Haushalt und Geschäft wahr und bereiteten sich auf die spätere Berufstätigkeit als Kaufmann vor. Die Kontinuität des Wissens war gefragt. Oft lebten mehrere erwachsene und verheiratete Kinder im elterlichen Anwesen mit, auch wenn sie unter dem Dach der Eltern einen eigenen Haushalt gegründet hatten.[209] Die Aussicht auf das Erbe bei Ableben des Haushaltsvorstandes, die Übernahme dessen Geschäfts ließ den Gedanken, das Haus zu verlassen, seltener aufkommen.

Der Hausherr gab das Zepter nicht aus der Hand. Es galten patriarchalische Verhältnisse. Ein Ausgedinge war nicht erforderlich und nicht üblich. Gerade bei Kaufleuten war es erforderlich, dass die Kinder in das Geschäft hineinwuchsen, sich auskannten, vom Wissen des Vaters profitierten. Davon gab es auch Ausnahmen: Der Hamburger Kaufmann John Parish (1742–1829) war durch Spekulationen zu einem der reichsten Männer seiner Zeit geworden. Seinen Reichtum trug er zur Schau. Seine Festbankette waren legendär.[210] Er war Vater von fünf Söhnen und drei Töchtern. Doch schon 1796 zog er sich aus dem Geschäft zurück auf seinen Landsitz. Er übertrug seinen beiden ältesten Söhnen die Leitung seiner Geschäfte.

Handwerker

In der Neuzeit war eine wachsende Spezialisierung der Handwerksberufe zu verzeichnen. Aus dem Schmied war der Nagel-, Huf-, Messer-, Scheren- und Kupferschmied geworden.[211] Das Handwerk gliedert sich in das Handwerk in der Stadt und auf dem Lande, in Zunfthandwerk und nichtzünftiges Handwerk.

Die Zünfte waren genossenschaftliche Zusammenschlüsse von Handwerkern mit gleichem oder verwandtem Gewerbe. Es war eine fast ausschließ-

---

209 Mitterauer 1984, 22.
210 Engelsing 1978, 37.
211 Rosseaux 2006, 51.

lich städtische Erscheinung, die auf dem Land so gut wie gar nicht verbreitet war. Sie gaben sich eigene Zunftordnungen, in denen der Zugang und die Ausübung des Handwerks, die Verteilung der Rohstoffe, die Beschäftigung und Begrenzung der Zahl der Lehrlinge und Gesellen, die Kontrolle der Mitglieder, die Versorgung in Notfällen geregelt waren. Mit obrigkeitlichem Segen wurde eine Zwangsmitgliedschaft mit eigenen Verwaltungs- und Gerichtsorganen statuiert. Das städtische Zunftwesen versuchte, unliebsame Konkurrenz durch strenge Regeln fern zu halten. Wer in die Zunft aufgenommen werden wollte, musste das Bürgerrecht haben oder sich erkaufen, die Aufnahmegebühren für die Zunft aufbringen und war zu zünftigem Verhalten verpflichtet. Hierzu gehörten Repräsentationspflichten wie Kleidung, Einladungen, Bewirtung und Waffen.[212] Es gab eine Vielzahl religiöser Pflichten. Der Besuch von Gottesdiensten, der Besuch der Beerdigung von Zunftgenossen zählten hierzu. Die Zünfte wachten über das tugendhafte Verhalten ihrer Mitglieder und deren Frauen. Es galt ein rigoroser Ehr- und Sittenbegriff. Noch im 17. und 18. Jahrhundert mussten die Zünfte für Militär und Milizen bewaffnete Männer stellen. Deshalb gehörte das Waffentragen zu den Pflichten der Meister und Gesellen. In den Beibringungs- und Verlassenschaftsinventaren von Handwerkern finden sich über diese Zeit hinaus noch Waffen als Statussymbol. Zu Beginn des Zunftswesens waren Frauen weithin zugelassen und den Männern gleichberechtigt. Dies änderte sich zusehends im Verlauf des späteren Mittelalters bis zum 17. Jahrhundert. Nun standen den Frauen nur noch wenige Handwerke offen.

Die Zünfte waren zum Schutz der Handwerker entstanden und dazu gehörte die Sorge für das Seelenheil der Zunftmitglieder und der Schutz vor Armut. Die Zünfte verfügten über eine Zunftkasse, die Zunftlade. Diese speiste sich aus Aufnahmegebühren, Bußgeldern und ständigen Beiträgen der angeschlossenen Handwerker. Die religiöse Schutzfunktion war eng mit der sozialen verbunden. Für die Nahrungsversorgung im Diesseits sollte gesorgt sein. Die Zunft sicherte ein standesgemäßes Begräbnis und die Pflicht aller Meister und ihrer Angehörigen, an dem Begräbnis des Verstorbenen teilzunehmen. Sie richteten eigens Begräbniskassen ein oder leisteten aus der Zunftkasse Beiträge für ein standesgemäßes christliches Begräbnis.[213] Jeder sollte ein standesgemäßes Auskommen haben, kein Handwerker sollte den anderen Handwerker übervorteilen. Zünfte beschränkten die Gesellenzahl, damit ein begüterter Handwerker nicht mit vielen Gesellen mehr als andere

---

212 Fischer 1979, 175.
213 Bräuer/Schlenkrich 2002, Archiv Dresden 807.

erwirtschaften konnte. Die Zahl der Meisterstellen wurde reglementiert, um den bestehenden Betrieben ein gewünschtes Auskommen zu garantieren. Um gegen Preissteigerungen und Not bei Missernten gewappnet zu sein, legten Zünfte Gerste- und Roggenvorräte in Kornspeichern an. Das auf dem Grundsatz der Solidarität gegründete Zunftwesen sah Unterstützung für bedürftige Handwerker vor. Die Zünfte unterhielten eigene Armenkassen. Bedürftige Handwerker konnten bei vorübergehender Not ein Darlehen erhalten. In Ausnahmefällen gab es auch laufende Zuwendungen.[214]

Die Handwerker übten ihr Gewerbe in den meisten Fällen bis zum Tod aus. Ihre Arbeit war nicht so anstrengend wie die eines Bauern. Sie mussten nicht bei Wind und Wetter und zu jeder Jahreszeit ihre Arbeit im Freien verrichten. Sie mussten nicht jeden Tag in der Frühe aufstehen, um das Vieh zu versorgen. Sie liebten Geselligkeit, genossen die kirchlichen Feiertage und mancher auch den blauen Montag. Wer gerade gut verdient hatte, genoss Bier, Wein und Geselligkeit in der Zunftstube und hielt nicht schon nach dem nächsten Auftrag Ausschau. Sie genossen mehr Freiheit als ein Bauer bei der Arbeit, wie sie diese einteilten und wieviel sie arbeiten wollten. Wer Ersparnisse gebildet hatte, konnte sich im Alter von der Arbeit zurückziehen und vom Ersparten leben oder einen Gesellen beschäftigen.

Im Alter konnte dem Handwerksmeister von der Zunft ein Geselle zur Seite gestellt werden. Dies setzte voraus, dass der Betrieb dessen Bezahlung decken konnte. Konnte die Familie die Versorgung nicht gewährleisten, erhielten die alten Meister Verpflegung und Bekleidung von anderen Meistern. Die reichen Zünfte verschafften den alten Meistern Unterbringung und Verpflegung in Spitälern oder Verpflegung zu Hause durch die Spitäler. Schließlich gab es in gut gestellten Zünften Unterstützung durch regelmäßige Zahlungen. Ob diese Zahlungen den Bedarf deckten, lässt sich nicht in jedem Fall belegen.[215] Nicht alle Zünfte konnten dauerhaft Leistungen erbringen. Mussten alte Meister auf die Armenfürsorge zurückgreifen, war das ihrem Ansehen in der Zunft und bei der Verwandtschaft abträglich. Hierher rührte die Sitte, sie seitens der Spitäler und Gemeinden zu Hause als verschämte Hausarme zu versorgen. Vom Tragen eines Almosenabzeichens waren sie zumeist befreit. In den Armenlisten, die den Räten der Stadt vorgelegt wurden, stand nicht der Name, sondern nur der Anfangsbuchstabe. Die Zahl der bedürftigen Handwerker in den Armenlisten verrät, dass die wirtschaftliche Versorgung vieler bei Krankheit und im Alter nicht gewährleistet war. Nicht

---

214 Fröhlich 1976, 38 ff.
215 Fröhlich 1976, 81 ff.

immer reichten die Leistungen der Zunftkasse und der Armenfürsorge, wie die zahlreichen Klagen über bettelnde Handwerksmeister verraten. Bettelnden Handwerksmeistern drohten mancherorts Strafen wie Festungsbau und Zuchthaus in Dresden.[216] Manche Zunftordnungen verlangten von den Handwerkern, dass sie verheiratet waren. Die Mitarbeit und Ergänzung durch die Frau bei der Arbeit war notwendig. Die Versorgung von Gesellen und Lehrlingen, die mit im Haushalt lebten, erforderte das Wirken einer Frau. Die Repräsentationspflichten verlangten eine Hausfrau an der Seite des Handwerkers. Die strengen Sitten- und Moralvorstellungen der Zünfte wachten über den Lebenswandel der Meister und vor allem ihrer Frauen – sie legten eine Heirat mit einer ehrbaren Frau nahe. Gab es Zweifel am Leumund der Ehefrau, konnte es zu Angriffen der Zünfte gegen den Meister kommen und schlimmstenfalls zum Ausschluss aus der Zunft.[217]

Nach dem Tod des Ehepartners war vor allem bei den Männern eine rasche Wiederheirat angesagt. Bei verwitweten Handwerkern war die Zweit- und Drittheirat wie bei den Bauern nicht ungewöhnlich. Im Alter konnte die jüngere Ehefrau zur Versorgerin werden. Durch Nähen, Stricken und Sticken bewahrte sie die Familie vor der größten Not.[218] Durch eine geschickte Wahl der Ehefrauen, konnte eine erquickliche Mehrung des Vermögens eintreten. Der Schneider Hans Schmid aus Nürtingen heiratete 1639 zum ersten Mal, dann wieder 1650 und schließlich 1665 ein drittes Mal. In die erste Ehe hatten er und seine Ehefrau Anna Maria wenig eingebracht. Doch jede der folgenden Ehefrauen steuerte Grund und Boden und bewegliche Güter bei. Als Hans Schmid 1666 verstarb hatte er es zu etwas Wohlstand gebracht, zählten doch sonst die Schneider nicht zu den Handwerkern mit gutem Verdienst und Vermögen.[219]

Die Söhne der Handwerker konnten zwar das Handwerk im elterlichen Betrieb erlernen, für die Gesellenzeit mussten sie in andere Betriebe wechseln. Daran konnten sich in den Zunftordnungen vorgeschriebene Wanderjahre anschießen. Kam eine Betriebsübernahme nicht zeitnah in Frage, verließen die meisten Söhne den elterlichen Betrieb. Sie suchten die Heirat mit einer Handwerkertochter. Es war weithin nicht üblich, im Haushalt und Handwerk der Eltern zu bleiben. Ein eigener Betrieb und ein eigener Hausstand zählten

---

216 Bräuer/Schlenkrich 2002, Archiv Dresden 682, 833.
217 Bräuer/Schlenkrich 2002, Archiv Leipzig 1041.
218 Heinisch 2014, 124 f.
219 Benscheidt 1985, 88 ff.

zum Prestige. Sie verließen auch deshalb den Betrieb, weil es in vielen Fällen nichts zu übernehmen gab. Dies kam insbesondere dann vor, wenn das Handwerk des Vaters in der Stadt überbesetzt war und nicht genug Aufträge für alle Handwerker hergab. Kam es zu einer Betriebsübernahme durch den Sohn, handelten die Eltern eine Versorgungsregelung aus. Gleichwohl arbeitete der alte Meister regelmäßig nach eigenen Kräften mit.

Die meisten Handwerker lebten zur Miete. Spinner, Schneider und Schuster verfügten nur über wenige Produktionsmittel. Zwar erlernten die meisten Söhne das Handwerk ihres Vaters. Doch die Produktionsmittel eines Spinners, Schneiders und Schusters konnten sich die Söhne selbst im Laufe der Zeit zusammensparen. Lebten nur wenige Handwerkersöhne bei den Eltern, so sind umgekehrt nur wenige alte Handwerker aufzufinden, die in den Haushalt ihrer Söhne oder Töchter zogen. Erst im hohen Alter von 80 Jahren und mehr zogen verwitwete Eltern zu ihren Kindern oder übergaben das Handwerk. Doch kaum jemand erreichte solch ein hohes Alter.

Anders sah es bei Gastwirten, Bäckern und Gerbern aus, den mit Grundeigentum verbundenen Berufen. Hier blieb der Sohn im Elternhaus und dem Handwerk der Eltern bis zu deren Tod oder einer vorgezogenen Übergabe. Diese Handwerker konnten eher etwas zur Seite legen, sie hatten etwas zu übergeben und konnten sich dafür Gegenleistungen sichern. Deshalb gab es unter diesen etwas wie einen eingeschränkten Ruhestand.[220]

Das Gewerbe der Handwerker war überwiegend kleinbetrieblich organisiert. Die Zunftordnungen schrieben die zulässige Zahl von Gesellen und Lehrlingen vor, damit kein Meister mit vielen Gesellen bessergestellt war als die Konkurrenz. In den meisten Handwerksberufen durften nicht mehr als 1–3 Gesellen von einem Meister beschäftigt werden. Dabei hatte nicht einmal jeder Handwerker einen Gesellen. Das Baugewerbe der Maurer, Zimmerleute, Dachdecker kannte größere Betriebe. Die Zunftordnungen spiegeln die Angst der Handwerker vor unliebsamer Konkurrenz. Die kleinliche Abgrenzung gegen Konkurrenz aus ähnlichen Handwerksberufen spielte eine große Rolle. Es gab unendliche Klagen der zünftigen Handwerker gegen unzünftige Handwerker, Störer und Pfuscher. Sie richten sich gegen den Verkauf von Waren unzünftiger Handwerker vom Land und unzünftiges Handwerk in der Stadt. Gerade invalide Soldaten ohne Meisterprüfung versuchten in den Städten Fuß zu fassen. Die Barbiere wehrten sich gegen heilkundige alte Weiber. Die Störerklagen der zünftigen Handwerker finden sich ständig und

---

220 Borscheid 1989, 360 ff.; Mitterauer 1984, 24.

in großem Umfang in den Protokollen der Räte der Stadt.[221] Die Zunftordnungen spiegeln ein statisches Weltbild wider, das nicht für Neuerungen offen war und die Wirtschaft lähmte. Das Handwerk ernährte die Meister mehr schlecht als recht. Nur 20–30 % der Handwerker in den Städten galten als vermögend, wozu in erster Linie die mit Grund und Boden verbundenen Handwerksberufe zählten. Zumeist arbeitete der Meister allein. Nur wenige hatten einen oder gar mehrere Gesellen und Lehrlinge. Die Ehefrauen verrichteten Vorarbeiten, kümmerten sich um den Verkauf auf dem Markt. Die durchschnittliche Haushaltsgröße wird im 17. und 18. Jahrhundert in west- und mitteleuropäischen Städten auf 4–5,5 Personen errechnet. Ein Ausgedinge war nicht üblich.[222] Allein die räumlichen Verhältnisse in der Stadt ließen ein Ausgedinge nicht zu. Wohnraum war knapp. Die wenigsten verfügten über eigenen Grund und Boden. Manche hatten einen Nebenerwerb oder bewirtschafteten eigenes Land. Handel und Gastgewerbe boten Ergänzung und Alternativen. Zwischen den Handwerkern gab es große Unterschiede. Das Textil- und Baugewerbe fristete ein kümmerliches Dasein, während die Bäcker, Müller und Schmiede sich besserstellten.[223] Die gute Stube musste bei vielen als Betriebsstätte herhalten. Wohnen, Haushalt und Arbeiten spielten sich unter einem Dach, in einer Stube ab. Oftmals war die einzige Stube zugleich Werkstatt wie es bei den Schneidern, Schustern und Spinnern vorkam. Mehr als die Hälfte der städtischen Handwerker hatten kein eigenes Haus, sondern lebten in drangvoller Enge zur Miete. Als 1610 in Augsburg das Textilgewerbe seinen Höhepunkt erreichte, sollen 19 % der Familien in Häusern mit über 10 Mietern gelebt haben.[224] Es gab Arbeit für viele und doch kaum genügend Wohnraum. Hier war selten Platz für eine Dreigenerationenfamilie, den Einzug einer Schwiegertochter mit den Enkelkindern. Hinzu kam, dass die jungen Menschen einen eigenen Hausstand gründen wollten. Schon damals zogen es die verschiedenen Generationen einer Familie vor, eine heilvolle Distanz zu wahren. Dies schloss nicht aus, dass sie in Zeiten der Hilfsbedürftigkeit einander Beistand leisteten.

Die meisten Handwerker übten ihren Beruf bis ins Grab aus oder bis ihre Kräfte und die Gesundheit dies nicht mehr zuließen. Anders als der Bauer

---

221 Bräuer/Schlenkrich 2002, Archiv Dresden 74 f., 470 f., 761, 806, 830 ff., Archiv Freiberg 915, Archiv Leipzig 945, 1107, Archiv Zwickau 1218, 1289 ff.
222 Mitterauer/Sieder 1991, 50 f., 64 f.
223 Vgl. Verlassenschaftsinventare bei Benscheidt 1985, 102 f., 108.
224 Mitterauer 1984, 10.

übten sie ihren Beruf zumeist im Haus aus. Wind und Wetter setzten ihnen nicht so zu wie den Bauern. Mit zunehmendem Alter gewann der Handwerker an Erfahrung und Wissen. Er konnte damit manche gesundheitliche Einschränkungen ausgleichen. Verließen den Handwerker die Kräfte, wurden die Finger steif, verdiente die Ehefrau etwas mit Nähen, Spinnen, Stricken, Waschen hinzu.[225] Hier zahlte sich die Ehe mit einer jüngeren Frau aus. Deren Verdienst war nicht immer ausreichend. Weniger anspruchsvolle und schlecht bezahlte Heimarbeit und Tagelohnarbeiten waren im Alter bei Männern und Frauen anzutreffen. Die Städte und Gemeinden wussten darum, dass sich die Ertragslage bei Handwerkern im Alter zu verschlechtern drohte und diese schlimmstenfalls auf Almosen angewiesen waren. Deshalb hielten sie Tätigkeiten vor, die Handwerker im Alter noch ausüben und sich etwas hinzuverdienen konnten. Viele Handwerker gingen einem Zweiterwerb nach als Tor- und Nachtwächter, Turmbläser, Rathausdiener, Bote, Totengräber, Mesner. Ein Tuchmacher bewarb sich um das Amt des Almosenkastendieners. Diese Ämter bewahrten sie vor der Armenfürsorge, wenn sie ihr Handwerk nicht mehr ausüben konnten.[226] Die kurze Lebenserwartung bewahrte die meisten Handwerker und ihre Frauen ohnehin davor, die Zunftbüchsen oder die Armenfürsorge in Anspruch zu nehmen.

Das Bevölkerungswachstum im 18. Jahrhundert[227] und der Anstieg der Lebensmittelpreise trugen ein Übriges zur Not der Handwerker bei. Selten reichte ein Betrieb zum Unterhalt von zwei Generationen. Die Handwerker arbeiteten bis ins hohe Alter. Sie nahmen Verwandte und Schlafgänger bei sich auf, um gemeinsam die Kosten des Haushalts zu bestreiten. Dies war ein Gebot der Wohnungsnot in den Städten und brachte einen Zusatzverdienst ein. Selten zogen sie mit den Kindern zusammen. Das Nahrungsmittelgewerbe zählte zu den besser gestellten Gewerben. Gleichwohl klagten in den Jahren nach dem 30-jährigen Krieg die Fleischer über Rückgang des Fleischkonsums, Preisverfall und Armut, die zum Betteln zwang. Der Fleischsteuereinnehmer bestätigte die Armut unter den alten Fleischern. Doch entgegnete er, dass die Fleischer selbst an ihrem Elend schuld seien. Sie hätten *[...] mit allzu reichlichen Zehen und täglich Branntwein sauffen nebst ihren Weibern sich zugleich umb ihre Nahrung gebracht haben.*[228]

---

225 Bräuer/Schlenkrich 2002, Archiv Chemnitz 71.
226 Bräuer/Schlenkrich 2002, Archiv Chemnitz 35 f., 57, 739.
227 Kocka 2001, 61 f.
228 Zitiert nach Bräuer/Schlenkrich 2002, Archiv Leipzig 1210.

Wer es sich leisten konnte, kaufte sich in ein Spital ein oder vereinbarte ein Leibgedinge mit einem Spital, der Zunft oder einem Betriebsnachfolger. Doch blieben Leibgedinge mit einem Spital oder der Zunft rar. Sie setzen ein stattliches, frei verfügbares Vermögen voraus. Das Leibgedinge mit einem Nachfolger konnte sich als riskant erweisen, wenn dieser sein Handwerk nicht ordentlich führte, die Aufträge ausblieben. In Zeiten von allgemeiner Not, Absatzschwierigkeiten und Preisdruck war es dem Nachfolger nicht immer möglich, die Zusagen einzuhalten. Für Handwerker mit wenig Produktionsmitteln wie Schneider, Seiler und Schuster kam ein Leibgedinge mit einem Betriebsnachfolger nicht in Betracht.[229]

Die Zunftkassen, auch Zunftladen und Zunftbüchsen genannt, leisteten Unterstützung, wenn die Kräfte des Handwerkers schwanden. Die Zunftkassen vereinnahmten Beiträge der in der Zunft zusammengeschlossenen Handwerker. Je nach ihrer Zunftordnung und Leistungsfähigkeit erbrachten sie aus diesen Kassen Darlehen, Einmalzahlungen und seltener laufende Zahlungen und Naturalien an bedürftige Mitglieder. An ein gewisses Alter waren die Leistungen nicht gebunden. Sie traten bei Krankheit und Invalidität ein und deckten nicht immer den notwendigsten Bedarf. Deshalb blieben viele bedürftige Handwerker auf Almosen angewiesen. Ein wichtiges Anliegen war ein ordentliches Begräbnis. Das ging manch irdischer Not vor.

Das Schicksal der Handwerkerwitwen hing von der jeweiligen Zunftordnung ab, die von Stadt zu Stadt, von Zunft zu Zunft höchst unterschiedlich ausgestaltet sein konnte. Die Witwe eines Handwerkers hatte nur in seltenen Fällen die Möglichkeit, das Handwerk des verstorbenen Ehemannes dauerhaft fortzuführen. Die meisten Zünfte waren Frauen verschlossen und behielten dies den Handwerkerwitwen gegenüber bei. Die Witwen durften weiterhin am geselligen Leben und insbesondere dem religiösen Leben der Zunft teilnehmen.

Die Witwen mussten nach anderen Lösungswegen suchen. Als Ausweg bot sich, einen Handel zu eröffnen. Der Handel war zumeist ebenfalls zunftmäßig organisiert, doch gab es keine so strengen Zulassungsvoraussetzungen wie im Handwerk. Doch auch hier kam es zu Konkurrenz mit anderen Händlern. Obendrein klagten Handwerker wie die Messerschmiede gegen den Handel mit Messern, die Hutmacher gegen den Handel mit Hüten, die Posamentierer gegen den Handel mit Schnüren und Zwirn.[230] Es war ein Merkmal der Zünfte und ihrer Meister und Gesellen, sich Konkurrenz vom Leibe zu hal-

---

229 Zum Beibringungsgut Nürtinger Schneider vgl. Benscheidt 1985, 82.
230 Bräuer/Schlenkrich 2002, Archiv Dresden 189, 812, 822, Archiv Freiberg 922.

ten. In manchen Zünften konnten sie vorübergehend mit einem Gesellen das Gewerbe fortführen. Deshalb waren Witwen zumeist auf andere Lösungen angewiesen. Handwerkerwitwen konnten beim Tod des Ehemannes auf Leistungen der Zunftkasse hoffen. Nicht alle Zunftkassen erbrachten Leistungen für Hinterbliebene und wenn, waren diese zumeist zeitlich beschränkt oder gar nur einmaliger Natur und nicht zur Lebensführung ausreichend. Dies wirkte sich besonders nachteilig für die Witwen von Handwerkern aus, deren Handwerk ohnehin nicht sehr ertragreich war wie bei den Schneidern. Deshalb war eine rasche Wiederheirat vonnöten. Die Zünfte waren bei der Suche nach einem heiratswilligen Gesellen hilfreich, der sich aus der Ehe mit einer Handwerkerwitwe erhoffte, in den Stand eines Meisters aufzusteigen. Gelang dies nicht, war die Witwe auf Unterstützung durch Angehörige, Spitäler und der Almosenkasse angewiesen. Gerade für ältere Witwen und solchen mit vielen Kindern konnten Entbehrungen, Armut und Ungewissheit die Folge sein.

Der Übergang vom selbstständigen Handwerk zur Heimindustrie war in den Städten fließend. Viele Handwerker betrieben Heimindustrie auf Rechnung von Verlegern. Selbstständige Handwerker hatten sich unter dem wirtschaftlichen Druck der Verleger darauf einlassen müssen, zum Stücklohn zu arbeiten. Sie blieben formal selbstständige Handwerker, wenngleich sie wirtschaftlich den Lohnarbeitern gleichstanden. Sie waren abhängig von den Verlegern. Stellten diese das zu verarbeitende Material, bestimmten sie dessen Preis, zu dem dieses vom Stücklohn abgezogen wurde. Sie behielten sich ein Abnahmemonopol vor und bestimmten den Preis des Stücklohnes. Konjunkturelle Schwankungen gaben sie an die Heimarbeiter weiter. Viele lebten in Wohnungen und Häusern, die ihnen die Verleger vermietet hatten, was zur Abhängigkeit beitrug. Alt und jung waren in den Produktionsprozess eingebunden, keine Hand durfte ruhen, um Erträge erwirtschaften zu können. Über die Kinderarbeit bei den Bandwebern schrieb 1789 Friedrich Christoph Müller, Prediger zu Schwelm:

> [...] Vom 6ten Jahr an, können sie schon ihr Brod mit Spuhlen, Spinnen, Sortiren, Abzählen, Aufwickeln u.s.w. verdienen. Nur ist zu bedauren, daß sie dadurch zu sehr im Unterrichte vernachläßiget werden [...][231]

Solche Arbeiten konnten auch die im Haushalt mitversorgten alten Familienmitglieder ausüben. Über die Arbeit der Bandweber äußerte sich Friedrich Christoph Müller:

---

231 Zitiert nach Kisch 1981, 235.

[...] vom frühesten Morgen bis zum spätesten Abend [...] vor einem Bandstuhle stehen, einen wie dem andern würken, und keine andere Nahrung haben [...] als dünnen Koffee, Schwarzbrod und Kartoffeln [...] Diese sparsame Lebensart hat unterdessen auf die Gesundheit der Fabrikanten einen sehr nachteiligen Einfluß. Die meisten haben ein mageres Aussehen. Man findet wenig vollfleischichte, rothwangige, dagegen viele rachitische, gichtische, triefäugige Personen und kachektische Frauenzimmer [...][232]

Diese Alltagssituation lässt keinen Raum für ein geruhsames Leben im Alter im Kreis der Familie.

Gesellen

Die Zunftordnungen regelten die Ausbildung der Lehrlinge und den Werdegang der Gesellen, die nach einer vorgeschriebenen Gesellenzeit die Aussicht auf Aufnahme in die Zunft als Meister hatte, sobald sie die Meisterprüfung abgelegt hatten. Für Gesellen war diese Tätigkeit zunächst eine vorübergehende, bis sie nach langen Lehrjahren, Gesellenjahren und Meisterprüfung selbst in den Rang eines Meisters gelangen konnten. Sie konnten auf eine eigene selbstständige Existenz in einer Zunft hoffen. Bei den Augsburger Goldschmieden betrug die Lehrzeit sechs Jahre wie in den meisten Handwerksberufen, wofür ein Lehrgeld an den Meister zu entrichten war. Sie qualifizierten sich nach erfolgreicher Lehre zum Gesellen und hatten eine mehrjährige Gesellenzeit zurückzulegen. Darüber hinaus konnte die Zunftordnung eine Wanderzeit vorschreiben. Durch die Anfertigung eines Meisterstücks konnten sie zum Meister werden. Für die Anfertigung des Meisterstücks und die Aufnahme in die Zunft mussten sie einen hohen Preis bezahlen, was nicht jedem möglich war. Hatte ein Geselle eine unehrenhafte Frau geheiratet, konnte dies bedeuten, dass er nicht Meister werden konnte. So erging es dem Schleifergesellen Tobias Löbl.[233] In den Zünften herrschten strenge Sitten- und Moralvorstellungen. Für die Gesellen konnte dies bedeuten, dass sie zwischen Familienbildung und einer selbständigen Existenz in ihrem Beruf wählen mussten. Zunehmend beschränkten die Zünfte die Zahl der Meisterstellen in den Städten. Dahinter stand die Abschottungspolitik der Zünfte, die unliebsame Konkurrenz vermeiden wollte.

War die Gesellenzeit ursprünglich nur eine Übergangszeit bis zum Meister gewesen, verstetigte sich die Gesellenzeit mit der Abschottung der Zünfte und der zahlenmäßigen Beschränkung der Meisterstellen für viele zu einem

---

232 Zitiert nach Kisch 1981, 234; kachektisch = abgemagert.
233 Bräuer/Schlenkrich 2002, Archiv Dresden 823.

Dauerzustand. Die Abhängigkeit vom Meister bekam damit ein anderes Gewicht. Die Weißbäcker in Dresden forderten für den Meisterrechtserwerb ein hohes Mindestvermögen.[234] Zunftordnungen privilegierten obendrein Meistersöhne bei der Zulassung zur Meisterqualifikation und bei der Besetzung von Meisterstellen. Die Zunftordnungen sahen für Meistersöhne verkürzte Wanderzeiten vor oder ihnen konnte bei Krankheit des Vaters die Wanderzeit erlassen werden.[235] Die Meistersöhne brachten die statusmäßigen Voraussetzungen der Meisterwürde kraft Abstammung schon mit. Die anderen Gesellen mussten sich diese erst noch verdienen. Verschärfend kam hinzu, dass die Söhne von Handwerkern zumeist dasselbe Handwerk erlernten wie ihre Väter.[236] Die Gesellen suchten mehr Rückhalt in den eigenen Reihen. Sie lehnten sich gegen die Obrigkeit auf, die sich mit dem Erlass von Reichshandwerksordnungen in den Dienst der Zünfte und Meister stellte und die Gesellen zu disziplinieren versuchte. Es kam zu Gesellenaufständen wie dem Aufstand der Schuhknechte zu Augsburg 1726 und dem Auszug der Tischlergesellen in Altona.[237]

Ein willkommener Ausweg aus dieser verfahrenen Situation bot sich, wenn die Witwe eines Meisters zur Wiederheirat gezwungen war, um den Betrieb fortführen zu können.[238] Die meisten Zünfte verlangten von den Meisterwitwen sogar diese Wiederheirat zur Fortsetzung des Betriebes. Sie halfen bei der Suche nach einem Gesellen. Deshalb kam es in Handwerkerfamilien nicht selten vor, dass die Ehefrau wesentlich älter als ihr Ehemann war. Die Heirat mit der Witwe eines verstorbenen Meisters hatte den weiteren Vorteil, dass dem Gesellen auf diesem Weg der Zugang zur Meisterwürde verkürzt und erleichtert wurde. Ein anderer Ausweg bestand darin, die Tochter eines Handwerkers zu heiraten.[239]

In vielen Zünften war die Wanderzeit der Gesellen vorgeschrieben. Sie mussten von Ort zu Ort bei Meistern um Arbeit, Kost und Logis nachfragen. Nicht immer konnten sie ohne weiteres eine Beschäftigung finden. Sie wanderten weiter, bis sich eine Gelegenheit für eine vorübergehende Tätigkeit

---

234 Bräuer/Schlenkrich 2002, Archiv Dresden 843.
235 Bräuer/Schlenkrich 2002, Archiv Chemnitz 62; Wandertabelle bei Stürmer 1979, 216 f.
236 Bergmann 1973, 27; Beispiele bei Benscheidt 1985, 48, 51, 86, 141 f., 181.
237 Schulz 1984, 313 ff.; Stürmer 1979, 184 f., 196; Churfürstl. Maynzische Canzley 15. Jul. 1771, abgedruckt bei Stürmer 1979, 286 f.; Bräuer/Schlenkrich 2002, Archiv Dresden 819, 821, Archiv Freiberg 924.
238 Beispiel bei Benscheidt 1985, 49.
239 Beispiel bei Benscheidt 1985, 181 f.; Bergmann 1973, 1; Mitterauer 1984, 23; Bräuer/Schlenkrich 2002, Archiv Dresden 165.

bot. War der Lohn gering, die Verpflegung schlecht, nahmen sie die Wanderschaft wieder auf, begleitet von der Hoffnung an einem anderen Ort ein besseres Auskommen zu finden:

> [...] wir hatten lust an ander orden dan wenig fleisch und viell kraut und ruben die haben uns aus Würzburg vertrieben [...][240]

Nicht immer verlief die Suche nach einer Anstellung kurzfristig mit Erfolg. Zünfte boten den Gesellen einen Notgroschen, den *Zehrpfennig* auf der Wanderung.[241] Diese Wanderzeit konnte dazu führen, dass mancher Meistersohn nicht mehr in den elterlichen Betrieb zurückkehrte und den Eltern im Alter nicht zur Seite stand. Er hatte andernorts eine Stelle gefunden oder war gar verschollen. Dies galt erst recht, wenn die Rückkehr in den elterlichen Betrieb nicht ersprießlich war. Nicht jeder wollte sich dem Vater unterordnen, die Enge mit der Familie teilen. Die meisten Meistersöhne gründeten ohnehin eigene Haushalte und zogen nicht mit den Eltern zusammen, übten nicht mit dem Vater den Beruf aus.

Innerhalb der Zünfte gab es eigene Gesellenladen, in die die Gesellen Beiträge einbezahlen mussten. Diese leisteten Hilfe bei Krankheit und anderer Mühsal. Die Gesellen schlossen sich obendrein zu Bruderschaften zusammen. Diese Bruderschaften waren genossenschaftliche Selbsthilfeeinrichtungen. Sie vertraten die Interessen der Gesellen gegenüber den Meistern und Zünften.[242] Bruderschaften erhoben Beiträge zur Bruderkasse, auch Bruderlade genannt. Sie kümmerten sich um ihre kranken und arbeitsunfähigen alten Mitglieder. Die Bruderschaft übernahm die Schutzfunktion der Familie. Voraussetzung war, dass der Geselle bedürftig war und über keine eigenen Mittel verfügte. Er durfte die Situation nicht schuldhaft herbeigeführt haben und er musste der Unterstützung würdig sein:

> [...] welcher sich gegen meister und gesellen wohl und fromm gehalten, krank seyn und an die gesellen ein hülf begehren, soll ihme mit wißen der geschwornen was auß der laden gelihen und für gestreckt werden [...][243]

Die Mittel waren beschränkt, sie wurden zumeist nur als Darlehen gewährt. Krankheit und Invalidität brachte viele in große Bedrängnis. Bei längerer Not mussten die Gesellen nach Almosen verlangen. So hatte der Nürnberger Rat 1488 entschieden, dass Steinmetze, die bei der Arbeit in der Stadt

---

240 Schreiben eines Gesellen aus dem Jahr 1716, abgedruckt bei Stürmer 1979, 129.
241 Bräuer/Schlenkrich 2002, Archiv Chemnitz 99.
242 Bräuer/Schlenkrich 2002, Archiv Freiberg 924.
243 Aus der Ordnung der Nürnberger Schreinergesellen, zitiert nach Fröhlich 1976, 139.

verunglückt waren, das Bürgerrecht erhalten sollten. Sie sollten obendrein das Bettelzeichen tragen dürfen, das sie als ehrliche Bettler auswies und ihnen das Betteln erlaubte.[244] Die Erlaubnis zum Betteln stellte die Invaliden- und Altersversorgung dar. Mancherorts hatten Gesellenbruderschaften Betten in Spitälern und Herbergen erworben. Invalide Gesellen erhielten in beschränktem Umfang Pflege und Versorgung.[245] Die gut gestellte Leipziger Bäckerzunft erwarb im St. Georg Hospital eine Krankenstube für erkrankte Bäckergesellen.[246] Gesellen beklagten sich, dass ihnen bei Erkrankung kurzfristig die Entlassung drohte. Gerade in Notzeiten waren viele Gesellen ohne Arbeit in den Städten anzutreffen. Bettelnde Gesellen waren keine Seltenheit und die Städte wehrten sich gegen diese mit Bettelverboten. Im Jahr 1772 zu Zeiten einer großen Hungersnot erwog der Rat von Dresden, bettelnde Meister und Gesellen mit Festungsbau und Zuchthaus zu bestrafen.[247]

Die meisten Gesellen lebten unterm Dach des Handwerkers. Ihr Bett befand sich oft in der Werkstatt. Sie hatten freie Kost und Logis. Diese Einbindung konnte eine persönliche Nähe und Vertrautheit, eine Schutzfunktion begründen. Dahinter stand auch der Zweck, dass der Geselle nicht so sehr von der Arbeit abgelenkt und diese unterbrochen wurde, er keinem außerhäuslichen Zeitvertreib nachging. Das bedeutete ein hohes Maß an sozialer Kontrolle. Eine Heirat und Familiengründung waren unter solchen Umständen fast ausgeschlossen. Für alte Gesellen ohne eigene Familie sah es im Alter dürftig aus. Sie waren auf die Mildtätigkeit anderer oder Almosen angewiesen. Doch gab es Gesellen im Bauhandwerk, im Reb- und Gartenbau, die traditionell nicht im Meisterhaushalt lebten. Sie erhielten allenfalls Verpflegung während der Arbeitsverrichtung, die auf den Lohn angerechnet wurde. Gründeten sie eine Familie, dann wartete auf sie ein karges Leben in der Vorstadt und große Drangsal im Alter.

Um das Zunftmonopol zu umgehen, siedelten sich Gesellen im Umfeld der Städte auf dem Land an, wo kein Zunftzwang galt, um einer selbstständigen Tätigkeit nachzugehen. Hier siedelten sich obendrein entlassene Soldaten an, die in der Stadt keinen Platz im Zunfthandwerk gefunden hatten. Dies begründete eine Konkurrenz zum Zunfthandwerk, das sie als Pfuscher, Störer und Bönhasen verschrie. Dem zünftigen Handwerk war dies ein Dorn im

---

244 Fröhlich 1976, 160.
245 Fischer 1979, 87; Bräuer/Schlenkrich 2002, Archiv Chemnitz 102.
246 Bräuer/Schlenkrich 2002, Archiv Dresden 832 f., Archiv Leipzig 1052.
247 Bräuer/Schlenkrich 2002, Archiv Dresden 682, 833.

Auge. Sie versuchten die Obrigkeit zu bewegen, dagegen vorzugehen.[248] Die nichtzünftigen Handwerker arbeiteten billiger und hatten auf dem Land geringere Lebenshaltungskosten wie in der Stadt zu bestreiten. Auch für sie galt, dass sie zumeist allein ihre Arbeit verrichteten. Heirateten Gesellen ohne Zustimmung der Bruderschaft während der Wanderjahre, konnte ihnen der Ausschluss aus der Gesellenbruderschaft drohen, was einem Ausschluss aus der Zunft gleichkam.[249] Diesen ausgeschlossenen Gesellen blieb nichts anders übrig, als sich als nichtzünftiger Handwerker, als Pfuscher auf dem Land niederzulassen. Bei Krankheit und Arbeitsunfähigkeit fehlte ihnen die Unterstützung aus den Zunftkassen, die Unterstützung der Zunft.

Kaufleute

Die Kaufmannschaft reichte vom Krämer, Höger und Hausierer bis zu den Großkaufleuten im See- und Fernhandel. Der Handel war die für Städte typische Wirtschaftsform. Die bedeutendsten Handelsstädte waren die norddeutschen Hansestädte und die süddeutschen Reichsstädte. Die Kaufleute konnten wie die Handwerker genossenschaftliche Zusammenschlüsse bilden, die auch Gilden oder Zünfte genannt wurden, von denen die Hanse die bekannteste und bedeutendste war. Diese Gilden waren vor den Handwerkerzünften entstanden. Sie hatten den Schutz und die Förderung des Handels, den Schutz des fahrenden Händlers auf seinen Reisen zum Ziel. Diese Zusammenschlüsse erlangten in den Städten große politische und wirtschaftliche Bedeutung. Einen Beitrittszwang gab es anders als beim städtischen Handwerk nicht. Der Handel stand auch Frauen offen. Lange Zeit hatten die meisten Kaufleute unter Zuhilfenahme der Ehepartner und Kinder, zusammen mit Verwandten und wenig Gesinde ihren Handel betrieben. Doch Exportwirtschaft und Überseehandel hatten eine reiche Kaufmannschaft entstehen lassen, die zahlreiche Helfer und Gesinde beschäftigten. Deren Lebensstil wandelte sich von bürgerlich zu herrschaftlich. Der Reichtum wurde zur Schau getragen. Dies war kreditfördernde Selbstdarstellung. Es mehrte den Ruf und die Bekanntheit. Verschwendung gehörte zum Lebensstil.[250] In den Städten künden deren repräsentative aus Stein gebaute Stadthäuser

---

248 Decretum in Senatu, den 17. Februarii, Ao. 1725, abgedruckt bei Stürmer 1979, 143 f.; Bräuer/Schlenkrich 2002, Archiv Chemnitz 95 f., 98.
249 Stürmer 1979, 159.
250 Engelsing 1978, 36 ff.

noch heute von ihrem Reichtum. Daher rührt der Ausdruck *steinreich*. Die aus Holz und Lehm errichteten Häuser der einfachen Stadtbewohner sind im Laufe der Zeit verschwunden. Vermögende Kaufleute konnten im Alter Unterstützung von Angehörigen erwarten oder Handlungsgehilfen in das Geschäft einbinden. Sie konnten von ihrem Vermögen zehren oder konnten ein Leibgedinge mit einem Betriebsübernehmer, einem Spital vereinbaren. Die Ehefrau eines Kaufmanns hatte vielfältige Aufgaben zu bewältigen. Nach ihrem Tod lag eine Wiederheirat des Witwers nahe. Unter dem Dach des Kaufmanns lebten neben der Kernfamilie mitarbeitende Verwandte, Knechte, Mägde, Gehilfen, Lehrlinge, Ladenmädchen. Bei vermögenden Kaufleuten konnte wie bei Adligen obendrein häusliches Dienstpersonal hinzukommen: Diener, Köchin, Kutscher. Deren Aufgaben mussten gelenkt und kontrolliert werden. Die Speisepläne mussten erstellt, die Einkäufe und Bevorratung in die Wege geleitet werden. Die Ehefrau musste die Kinderschar versorgen und ihre Erziehung bewerkstelligen. Sie trug einen wichtigen Anteil an der Repräsentation und Reputation des Hauses, was für die Glaubwürdigkeit und Kreditwürdigkeit eines Kaufmanns bedeutsam war. Der Augsburger Kaufmann Matheus Miller (1625–1685) schilderte, dass nach dem Tod der Ehefrau seines Dienstherrn *[...] dz haus haben von tag zu tag in mehrere ohnordnung gerathen [...]*,[251] weshalb es Streit im Hause gab und er kündigte. Fehlte die Hausfrau, tat jeder, was er wollte oder tat gar nichts. Matheus Miller selbst konnte sich einen Haushalt ohne Ehefrau nicht vorstellen, weshalb er schon wenige Monate nach dem Tod seiner beiden ersten Ehefrauen erneut heiratete, ohne das sonst übliche Trauerjahr einzuhalten. Es waren kleine Kinder zu versorgen. Seine dritte Ehefrau war wesentlich jünger als er. Das jüngste Kind war sieben Jahre alt, als er verstarb.

Die Witwen von Großkaufleuten sahen sich keinen beruflichen Beschränkungen wie die Witwen von Handwerkern ausgesetzt. Sie konnten das Geschäft des verstorbenen Ehemannes fortführen. Sie waren weniger im Fernhandel tätig. Bei Bedarf mussten sie auf Gesinde und Handelsgehilfen zurückgreifen. Oft galt es nur die Zeit zu überbrücken, bis erwachsene Kinder mit in das Geschäft eintraten. Die Witwen von Großkaufleuten konnten die ihnen im Heiratsvertrag zuerkannte Morgengabe und ihr Heiratsgut geltend machen. Die Witwe von Georg Fugger (1453–1506) erhielt das im Heiratsvertrag Abgesprochene, einen Witwensitz und laufende Unterhaltszahlungen der Söhne. Gegenüber dem Lebensstandard in der Ehe bedeutete dies

---

251 Zitiert nach Safley 2003, 19.

einen erheblichen Rückschritt. Insbesondere fand sie sich an den Rand des gesellschaftlichen Lebens gerückt. Gleichwohl war sie damit gut versorgt. Ein Erbrecht kam ihr nach der Familientradition nicht zu. Dies hätte zur Besitzzersplitterung geführt und die das Unternehmen fortführenden Söhne in ihrer Entscheidungsfreiheit eingeschränkt.[252]

Ganz anders sah die Situation im Kleinhandel aus. Das Bevölkerungswachstum im 18. Jahrhundert hatte zu einer Zunahme der Menschen geführt, die weder über Grund und Boden noch über ein Handwerk verfügten. Viele versuchten ihr Glück im Kleinhandel als Krämer, Hausierer, Höker und Trödler in den Städten und auf dem Land. Diese Tätigkeiten waren wenig geachtet. Hier gab es auch Zünfte, doch diese standen Frauen offen. Es waren überwiegend alleinstehende Frauen, darunter viele Witwen, denen das Handwerk verschlossen war. Sie standen in Konkurrenz untereinander und gegenüber dem Handwerk. Es gab viele Beschwerden über die Masse der herumziehenden Hausierer. Zünfte und Handwerker beklagten sich ständig darüber, wenn die Hausierer Waren anboten, die von nicht zünftigen Handwerkern vom Land hergestellt worden waren. Dasselbe galt, wenn sie Waren verkauften, die ähnlich von den zünftigen Handwerkern erstellt und vertrieben wurden. Die Schmiede beschwerten sich über den Verkauf von Messern, die Posamentierer über den Verkauf von minderen Schnüren.[253] Schwindende Kräfte ließen es im Alter nicht mehr zu, weiterhin Waren zum Kunden über Land, auf die Märkte und zu den Haustüren zu tragen. Damit war die Zukunft im Alter ungewiss und viele waren auf Almosen angewiesen.

Auch Handwerker betrieben Kleinhandel. Sie boten ihre Waren nicht nur Verlegern und Händlern an oder arbeiteten nach Auftrag, sondern sie selbst oder ihre Frauen verkauften die hergestellten Waren auf den Märkten. Die Zigarrenmacher vertrieben Schreibwaren, Buchbinder vertrieben Bücher und Papier. Dies setzte entsprechende Räumlichkeiten voraus und eröffnete sich deshalb nur für einen beschränkten Personenkreis, der über solche Räume und Vorräte verfügte, erst recht, wenn sie sich von Kleinhandwerkern beliefern ließen. Das Geschäftsmodell hob sie aus der Schicht der Nur-Handwerker hervor, die nicht immer wohlsituiert waren.[254] Es bot die Möglichkeit, Ersparnisse fürs Alter zu bilden, im Alter nur noch leichtere Arbeiten im Betrieb zu verrichten oder den Betrieb zu verpachten.

---

252 Simnacher 1960, 139 f.
253 Bräuer/Schlenkrich 2002, Archiv Dresden 812, Archiv Leipzig 1096, 1101, 1113, Archiv Zwickau 1309.
254 Bergmann 1973, 257, 292 ff.

Wie bei den Handwerkern ist auch bei den Kaufleuten das Phänomen anzutreffen, dass ein standesgemäßes, christliches Begräbnis von großer Bedeutung war. Sie errichteten ebenfalls Begräbniskassen wie die *Schiff-Händler-Grabe-Gesellschaft*.[255] Das Begräbnis war wichtiger als eine Vorsorge fürs Alter. Wer wusste schon, ob er ein stattliches Alter erreichen würde, ob dafür Vorsorge notwendig war. Der Tod war sicher. Ein anständiges Begräbnis war jedermann seinem Ruf schuldig.

Dienerschaft im Haus und Handel

Große und vornehme Haushalte beschäftigten Dienstboten und Gesinde als Köchin, Stubenmädchen, Amme, Kindermädchen, Wäscherin, Schuhputzer, Lakai, Pferdeknecht, Kutscher, Boten und vieles mehr. Es war nicht immer reine Notwendigkeit, sondern dem vornehmen Stand, dem Ansehen geschuldet. Eine große Dienerschaft war ein Zeichen von Wohlstand. Herrschaftliche Haushalte beschäftigten bis zu 18 Dienstboten und weiteres Stallpersonal. Kleinere Haushalte und Handwerker zogen vereinzelt Dienstboten heran für Haus- und Botendienste. Witwer und Alleinstehende benötigten Personal zur Versorgung des Haushalts.

Die Dienstboten kamen oft vom Land. Der Gesindedienst war für viele eine Übergangsstation im Leben. Die Frauen wollten Erfahrungen in Hausarbeit sammeln und Geld für eine Mitgift sparen. Die Männer warteten darauf, ein Hoferbe anzutreten, sich selbstständig zu machen. Nicht für alle verwirklichten sich diese Vorstellungen im Gesindedienst. Sie hatten freie Station, freie Kost und Logis. Das vereinbarte Gehalt war auf den ersten Blick gering. Hinzu kamen Geschenke, Trinkgelder und Sonderzuwendungen bei bestimmten Anlässen wie Hochzeiten, Taufen und Begräbnissen. Der Gesindedienst bei Alleinstehenden konnte zu großzügigen testamentarischen Zuwendungen, den Legaten, für treue Dienste und Pflege führen. Immanuel Kant verteilte in seinem Testament sein Hab und Gut unter seiner Dienerschaft. Es war unter Dienstboten weit verbreitet, kaum etwas aufzubrauchen, sondern das Geld bei der Herrschaft stehen zu lassen. Verwaltete und verzinste die Herrschaft die Ersparnisse ordentlich, konnten während einer langen Gesindezeit stattliche Beträge angespart werden. Mägde konnten sich davon ins Spital einkaufen, Knechte erwarben Land. Junge Dienstmägde galten als gute Heiratspartie, hatten sie einiges zusammengespart. Aber es

---

255 Bräuer/Schlenkrich 2002, Archiv Dresden 552.

gab auch Fälle, bei denen die Herrschaft das Geld veruntreute oder bankrott ging. Dann waren die Ersparnisse verloren. Pensionen fürs Alter waren eine Seltenheit. Unverheiratetes Gesinde blieb bis ins hohe Alter im Dienst, kehrte zur Familie zurück oder lebte von den Ersparnissen. Mit Glück behielten sie im Alter ihren Platz im Haushalt des Dienstherrn. Mit zunehmendem Alter war es jedoch schwer, den Arbeitsplatz zu behalten oder eine neue Arbeit zu finden. Die Arbeitskraft ließ nach. Das verrät der Reim:

> Ein Magd, die treulich dienen kann,
> Die tut allzeit viel Herren han,
> So's aber alt und nicht mehr kann
> Wie vor arbeiten, will's niemand han.[256]

Gesinde in wohlhabenden Haushalten konnte sich wirtschaftlich besser als Tagelöhner und Handwerker in überbesetzten Berufszweigen stellen. Das erleichterte ihnen das Leben im Alter bis die Ersparnisse aufgezehrt waren.[257]

Der aufblühende Handel, die Vielfalt der Geschäfte machten den Einsatz von Handelsdienern wie Buchhaltern, Kontoristen, Reisedienern, Schreibern, Laden- und Warendienern erforderlich. So erwuchs die Schicht der Angestellten. Lange Zeit war die Zahl der Angestellten gering, bis der Überseehandel begann. So soll sich ihre Zahl in Bremen zwischen 1750 und 1800 verdoppelt haben. Wie der Diener am Staat waren sie Diener am Unternehmen, auch Privatbeamte genannt. Die Angestellten lebten zumeist mit dem Kaufmann unter einem Dach und hatten freie Station, also freie Kost und Logis. Sie nahmen vielfältige Aufgaben wahr. Dies konnte von Botengängen, über Schreibarbeiten, Lagerarbeiten, Buchhaltung und Rechnungsstellung, bis zur Reisetätigkeit im Fernhandel reichen. Wegen ihrer Treue zum Betrieb und dem Wissen um die Anforderungen und Gepflogenheiten des Geschäfts verdienten sie regelmäßig besser als Gesinde und die einfachen Handwerker, wenngleich sich ihre Aufgaben mit deren überschnitten. Sie nähten Kleider, Bänder und Bordüren für die Herrschaft, fertigten Möbelstücke, pflegten den Garten, lenkten die Pferdekutsche, schrieben Rechnungen und Briefe, lagerten Waren ein, steuerten den Warenausgang, führten Buch über alle Geschäftsvorgänge.

Sie träumten davon, sich vom ersparten Lohn in späteren Jahren selbstständig zu machen oder sich in ein Geschäft einzukaufen.[258] Die Heirat mit

---

256 Zitiert nach Schenda 1983, 63.
257 Engelsing 1978, 259 ff.
258 Engelsing 1978, 55 ff.

der Kaufmannswitwe oder der Kaufmannstochter war ein vielversprechender beruflicher Einstieg und sozialer Aufstieg. Wie damals üblich, arbeiteten sie im Alter nach Möglichkeit bis zum Tod weiter. Im Alter konnten sie auf Entlastung von ihren Aufgaben und Unterstützung hoffen. Verdiente Angestellte konnten ohne Rechtsanspruch hierauf eine kleine Pension erhalten oder im Alter von Ersparnissen leben. Jakob Fugger der Reiche (1459–1525) hatte in seinem Testament seine verdienten Faktoren mit einer Altersversorgung bedacht.[259] Ihre Einkünfte gestatteten ihnen die Gründung einer Familie, eines eigenen Haushalts. Leitende Angestellte übertrafen Spitzenbeamte. Geschenke und Vermächtnisse an verdiente Diener bezeugten Ehrerbietung für deren treue Dienste. Nicht alle hatten solch ein Glück, wie die Einrichtung einer Hilfsgesellschaft kranker, armer Handlungsgehilfen belegt. Einfache Schreiber, Laden- und Lagergehilfen kamen kaum in den Genuss solcher Wohltaten.[260] Sie standen ohnehin ganz unten in der Hierarchie der Angestellten.

Es gab damals schon Angestellte in ganz herausragenden Stellungen. Sie konnten zu Ansehen und beträchtlichem Vermögen kommen. Der Rentmeister der Fugger Michael Geizkofler (1527–1614), der selbst aus einer vermögenden Familie stammte und eine ausgezeichnete Ausbildung an mehreren ausländischen Universitäten erlangt hatte, war bis zu seinem Tod im Alter von 87 Jahren im Dienste der Familie von Anton Fugger tätig gewesen. Dahinter stand keine finanzielle Notwendigkeit. Es entsprach dem Zeitgeist in diesen Kreisen. Er entstammte einer Familie mit 16 Kindern, wovon die Söhne eine hervorgehobene Stelle an Höfen und bei Kaufleuten eingenommen hatten. Außer Michael Geizkofler waren noch seine Brüder Gabriel (1537–1588) als Faktor, Raphael (1539–1584) als Generalkassierer am spanischen Königshof und Lukas (1550–1620) als Syndikus für die Familie Fugger tätig.[261]

Städtische Unterschichten

Schwieriger war die Situation der Tagelöhner. Zumeist ohne fachliche Qualifikation wurden diese nach Bedarf und auf Zeit eingesetzt. Der Verdienst der Tagelöhner in der Stadt und auf dem Land reichte gerade für das Allernotwendigste und nicht um Ersparnisse zu bilden. Wenige hatten eine Kate,

---

259 Simnacher 1960, 108.
260 Bräuer/Schlenkrich 2002, Archiv Leipzig 1082.
261 www.deutsche-biographie.de/sfz20257.html (online: Zugriff am 02.11.2021).

eine Stube oder bewirtschafteten ein Stück Land, das ihnen selten gehörte, sondern oft angemietet, vom Arbeitgeber überlassen war. Die meisten lebten in den Vorstädten vor den Toren der Städte in dürftigen Wohnverhältnissen. Die Krisenzeiten, die Launen der Natur hatten sie resignieren lassen. Resignation und Frustration hatten viele zu kurzfristigem Denken und Handeln verleitet. Der heute verdiente Lohn wurde morgen ausgegeben, oft im Wirtshaus vertrunken. Sie mussten alles nehmen, wie es kam. Langfristige Vorsorge konnten sie nicht treffen. Ein sozialer Aufstieg erschien nicht möglich. Man blieb unter sich. Tagelöhner mussten nach Arbeit suchen, wo es welche gab und die gab es oftmals nur fern der eigenen Herkunftsfamilie. Viele zogen von Hof zu Hof und von Stadt zu Stadt und zählten zum Heer der Vagabunden. Ein Zusammenleben mit der Herkunftsfamilie war kaum möglich. In Notzeiten und im Alter waren sie auf ihre Kinder, die Nächstenliebe Dritter und zuletzt die Armenkasse oder Betteln angewiesen. Da die Kinder von Tagelöhnern zumeist ebenfalls Tagelöhner waren, lebten diese oft an anderen Orten und konnten die alten Eltern nicht zu sich nehmen.[262] Ihr Einkommen reichte nicht oder kaum aus, um ältere Angehörige mit zu versorgen. Nahmen sie ihre Eltern im Alter auf, ging es in den beengten Wohnungen noch enger zu, die dürftige Nahrung wurde noch dürftiger für alle.

Die Kluft zwischen arm und reich vergrößerte sich. Ende des 18. Jahrhunderts zeichnete sich die beginnende Massenarmut und Verelendung der unteren Schichten ab.[263] In einer Zusammenstellung von Verlassenschaftsinventaren in der Stadt Nürtingen am Neckar finden sich die Inventare eines Tagelöhners und eines Ochsenhirten. Diese enthalten etwas Bettzeug und einige wenige, alte und schlechte Möbel. Die Kleidung sei *von keiner Consideration [...] solche seynd nicht aufschreiben wert.*[264]

In den Städten verdingten sich viele Tagelöhner als Transportarbeiter und die Frauen als Köchinnen, Wasch- und Reinemachfrauen. Ihre Arbeit war sehr hart und anstrengend. Ein langes gesundes Leben war ihnen nicht vergönnt. Vereinzelt hatten sich Transportarbeiter zu Zünften zusammengeschlossen, um sich gegenseitigen Beistand und Unterstützung zu leisten. Hingegen standen andere Transportarbeiter im Lohn der Städte. Sie wurden wie Nacht- und Torwächter entlohnt. Wächter, Pförtner, Türmer im Dienst der Stadt erhielten nur einen kargen Lohn. Oftmals handelte es sich um Ämter, mit denen Handwerker ohne ausreichende Beschäftigung oder im Alter

---

262 Rosenbaum 1982, 40.
263 Borscheid 1989, 389 ff.
264 Benscheidt 1985, 136.

eine ergänzende Versorgung erlangen sollten. Im Jahr 1537 beklagten die Torwächter von Zwickau ihren geringen Lohn. 1762 suchten die Chemnitzer Ratsdiener beim Stadtrat um einen Zuschuss wegen der Teuerungen nach. Bereits 1635 hatten die Stadtboten dieselbe Klage geführt.[265] Die Stellen der Arbeiter im Dienst der Stadt Köln waren so begehrt, dass der Stelleninhaber mit einem Nachfolger einen *Halbscheid* vereinbaren konnte. Im Falle der Arbeitsunfähigkeit des Älteren konnte der Jüngere dessen Stelle einnehmen gegen Zahlung der Hälfte des Lohnes. Dieser Halbscheid konnte obendrein Zahlungen an die Witwe und Waisen des Älteren im Falle von dessen Tod beinhalten.[266]

Die Territorialstaaten hatten die Entstehung von Manufakturen in den Städten gefördert. Die Manufakturen beschäftigten zünftige und nicht zünftige Handwerker verschiedener Berufe, die in arbeitsteiliger Produktion Güter herstellten. Sie dienten vor allem der exportorientierten Massenproduktion, der Herstellung von Luxuswaren wie Gläsern und Schmuck und der Ausstattung des Militärs. Sie übertrafen nach Größe und Kapazität Handwerksbetriebe und stellten eine Konkurrenz zum Handwerk und der Heimindustrie dar. Der merkantilistische Staat förderte die Manufakturen, um Exportüberschüsse und ein vermehrtes Steueraufkommen zu erzielen. Aufgrund staatlicher Privilegien und Monopole unterfielen Manufakturen weitgehend nicht dem Zunftzwang oder der Zunftzwang wurde zu ihren Gunsten gelockert. Auch Zucht-, Arbeits- und Waisenhäuser waren in den Produktionsprozess einbezogen. Die Manufakturen ließen auf dem Land Garn spinnen, das in den Städten von Meistern und Gesellen zu Tuch verarbeitet wurde. In der zweiten Hälfte des 18. Jahrhunderts gab es in Berlin Textilmanufakturen mit 600 Webstühlen.[267] Von den Manufakturen unterschieden sich die später entstehenden Fabriken durch die weitergehende technische und maschinelle Ausrüstung und die vermehrte Arbeitsteilung. Im Gegensatz zu den Fabriken zeichneten sich die Manufakturen durch handwerkliche Produktion und Handarbeit aus. Die Manufakturen trugen dazu bei, dass das traditionelle Handwerk immer mehr an Boden verlor. Viele Handwerksmeister verarmten zunehmend. Sie waren genötigt, um Arbeit in Manufakturen nachzusehen, wo sie für Stücklohn arbeiten mussten. Dasselbe Schicksal traf Heimarbeiter ohne ausreichendes Einkommen und entlassene Soldaten.

---

265 Bräuer/Schlenkrich 2002, Archiv Chemnitz 69 f., 83, Archiv Zwickau 1245.
266 Conrad 1984, 197 f.
267 Rosseaux 2006, 52; Krüger 1958, 200, 263 f.

Die wirtschaftliche Situation der Manufakturarbeiter war prekär. Ihre Bezahlung war äußerst gering. Ohne Land und berufliche Qualifikation lebten sie von der Hand in den Mund ohne die Möglichkeit, für Unglücksfälle, Krankheit oder Alter etwas zurücklegen zu können. Sie wohnten in dürftigen Holzhütten unter unhygienischen Bedingungen in den Vorstädten. Die Manufakturen trafen erhebliche Konjunkturschwankungen, was häufig dazu führte, dass die Produktion stillstand und die Arbeiter keinen Lohn bekamen. Sie mussten beim Arbeitgeber um Vorschüsse nachsuchen und sich verschulden. Sie blieben die Miete schuldig.[268] Einzelne Manufakturen errichteten in der ersten Hälfte des 18. Jahrhunderts Hilfskassen, die Hinterbliebenenversorgung leisteten und selten Kranken- und Invaliditätsleistungen vorsahen. Ließ die Arbeitskraft der Manufakturarbeiter nach, fielen sie in tiefste Armut. Harte Arbeit, schlechte Ernährung, unzureichende Hygiene zehrten an der Gesundheit und führten zu einem frühen Tod. Die Enge der Behausungen, die nur aus einem Raum bestehenden Holzhütten ließen es selten zu, dass alte Eltern bei ihren Kindern lebten. Ausnahmsweise konnte ein Witwer oder eine Witwe bei den Kindern unterkommen. Ansonsten waren sie auf Armenanstalten angewiesen und mussten betteln. Sie verstarben früh.[269]

Auf die Versorgung durch Angehörige oder die Armenfürsorge im Alter angewiesen verblieb die breite Schicht der alten Menschen in der Stadt wie die Tagelöhner, Dienstboten und bei längerer Krankheit und Arbeitslosigkeit die Gesellen.[270] Die Bedürftigkeit der niederen Schichten wurde durch Homogamie begünstigt. Männer und Frauen suchten sich den Partner in derselben sozialen Schicht, aus der sie selbst stammten.[271] Man blieb unter sich. Es gab nur eine geringe soziale Mobilität durch Heirat nach oben. Aschenputtel fand nur im Märchen ihren Prinzen. Die verschiedenen Stände und sozialen Schichten wussten sich dagegen abzuschotten. Dies galt auch für ihre Kinder. Die Söhne der Handwerker wurden wieder Handwerker und die Söhne der Tagelöhner wurden ebenfalls Tagelöhner. Dazu trug die Auffassung bei, dass es gar als sittlich fragwürdig galt, sich über den Stand der Eltern zu erheben. Dadurch trete Entfremdung in der Familie ein, dies entwürdige die Eltern, wovor der mecklenburgische Prediger J. Rust eindringlich warnte:

[...] aber hoher Stand, Macht, Reichthum schwellen so leicht das menschliche Herz mit Hochmuth und Härte besonders den Emporkömmlingen [...] Mit Freude und Stolz pfle-

---
268 Krüger 1958, 219 ff., 347.
269 Borscheid 1989, 383 ff.
270 Borscheid 1989, 87 ff.
271 Benscheidt 1989, 181.

gen Aeltern der untern Stände, deren Kinder sich in höheren Stand erhoben haben, auf diese Kinder zu blicken, aber auch mit einer gewissen Ehrfurcht, und ihr Betragen zeigt eine gewisse Unterwürfigkeit an [...] Pfui! um Alles in der Welt möchte ich nicht, dass Vater und Mutter solche Gefühle gegen mich hätten.[272]

Der steile Aufstieg der Familie Fugger von Webern, über Goldschmiede zu den reichsten Kaufleuten ihrer Zeit stellt eine Ausnahme dar. Erst einmal zu Ansehen und Reichtum gekommen, tat eine gezielte und gelungene Heiratspolitik von Generation zu Generation ein Übriges dazu.[273] Bei den Bauern kam es zu sozialen Abstiegen, wenn Söhne nicht den Hof übernehmen konnten und in fremde Gesindedienste gehen mussten, Töchter keine ausreichende Mitgift erhielten und sich als Mägde im fremden Haus verdingen mussten.

---

272 Rust 1843, 97.
273 Schad 2003, 25 ff.

Wandel im 19. Jahrhundert

Das 19. Jahrhundert ist gekennzeichnet durch politische, technische und wirtschaftliche Umbrüche: die Deutsche Revolution von 1848/1849, die Reichsgründung 1871, der Wegfall der Zollschranken, die Industrialisierung, die durch die Erfindung der Dampfmaschine eingeläutet wurde, Eisenbahn und Dampfschifffahrt. Die Bevölkerung im Deutschen Bund, der sich von der Holstein bis Österreich erstreckte und dem Preußen angehörte, wuchs von 23 Millionen auf 56 Millionen an.[274] Die Landwirtschaft wurde intensiviert, der Fruchtanbau vielfältiger. Die Bauernbefreiung und die Gewerbefreiheit setzten neue Kräfte frei. Die Gewerbefreiheit löste die starren, auf Besitzwahrung und Vermeidung von Konkurrenz gerichteten Zunftordnungen ab.[275] Mit dem Niedergang der Zünfte gingen deren kollektiven Schutzmechanismen, deren Hilfen für kranke, arme, alte Zunftgenossen unter. Der Ausbau der Verkehrswege förderte Handel, Handwerk und Industrie. Der Gründerkrach von 1873 konnte die wirtschaftliche Expansion nicht aufhalten.[276] Es entstanden das Besitz- und Bildungsbürgertum, wenngleich die Macht im Staat weiterhin in den Händen des Adels lag. Neben den Geisteswissenschaften stiegen die Naturwissenschaften auf.

Das Land und seine Menschen erlebten schwere Zeiten: die langen Napoleonischen Kriege von 1800 bis 1815 und der Krieg mit Frankreich 1871/1872, die schweren Hungersnöte von 1816/1817 und 1846/1847 und die Wirtschaftskrisen von 1856 und 1873. Diese Kriege, Hungersnöte und Krisen zeigten, wie labil die Situation trotz aller Dynamik war und lösten immer wieder breites Elend in der Bevölkerung aus. Die bahnbrechenden Neuerungen in Industrie, Technik und Landwirtschaft hatten diese Krisen nicht zu verhindern gewusst. Darunter litten am meisten die Menschen, deren Existenz nicht auf sicheren Füßen stand, die schon kleine Teuerungen schwer belasteten. Dazu zählten noch immer alte Menschen, die über keine gesicherte Altersversorgung verfügten. Ihnen blieb nichts als Arbeit bis zum Tod oder ein Leben in bitterer Armut, schlimmstenfalls auf Betteln und Almosen verwiesen. Konnten sie nicht mehr arbeiten, mussten sie ihre kleinen Ersparnisse aufbrauchen und selbst das Mobiliar verkaufen. Die einzige Vorsorge,

---

274 Kocka 2001, 45.
275 Kisch 1981, 332.
276 Kocka 2001, 52.

die viele für das Alter tätigen konnten, war die Sterbegeldversicherung. Ein würdiges Begräbnis war noch immer erstrebenswert. Adelbert von Chamisso (1781–1838) hat in dem Gedicht *Die alte Waschfrau* den Lebensweg einer einfachen alten Frau beschrieben:

> Du siehst geschäftig bei dem Linnen
> Die Alte dort in weißem Haar,
> Die rüstigste der Wäscherinnen
> Im sechsundsiebenzigsten Jahr.
> So hat sie stets mit sauerm Schweiß
> Ihr Brod in Ehr' und Zucht gegessen,
> Und ausgefüllt mit treuem Fleiß
> Den Kreis, den Gott ihr zugemessen.
>
> Sie hat in ihren jungen Tagen
> Geliebt, gehofft und sich vermählt;
> Sie hat des Weibes Loos getragen,
> Die Sorgen haben nicht gefehlt;
> Sie hat den kranken Mann gepflegt;
> Sie hat drei Kinder ihm geboren;
> Sie hat ihn in das Grab gelegt,
> Und Glaub' und Hoffnung nicht verloren.
>
> Da galt's die Kinder zu ernähren;
> Sie griff es an mit heiterm Muth,
> Sie zog sie auf in Zucht und Ehren,
> Der Fleiß, die Ordnung sind ihr Gut.
> Zu suchen ihren Unterhalt
> Entließ sie segnend ihre Lieben,
> So stand sie nun allein und alt,
> Ihr war ihr heit'rer Muth geblieben.
>
> Sie hat gespart und hat gesonnen
> Und Flachs gekauft und Nachts gewacht,
> Den Flachs zu feinem Garn gesponnen
> Das Garn dem Weber hingebracht;
> Der hat's gewebt zu Leinewand;
> Die Scheere brauchte sie, die Nadel,
> Und nähte sich mit eig'ner Hand
> Ihr Sterbehemde sonder Tadel.
>
> Ihr Hemd, ihr Sterbehemd, sie schätzt es,
> Verwahrt's im Schrein am Ehrenplatz;
> Es ist ihr Erstes und ihr Letztes,
> Ihr Kleinod, ihr ersparter Schatz.
> Sie legt es an, des Herren Wort
> Am Sonntag früh sich einzuprägen,

Dann legt sie's wohlgefällig fort,
Bis sie darin zur Ruh' sie legen...

Häufig ist die Rede von dem langen 19. Jahrhundert. Das 19. Jahrhundert hat selbstverständlich nicht mehr Jahre als andere Jahrhunderte. Doch das 19. Jahrhundert erlebte tiefgreifende Veränderungen in Staat, Wirtschaft und Gesellschaft, wie sie in früheren Jahrhunderten viel langsamer vonstatten gegangen waren. Umschwünge und Veränderungen hatten in früheren Jahren viel mehr Zeit in Anspruch genommen. Es waren nie so viele Veränderungen gleichzeitig, parallel zueinander eingetreten. Dies löste enorme soziale Veränderungen aus, die die tradierten Gefüge von Familien, Ständen, Berufen auflösten und neue Kräfte freisetzten. Gewerbefreiheit und Bauernbefreiung gewährten Entfaltungsmöglichkeiten, die frühere Generationen nicht gekannt hatten. Wer der Enge des Dorfes und der Bevormundung durch die Eltern entgehen wollte, strebte in die Städte in die neu entstandenen Fabriken und Manufakturen. Zwar bestanden die alten Stände pro forma fort. Doch das gehobene Bürgertum hatte die Lebensweise des Adels übernommen. Dienstboten und Arbeiter ahmten die Lebensweise des Bürgertums nach. Mit den Fabrikarbeitern wuchs ein neuer Stand heran.

Von dem Auf und Nieder in der Wirtschaft blieben zumeist der Adel und das vermögende Bürgertum, die gehobene Beamtenschaft verschont. Sie kannten die Großfamilie, die sich um die alten Angehörigen kümmern konnte. Sie verfügten im Alter über laufende Einkünfte oder konnten vom Vermögen zehren.[277] Adlige und Beamte in hervorgehobenen Positionen an Fürstenhöfen oder in der Verwaltung hielten oftmals wegen dem mit ihrer Position verbundenen Ansehen und der Nähe zur Macht weiterhin bis ins hohe Alter an ihrem Amt fest, sie konnten Gehilfen einbinden. Andere Adelige zogen es vor, sich im Alter auf ihr Landgut zurück zu ziehen.

Eine großzügige Politik der Erhebung in den Adelsstand führte dazu, dass die Zahl der adligen Familien merklich anschwoll. Nicht alle Adligen verstanden es, mit ihren Vorrechten und Ländereien wirtschaftlich sinnvoll umzugehen. Gebildete Bürgerliche machten ihnen angestammte Ämter an Fürstenhöfen und in der Staatsverwaltung streitig. Adlige mussten neue Versorgungsmöglichkeiten suchen und drängten selbst in die einfache Beamtenschaft. Verschuldete Landadelige waren gezwungen, ihre Güter aufzugeben. Diese wurden von Kreisen des vermögenden Adels, des Bürgertums und gutsituierten Bauern übernommen. Die Privilegien des Adels schmol-

---

277 Ehmer 1990, 84.

zen. Die verbliebenen Adelsgüter erlebten ab 1850 eine wirtschaftliche Blüte durch billige Arbeitskräfte, gestiegener Nachfrage nach Nahrungsmitteln im Zuge der Industrialisierung, der Erschließung neuer Märkte und dem Wegfall von Exportzöllen. Dem folgten ab 1870 stagnierende Preise. Damit begann der weitere Niedergang des Landadels. Es blieb die Dominanz des Adels in Militär und Verwaltung.[278]

Insbesondere in den westlichen Ländern hatten die Aufklärung und die französische Revolution am überkommenen Rollenverständnis des Adels gerüttelt. Der Gedanke der Gleichheit brachte den Erbverzicht der nachgeborenen Söhne zu Fall. Eine Besitzerssplitterung war die Folge. Die Nachkommen zweifelten die Autonomie des Stammherrn in Familienfragen an. Dessen Macht war nicht mehr unangefochten. Der Anspruch auf Führungs- und Spitzenämter in Staat und Verwaltung blieb erhalten und trotzdem trat ein Verlust an Ämtern und grundherrlichem Einkommen ein. Die Konkurrenz der akademisch gebildeten Beamten aus bürgerlichem Haus und der Briefadel wuchs. Das Prestige schwand.[279] Der Adel verschmolz immer mehr mit dem Bürgertum. Das Bürgertum verdrängte den Adel mancherorts gar, was Vermögen und Sichtbarkeit betraf. Nur der Hoch- und Hofadel hob sich weiterhin hervor. Die überkommene Ständegesellschaft war in Auflösung begriffen.

Die Eindämmung von Seuchen, Fortschritte in Hygiene und Medizin, Verbesserung der Trinkwasserversorgung und Abwasserentsorgung bewirkten einen Anstieg der Lebenserwartung. Im 18. Jahrhundert hatte zum letzten Mal eine Pestepidemie gewütet. Die letzten Cholera- und Pockenepidemien traten im 19. Jahrhundert auf. Obwohl die Zahl der Seuchen und Infektionskrankheiten zurück ging, trafen Krankheiten die Menschen schwer. Gegen die weit verbreitete Tuberkulose gab es im 18./19. Jahrhundert keine wirksame ärztliche und medikamentöse Behandlung. Sie raffte viele Menschen dahin und galt als die Krankheit der städtischen Armen. Sie war weit verbreitet, traf auch andere gesellschaftliche Schichten und Menschen auf dem Land.

Bei einer schweren Erkrankung konnten sich viele Menschen keine ärztliche Behandlung, Medikamente, Krankenkost leisten, so es eine solche überhaupt gab. Sie konnten sich keine arbeitsfreie Zeit zur Erholung gönnen. Der Verdienst brach weg. Der Tod kam zumeist schnell. Als den Dichter Friedrich Hölderlin (1770–1843) 1806 zuerst eine Geisteskrankheit ereilte, der eine

---

278 Schissler 1980, 97 ff., 113.
279 Reif 2016, 49 ff.

körperliche Erkrankung folgte, galt sein früher Tod als sicher. Ausnahmsweise war ihm noch ein langes Leben von weiteren 37 Jahren beschieden. Es zeichnete sich ein rapides Bevölkerungswachstum ab. Wer das 60. Lebensjahr erreicht hatte, konnte im Durchschnitt noch auf weitere 11 Jahre hoffen. Der Anteil der über 60-Jährigen betrug 5–7 % der Gesamtbevölkerung.[280] Zwischen 1871 und 1900 stieg der Anteil der 65-Jährigen und älteren Personen von 4,6 auf 4,9 % der Gesamtbevölkerung.[281] Mit dem Anstieg der Lebenserwartung und damit der Zahl der älteren Menschen stieg die Sichtbarkeit alter Menschen in Städten und Dörfern. Die steigende Lebenserwartung führte obendrein zu einem Anstieg der Morbidität. Menschen lebten nunmehr länger und mussten erfahren, dass im Alter Krankheiten und Behinderungen zunahmen. Diese sichtbaren Einschränkungen, die Gebrechlichkeit und Pflegebedürftigkeit bewirkten, dass das Ansehen älterer Personen in der Gesellschaft abnahm. Alter wurde weithin mit Gebrechlichkeit gleichgesetzt.[282]

Mit der Industrialisierung stieg die Zahl der Fabrikarbeiter, die von der Hand in den Mund und oft in bitterer Armut lebten. Neben den Fabrikarbeitern wuchs die Schicht der besitzlosen Landarbeiter in Preußen an.[283] Sie konnten keine Ersparnisse bilden und im Alter warteten Armut und Not. Damit zeichnete sich das Zusammentreffen von Alter und Armut immer deutlicher ab. Es wuchs in Politik und Gesellschaft die Einsicht in die Notwendigkeit, sich dieser Problematik zu stellen. Die Menschen des 19. Jahrhunderts erwarteten nicht mehr, dass das Paradies im Jenseits die Mühen im Diesseits ablöste, die Belohnung für all die Mühen im Diesseits sein würde. Die sozialen Probleme nahmen im Zuge der Industrialisierung enorm zu. Deshalb kann es nicht verwundern, dass soziale Fragen nunmehr breiten Raum in der politischen Diskussion einnahmen. Dazu zählte das Leben im Alter, die Versorgung alter Menschen. Noch immer verschlossen viele die Augen davor oder verharmlosten diese. Sie behaupteten, dass die soziale Not eine Folge individuellen Fehlverhaltens sei.

Für Teile des Bürgertums hatten sich die wirtschaftlichen und sozialen Verhältnisse in der ersten Hälfte des 19. Jahrhunderts merklich gebessert. Sie waren zu einem gewissen Wohlstand gekommen. Doch dem stetigen Bevölkerungswachstum standen zu wenige Arbeitsplätze für die Masse der

---

280 Kocka 2001, 64 für Preußen im Zeitraum 1810–1860; Kroll 2012, 108.
281 Hohorst u. a. 1975, 24.
282 Mitterauer/Sieder 1991, 177.
283 Aubin/Zorn 1971, 600.

Wandel im 19. Jahrhundert

Abb. 7: Armut und Reichtum im Vormärz.

Menschen gegenüber. Die entstehenden Manufakturen und Fabriken boten zu geringe Beschäftigungsmöglichkeiten. Selbst in so wohlhaben Städten wie Augsburg und Bremen stieg die Zahl der armen Menschen erheblich an. In Bayern waren es alte und kranke Menschen, die laufend und nicht nur vorübergehend Almosen erhielten. Die Mehrzahl waren Frauen. Die Almosen waren gering. Selbst im Alter mussten sie obendrein noch Beschäftigungen wie Spinnen nachgehen, die ihnen die Gemeinden besorgten oder sie mussten betteln. Alte Männer erhielten Almosen nur, wenn sie wegen schwerer Gebrechen keine Arbeit mehr finden konnten. Alter allein genügte nicht. Viele konnten im Alter auch ohne besondere Gebrechen keine Arbeit mehr finden und waren auf Betteln angewiesen, was sie mit dem Gesetz in Konflikt bringen konnte.[284] Zum Anstieg der Verarmung trug die Verteuerung der Lebensmittel bei. Der Export von Getreide brachte bessere Erlöse als der Verkauf auf heimischen Märkten, was wiederum zu Verknappung und Teuerung führte. Dies machte sich besonders bei den landlosen Fabrikarbeitern

---

284 Sczesny 2014, 75; Baumann 1984, 59 ff.

in den Städten bemerkbar, denen eine Selbstversorgung nicht möglich war. Dazu trug bei, dass der Zustrom von Arbeitssuchenden in die Städte die Wohnungsknappheit vertiefte und die Mieten enorm stiegen. Es ist das Zeitalter des Pauperismus, der Massenverelendung. Neben Reichenvierteln gab es überfüllte Elendsquartiere. Das war selbst in blühenden Hafenstädten wie Hamburg und Bremen zu beobachten. Infolge der technischen Neuerungen erfolgte ein Aufschwung der Produktion in Fabriken. Die Fabrikarbeit verdrängte gar weithin die Heimindustrie und Teile des Handwerks. Im 18. Jahrhundert hatten viele Heimarbeiter ihre nebenher betriebene landwirtschaftliche Tätigkeit zugunsten der ertragreicheren Heimarbeit aufgegeben. Absatzkrisen zu Beginn des 19. Jahrhunderts führten zu einer breiten Verelendung der Menschen in der Heimindustrie. Die für die Ware bezahlten Stücklöhne gingen zurück. Unter den Heimarbeitern breiteten sich Elend und Verzweiflung aus, wenn sie nicht auf selbst produzierte Nahrungsmittel zurückgreifen konnten. In Zeiten von Missernten und Hungersnöten mit den einhergehenden Teuerungen von Lebensmitteln wie 1816/1817 und 1846/1847 verschlimmerte sich ihre Situation drastisch. Die Mechanisierung der Baumwollspinnerei leitete das Ende der Heimindustrie im Textilgewerbe ein. Die Heimindustrie musste der Fabrikarbeit in diesem Produktionsbereich weichen. Die Ausgaben für die Armenpflege stiegen in manchen Städten und insbesondere in Berlin sprunghaft an.[285] Mit der Industrialisierung stieg die Zahl der Fabrikarbeiter, die nur für das Notwendigste sorgen, keine Ersparnisse bilden konnten und oft in erbärmlicher Armut lebten: Armut trotz Arbeit. Neben der zunehmenden Zahl der Fabrik- und Manufakturarbeiter wuchs die Schicht der besitzlosen Landarbeiter in Preußen auf ein Siebentel der Gesamtbevölkerung an.[286] Armut in jungen Jahren setzte sich erst recht im Alter fort. Im Jahr 1800 konnte sich 20 % der Bevölkerung nicht mehr aus eigener Kraft ernähren und war auf Almosen angewiesen. Darunter waren viele, die einer Beschäftigung nachgingen, deren Erträge nicht zum Allernotwendigsten ausreichten wie Textilarbeiter, Boten, Kopisten und Krämer.[287] Besonders drückend war die Armut bei denjenigen, die keine Arbeit hatten. Johann Hinrich Wichern (1808–1881) berichtete über die Witwe Janssen und ihre Kinder in Hamburg:

---

285 Fischer u. a. 1982, 212.
286 Aubin/Zorn 1971, 600.
287 Abel 1986, 16 f.

[...] entsetzlich arm, einlogierend ein Lumpensammler. Für vier Menschen nur ein Strohsack und eine Decke.[288]

Die sozialen Probleme wuchsen ins Unermessliche, eine Verelendung breiter Massen zeichnete sich ab. Noch immer verharmlosten viele das Elend in der Bevölkerung und schlossen das Auge davor. Andere behaupteten, dass die soziale Not eine Folge individuellen Fehlverhaltens sei. Durch Erziehung sei dem abzuhelfen. Deshalb kann es nicht verwundern, dass soziale Fragen nunmehr breiten Raum in der politischen Diskussion einnahmen. Zu diesen zählte das Leben im Alter, die Versorgung alter Menschen.

Rückläufig war langfristig die Zahl des häuslichen Dienstpersonals. Die Napoleonischen Kriege von 1800 bis 1815 hatten dazu geführt, dass es bei vermögenden Familien zu Einkommensverlusten gekommen war und diese die Zahl ihres Hauspersonals einschränken mussten. Als sich die Wirtschaft wieder erholt hatte, hatten sie gelernt, mit weniger Personal auszukommen. Es entfielen Aufgaben im Haushalt gänzlich, die bislang das Dienstpersonal wahrgenommen hatte oder Aufgaben wurden nach außen verlagert. Wasserleitungen machten den Gang zum Brunnen, das Schleppen des Wassers überflüssig. Verschmutzte Kleidung ging zur Wäscherei. Das Postwesen und Telefon machten Botengänge entbehrlich. In reichen Städten wie München, Frankfurt und Hamburg blieb die Zahl der Dienstboten lange Zeit auf hohem Niveau. Bequemlichkeit und Repräsentationsdenken führten dazu, dass an Dienstboten festgehalten wurde, selbst, wenn keine wirkliche Notwendigkeit bestand, diese zu beschäftigen. Doch mit der Zeit ging auch in diesen Städten die Zahl der beschäftigten Dienstboten zurück. Zwischen 1811 und 1890 sank der Anteil der Dienstboten in Hamburg von 10,6 auf 4,3 % an der Gesamtbevölkerung.[289] Damit nahm die Zahl der im Haushalt unter einem Dach lebenden Personen ab und die Haushalte verkleinerten sich. Obendrein lebten Dienstboten seltener im Haushalt ihrer Arbeitgeber mit. Es war eine Distanzierung zwischen Personal und Herrschaft eingetreten. Solange die Dienstboten im Haushalt ihrer Herrschaft bei freier Kost und Logis gelebt hatten, hatten sie die Möglichkeit, ihren Lohn für eigene Zukunftspläne anzusparen. Lebten sie nicht mehr bei freier Station bei ihren Dienstherren mussten sie Mieten bezahlen. Der Bevölkerungszustrom in die Städte hatte die ohnehin schon bestehende Wohnungsknappheit verschlimmert und die Mieten steigen lassen.

---

288 Zitiert nach Sattler 2007, 29.
289 Engelsing 1978, 249, 254 ff.

Wandel im 19. Jahrhundert

In der ländlichen Bevölkerung verschwand das Ausgedinge zunehmend. In Zeiten der Geldwirtschaft war das überwiegend auf Naturalleistungen beruhende Ausgedinge nicht mehr zeitgemäß. Hofkauf und Leibgedinge traten an dessen Stelle. Höfe wurden mit dem Nachfolger geteilt, damit die alten Bauern weniger Arbeit hatten, die sie mit ihren schwindenden Kräften noch leisten konnten.[290] Die Landwirtschaft erfuhr große Veränderungen. Die Bauernbefreiung setzte Kräfte frei. Die Bauern arbeiteten nicht mehr für den Guts- und Leibherrn. Sie arbeiteten für das eigene Fortkommen und sahen die Vorteile, die ihnen ihre Arbeit bot und nutzten diese. Die Feld- und Gartenwirtschaft wurde intensiviert. Die Dreifelderwirtschaft mit dem Wechsel von Wintergetreide, Sommergetreide und Brache wurde aufgegeben zugunsten des Wechsels zwischen Getreide und Blattfrüchten wie Kartoffeln, Klee und Rüben. Die Erträge nahmen um ein Drittel zu. Diese kamen nicht in vollem Umfang der einheimischen Bevölkerung zugute, sondern gingen vor allem in den Export. Die seit 1844 grassierende Kartoffelfäule brachte 1846/1847 die letzte große Hungersnot, die zur Verarmung vieler Menschen führte. Dies löste große Unruhen vor allem in Preußen und Süddeutschland aus. Diese Unruhen zählten mit zu den Auslösern der Deutschen Revolution 1848/1849.

Das 19. Jahrhundert war das Zeitalter der Auswanderungswellen nach Übersee und in östliche Regionen wie Bessarabien und Transkaukasien. Neben religiösen Gründen für die Auswanderung, wie bei den Pietisten, waren zumeist Beschäftigungslosigkeit, Enge und Aussichtslosigkeit ausschlaggebend für die Entscheidung auszuwandern. Zwischen 1820 und 1913 sollen etwa 10 % der Gesamtbevölkerung ausgewandert sein. Ganze Familien, doch vor allem jüngere Einzelpersonen traten die Reise an, während die Älteren zurückblieben.[291] Zugleich war es die Zeit der Binnenwanderung von den ländlichen in die städtischen Gebiete. Die Verstädterung begann. Lebten 1871 knapp 5 % der Bevölkerung in Großstädten über 100.000 Einwohner, lebten 1910 21,3 % in solchen Großstädten. Auch die Klein- und Mittelstädte erlebten eine deutliche Zunahme der Bevölkerung.[292] Die Binnenwanderung erfasste in erster Linie die jüngeren und mittleren Altersgruppen. Im Alter führte manchen der Weg aus Not und Einsamkeit zurück in die Heimatgemeinde.[293] Die Binnenwanderung in die Städte wirkte auf die Verhältnisse

---

290 Sieder 1991, 72.
291 Kocka 2001, 69 ff.; Matz 1980, 258 für Württemberg; Ried 2014, 172.
292 Haerendel 2010, 10.
293 Kocka 2001, 75 ff.; Marx-Jaskulski 2014, 184.

auf dem Land zurück. Zwischen Bauern und Gesinde tat sich eine Entfremdung auf. Das Gesinde entfernte sich vom Hof, übernahm städtische Lebensweisen. Das paternalistische System auf dem Hof löste sich auf. Das Gesinde war nicht mehr Teil der Familie und damit entfielen manche Aspekte der Rücksichtnahme und Fürsorge.

Die Frühindustrialisierung hatte eine regionale Mobilität ausgelöst. Familien fielen auseinander und fanden nicht mehr zusammen. Viele alte Menschen, Ledige und Verwitwete mussten sich in einen fremden Haushalt als Bettgänger, Schlafgänger, Tischgänger, Untermieter einmieten. Es kam sogar vor, dass Betten in Wechselschichten vermietet und belegt waren. Umgekehrt mussten ältere Menschen Untermieter aufnehmen, um ihre Miete bezahlen zu können.[294] An die Stelle der Familie als biologisches Gefüge trat vermehrt die Haushaltsgemeinschaft als soziales Gebilde. Manche ältere Menschen fanden Aufnahme im Haushalt ihrer Kinder oder anderer Verwandten, so Platz vorhanden war. Hier konnten sie etwas zum Haushaltseinkommen beisteuern, so sie etwas zur Seite gelegt hatten. Sie konnten sich nützlich machen und Kinder betreuen. Wohnungsnot und Mietendruck erzwangen intensivere verwandtschaftliche Beziehungen und trugen zu diesen Formen des Zusammenlebens bei.[295]

Über das Leben des 1816 geborenen Maurers und Hafenmachers Joseph Theiss ist bekannt, dass er bis zum 71. Lebensjahr arbeitete. Danach fanden er und seine Ehefrau Barbara eine Unterkunft bei Sohn August, der acht unversorgte Kinder hatte. Da dort zu wenig Platz war, zog Joseph Theiss zu einem anderen Sohn. In dessen kleinen Wohnung lebten sie nun zu elft. Er fand dort eine leichte Beschäftigung bei der Firma Siemens, die ihm einen geringen Verdienst einbrachte. Später zog Joseph Theiss zur Familie seines Sohnes August zurück, wo noch immer seine Ehefrau Barbara lebte.[296]

Die Kinder von Tagelöhnern waren zumeist ebenfalls Tagelöhner. Ihr Verdienst war gering, sie hatten viele Kinder und kleine Wohnungen. Das Einkommen erreichte nicht einmal das Existenzminimum für Nahrung, Kleidung und Wohnung. Nahmen sie ihre Eltern auf, ging es noch enger zu. Der geringe Verdienst reichte nicht immer, um die Eltern noch mit zu versorgen. Manche Kinder waren gezwungen, mit ihrer Familie wieder bei den alten Eltern einzuziehen. Jetzt ging es erst recht eng zu und das geringe Einkommen

---

294 Ehmer 1982, 78 f.
295 Sczesny 2014, 74 f. am Beispiel Augsburgs; Ehmer 1982, 81 ff.
296 Schäfer 1983, 256.

reichte nicht für noch mehr hungrige Mäuler.[297] Solange erwachsene Kinder bei den Eltern lebten, mussten sie vom Lohn zum Unterhalt der Familie beisteuern. Nicht anders war die Situation in den Familien der Manufaktur- und Fabrikarbeiter. Den Manufakturarbeitern in Berlin stand häufig nur eine Stube zum Weben, Wohnen und Schlafen auf Strohsäcken zur Verfügung.[298]
Hinzu kam, dass die Zahl der alleinstehenden Menschen im Alter gestiegen war. Zum einen hatten Heiratsverbote und Heiratseinschränkungen dazu geführt, dass Menschen und insbesondere solche der unteren Schichten keine eigene Familie gründen konnten. Sie konnten auf keine Unterstützung durch Nachkommen rechnen. Es lebten mehr Menschen ohne Ehepartner im Alter, weil die Wiederheirat im Alter seltener geworden war. Durch die gestiegene Lebenserwartung stieg die Ehedauer und erst in höherem Alter blieb einer der Eheleute allein zurück und hatte aufgrund des Alters seltener die Möglichkeit zur Wiederheirat. Es waren eher die Witwen, die den Anschluss an ihre Nachkommen und andere Verwandte suchten oder mit anderen Witwen eine Wohngemeinschaft bildeten und nicht die Witwer.

Gerade junge Menschen wuchsen in die gravierenden Veränderungen in den Lebens- und Arbeitswelten hinein. Sie fühlten sich nicht mehr an die tradierte Lebensweise ihrer Eltern gebunden. Neben den Gegensatz zwischen alt und jung trat der Gegensatz alt und neu und vertiefte die Kluft zwischen alt und jung. Dem Vorbild der Eltern, der Autorität der Väter musste nicht mehr bedingungslos Folge geleistet werden. Es eröffneten sich neue Wege. Die Dynamik dieser Zeit, die raschen Veränderungen in Technik und Gesellschaft gingen nicht spurlos am Bild des älteren Menschen und ihrem Verhältnis zu jüngeren Menschen vorbei. Die viel gerühmte Weisheit, die Erfahrung des Alters verlor an Wertschätzung. Ihr Wissen und ihre Erfahrungen konnten mit allen Neuerungen nicht mehr Schritt halten. Es waren die jungen Menschen, die eher Schritt halten konnten, die in die Neuerungen hineingeboren wurden, während die Älteren in ihrer überkommenen Lebenswelt verharrten und zurückfielen. Der Einfluss der Älteren auf die Jüngeren schwand. Die Jüngeren nahmen die Schwächen der Älteren wohl wahr. Die Industrialisierung führte zum Machtverfall des Alters. Die Verehrung des Alters galt nur noch der gesellschaftlichen Oberschicht, deren Errungenschaften und Reichtum. Die Älteren verloren das Machtinstrument der Enterbung mit dem sie ihren Nachkommen ihren Willen aufzwingen und Gehorsam verlangen konnten. In die Gesetzgebung der Länder hielt der

---

297 Kasten 2012, 121; Marx-Jaskuksi 2014, 185 f.; Weichbrod 1981, 343.
298 Krüger 1958, 349.

Pflichtteilsanspruch Einzug. Dieser Pflichtteil war den Nachkommen sicher. Ohnehin war das Druckmittel der Enterbung nur bedeutsam, wenn es etwas zu vererben gab. Viele ältere Menschen hatten nichts zu vererben oder das zu erwartende Erbe war so gering, dass sich das Zuwarten in Gehorsam nicht lohnte. Die steigende Lebenserwartung führte dazu, dass Ersparnisse im Alter aufgezehrt wurden und nicht mehr als Druckmittel herhalten konnten.

Armenpflege

In der Französischen Revolution kam der Ruf nach einer staatlichen Unterstützung für Arme auf. Doch der Ruf verhallte ohne nachhaltige Resonanz. Die Ära Napoleons fand zur lokalen und kommunalen Armenpflege zurück. So blieb es ebenfalls in den deutschen Ländern. Es galt weiterhin in allen Ländern, was das Allgemeine Preußische Landrecht von 1794 in § 10 des Zweyten Theil, 19. Titel zum Ausdruck brachte:

> Auch Stadt und Dorfgemeinen müssen für die Ernährung ihrer verarmten Mitglieder und Einwohner sorgen.

Unterschieden wurde noch immer zwischen einheimischen und fremden Bettlern. Nach § 15 fiel das Armenwesen in die Zuständigkeit der *Polizey-Obrigkeit*. Es hatte weiterhin den Charakter einer Ordnungsaufgabe statt einer sozialen Aufgabe.

Das Armenrecht, die Behandlung der Armen hatte sich nicht geändert gegenüber früheren Zeiten. In der öffentlichen Diskussion wurde wie in den Jahrhunderten zuvor zwischen ‚guten' und ‚schlechten' Armen unterschieden. Die ‚schlechten Armen', die wegen Trunksucht, liederlichem Lebenswandel oder Faulheit in Armut geraten waren, konnten kaum auf Unterstützung hoffen. Es herrschte die Ansicht, wer nichts arbeitet, braucht nichts zu essen. Das Allgemeine Preußische Landrecht bestimmte in § 3 Zweyter Theil, 19. Titel:

> Diejenigen, die nur aus Trägheit, Liebe zum Müßiggange, oder anderen unordentlichen Neigungen, die Mittel, sich ihren Unterhalt selbst zu verdienen, nicht anwenden wollen, sollen durch Zwang und Strafen zu nützlichen Arbeiten unter gehöriger Aufsicht angehalten werden.

Zur Erziehung der Armen und um dem Betteln Einhalt zu gebieten, wurden noch immer Zwangsarbeitshäuser errichtet, die polizeilichen Beschäftigungsanstalten. Ihre Zahl nahm deutlich zu. In Städten wie München nahm die Obrigkeit wiederholt Razzien vor, um Bettler aufzugreifen.[299] In Leipzig ertappte die Polizei zum fünften Mal eine 80-jährige Frau beim Betteln und lieferte sie ins *Georgenhaus*, dem Arbeitshaus ein. Zu schwach zum Arbeiten verstarb sie bald darauf.[300] Zur Arbeit angehalten wurden weiterhin die arbeitsfähigen Armen in den Spitälern und Hospitälern. Es fand zunehmend eine Trennung statt in Zuchthäuser und Arbeitshäuser für die ‚schlechten' bzw. arbeitsfähigen Armen auf der einen Seite und Witwen, Waisen-, Armen-und Siechenhäuser auf der anderen Seite für die unverschuldet in Armut geratenen Menschen.[301] Den Zucht- und Zwangsarbeitshäusern für die ‚schlechten Armen' hing der Ruch der Lasterhaftigkeit an. Die unverschuldet in Armut geratenen Personen sollten mit den lasterhaften Armen nicht mehr auf eine Stufe gestellt werden. Im württembergischen Markgröningen nahe Ludwigsburg entstand 1848 das zentrale Weiberarbeitshaus. Die Frauen sollten vom Betteln abgehalten, zu Ordnung, Fleiß und Moral erzogen werden. Neben 11–12-stündiger täglicher Arbeit wurde Wert auf Kirchenbesuche, religiösen Unterricht und sittliches Betragen gelegt.[302]

Um Zuchthäuser zu entlasten entstanden Korrektionshäuser für Kleinkriminelle und Arbeitsscheue. Sie sollten zur Arbeit erzogen werden. Bei Arbeitsverweigerung drohten Nahrungsentzug und Schläge. Wer wiederholt beim Betteln aufgegriffen wurde, lief Gefahr, dort eingewiesen zu werden. Bei alten Menschen sah die Polizeidirektion in München zumeist von einer Einlieferung ins Korrektionshaus ab. Ihre Arbeitsfähigkeit war zu gering, um den Anforderungen im Münchner Korrektionshaus zu genügen. Die 79–80-jährige verwitwete Tagelöhnerin Ursula Graefin erhielt lediglich einen Verweis, obwohl die Polizeidiener sie bereits zum achten Mal beim Betteln aufgegriffen hatten. Gleichwohl lebten dort Männer und Frauen im Alter bis zu 85 Jahren.[303] Ihr Alter und ihre Gebrechlichkeit entband sie nicht vom Vorwurf arbeitsscheu zu sein. Es wurde nicht danach gefragt, ob sie in ihrem Alter noch eine Arbeit finden konnten. Entscheidend für die Einweisung ins Korrektionshaus war, dass sie keiner Arbeit nachgingen und bettelten.

---

299 Baumann 1984, 60 f.
300 Schlenkrich 2014, 108.
301 Baumann 1984, 312 f.; Bräuer/Schlenkrich 2002, Archiv Leipzig 984 f.
302 Lipp 1986, 45 f.
303 Baumann 1984, 328 ff., 345, 350.

In das *Militärische Arbeitshaus* in München konnten Bettler zwangsweise eingewiesen werden. Daneben sollte es Arbeit für verarmte Handwerker sowie entlassene Soldaten bieten und für Menschen, die anderweitig keine Arbeit finden konnten und aus eigenen Stücken um Arbeit nachsuchten. Die Arbeitszeit betrug zwischen 13 und 14 Stunden. Die Arbeiter und Arbeiterinnen erhielten tarifmäßigen Lohn. 700–800 Menschen fanden hier Arbeit.[304] In Armen- und Arbeitshäusern gehörte Weben und Spinnen zum Alltag der Insassen. Die Armen-, Witwen- und Waisenhäuser lieferten Garne an die Tuchmanufakturen.[305]

Der Moralprediger Johann Rust aus Mecklenburg sah den Grund der Armut in individuellem Versagen, Trägheit und Verschwendung. Arbeit, Fleiß, Bescheidenheit, Enthaltsamkeit, Gehorsam und Beten seien der Ausweg aus der Armut. Reichtum allein mache nicht glücklich. Auch die Reichen hätten ihre Probleme, von denen die Armen verschont blieben. Krieg und Missernten könnten Menschen in Armut fallen lassen. Doch seien diese Ereignisse vorübergehender Natur. Mit Arbeit und Fleiß könnten sich die Menschen danach aus der Armut befreien.[306]

Das Allgemeine Preußische Landrecht bestimmte in § 2, Zweyter Teil, 19. Titel:

> Denjenigen, welchen es nur an Mitteln und Gelegenheit, ihren und der ihren Unterhalt selbst zu verdienen, ermangelt, sollen Arbeiten, die ihren Kräften und Fähigkeiten gemäß sind, angewiesen werden.

Selbst von gebrechlichen alten Frauen wurde verlangt, dass sie Spinnarbeiten verrichteten. Die 73-jährige Millerin Catharina musste sich 1806 im Beschäftigungshaus *Auf dem Anger* der Stadt München verdingen, um Almosen zu bekommen. Sie war Witwe, hatte mehrere körperliche Behinderungen und galt als ganz entkräftet.[307]

Alte Leute mussten im Armenhaus Arbeiten verrichten, selbst wenn ihre Arbeit in keinster Weise produktiv war. Bei Fehlverhalten erhielten sie Prügel. In Zeiten wirtschaftlicher Expansion galt Armut als anrüchig. Diesem Vorwurf sahen sich auch arme alte Menschen ausgesetzt und waren Erniedrigungen und Gemeinheiten ausgesetzt. Es zeichnete sich jedoch ab, dass die Arbeit alter Menschen ohne wirtschaftlichen Wert war. Sie waren entkräftet,

---

304 Baumann 1984, 191, 220 (Anm. 2); 308: Die Arbeitszeit im Haus *Auf dem Anger* betrug 12–14 Stunden.
305 Borscheid 1978, 71.
306 Rust 1843, 21 ff.
307 Baumann 1984, 274.

ihre von Gicht steif gewordenen Finger konnten nicht mehr spinnen. Aus den Armen- und Siechenhäusern entwickelten sich im Laufe der Zeit reine Altenheime.

Die ‚guten Armen' waren bereit, für ihr ehrliches Fortkommen zu arbeiten, soweit es Alter und Gesundheit zuließen. Die ‚schlechten Armen' wählten den Weg des Bettelns. *Dem Armen hilf, den Bettler verjag!* (Schlesisches Sprichwort). In den Armenhäusern und den Armenlisten der Städte finden sich überwiegend ältere und kranke Menschen, Frauen und vor allem Witwen. Ein 80-jähriger Mann schrieb an den Essener Stadtdirektor:

> [...]Ich bin im 80ten meines hohen Alters, nicht im Stande mehr den geringsten Heller für mich, und meine Frau zu verdinen, auch von langer Zeit habe ich wegen widriger mir zugestoßenen Schicksaalen mit den meinigen elend darben müssen: Mein redliches Betragen ist der ganzen Stadt bekannt, und ich hoffe mich zu jederzeit so aufgeführt zu haben, wie es die Pflichten eines rechtschaffenen Bürgers, und Unterthanen mit sich bringen [...][308]

Die Frau eines an Epilepsie erkrankten Flaschners bat um Aufnahme ihres Ehemannes ins Armenhaus, damit sie einer Arbeit nachgehen konnte.[309] Viele der um Almosen nachsuchenden Frauen waren darauf angewiesen, durch Spinnen, Nähen und Stricken etwas zu verdienen. Doch reichte dies zumeist nicht aus, um den Lebensunterhalt zu bestreiten. Deshalb mussten sie trotz ihrer Arbeit um Almosen, die Aufnahme in die Armenliste bitten.

In den Städten gab es weiterhin in großer Zahl die privaten und städtischen Spitäler und Stiftungen für ältere Menschen neben Armen-und Versorgungshäusern. In diese Spitäler konnten sich Herrenpfründner einkaufen. Die Verteuerung der Lebensmittel bewirkte, dass die Eintrittsgelder für Herrenpründner erheblich anstiegen und die ausgegebenen Speisen weniger und eintöniger wurden. Das Leipziger *Johanneshospital* nahm über 60-jährige Personen gegen Zahlung eines Aufnahmegeldes auf.[310] Daneben dienten die Spitäler der Unterbringung unversorgter armer alter Menschen. In den Statuten des Münchner Versorgungshauses am Gasteig hieß es:

> In das Versorgungshaus am Gasteig können regelmäßig nur solche Leute männlichen und weiblichen Geschlechts begutachtet werden, die durch hohes Alter, und damit verbundene Gebrechlichkeit ganz hülflos, und alles Nahrungsverdienstes beraubt sind, auch bey zu erhöhendem Almosen nirgends unterzubringen wären.[311]

---

308 Zitiert nach Gestrich 2014, 50.
309 Bräuer/Schlenkrich 2002, Archiv Freiberg 891.
310 Schlenkrich 2014, 101.
311 Zitiert nach Baumann 1984, 372.

Nicht Alter allein genügte zur Aufnahme. Es musste Arbeitsunfähigkeit hinzukommen. Die Versorgungssituation dort sollte zeitweise so schlecht gewesen sein, dass die Insassen betteln mussten. Die Häuser waren überbelegt. Bis zu 14 Menschen lebten in einem Zimmer, Infektionen breiteten sich aus. Die Rede war von pestilenzartigem Faul- und Leichengeruch. Die Ausdünstungen von Schweiß, Krankheit und Tod hingen über dem Spital. Die meisten Bewohner waren älter als 60 Jahre. Obwohl sie wegen Arbeitsunfähigkeit eingewiesen worden waren, sollten die Bewohner Arbeiten wie Flicken, Nähen, Stricken und Spinnen verrichten. Damit konnten sie ihre karge Verpflegung aufbessern.[312] Die Spitäler verloren zusehends an Ansehen und Anziehungskraft für Menschen im Alter.

Die langen Napoleonischen Kriege zu Beginn des 19. Jahrhunderts hatten die betroffenen Städte schlimm heimgesucht und viele Menschen in bittere Armut gestürzt. Die leeren Kassen der vom Krieg heimgesuchten Städte eröffneten nur wenige Möglichkeiten zur Linderung des Elends. Nach den Missernten von 1816/1817 und 1846/1847 nahm die Zahl der Armen drastisch zu. Nach der Krise bei der Kartoffelernte 1846/1847 war ein Viertel der Gesamtbevölkerung auf die Lieferung verbilligten oder kostenlosen Getreides angewiesen. Die Besitzerzersplitterung in den altwürttembergischen Realteilungsgebieten und die Belastungen der Napoleonischen Kriege verschärften die Situation. Betteln, Wald- und Feldfrevel griffen um sich.

Die Gemeinden mussten nur einheimische Bettler unterstützen und konnten die fremden Bettler abweisen. Entscheidend war das Heimatrecht, das sich aus einem mehrjährigen rechtmäßigen Aufenthalt ergab. Stellvertretend für alle Länder bestimmte § 4 des Allgemeinen Preußischen Landrechts im Zweyten Theil, Zweyten Titel:

> Fremde Bettler sollen in das Land nicht gelassen oder darin geduldet werden, und wenn sie sich gleichwohl einschleichen, sofort über die Gränze zurückgeschafft werden.

Das führte dazu, dass die Gemeinden arme und alte Menschen abwiesen mit der Begründung, sie hätten kein Heimatrecht. Eine andere Gemeinde sei zuständig. Bestritt diese gleichfalls das Heimatrecht, folgte ein Rückführungsgesuch nach dem anderen, dem die Betroffenen hilflos ausgesetzt waren. Es führte dazu, dass gerade die Ärmsten, die Kranken und Alten immer mehr entwurzelt waren, jeden Halt verloren und sich ihre Armut vertiefte. Schlimmstenfalls leugnete eine jede Gemeinde das Heimatrecht. Nur wenigen gelang es, eine übergeordnete Regierungsbehörde zum Einschreiten

---

312 Baumann 1984, 380 ff.

zu veranlassen. Selbst kranke und gebrechliche Personen wurden auf dem Armenkarren von einer Gemeinde zur nächsten verbracht, bis der Tod das unselige Geschiebe beendete.

Die Leistungen der Gemeinden waren von Ort zu Ort in Art und Höhe recht unterschiedlich. Sie hingen von der Leistungsfähigkeit und Leistungsbereitschaft der Gemeinden ab. Die Unterstützung erreichte bei weitem nicht das Existenzminimum. Vielen unterstützen Armen blieb nichts übrig, als doch zu betteln, wenngleich sie sich strafbar machten.[313] In Kriegszeiten und in Hungerjahren zogen ganze Familien bettelnd durchs Land. *Not macht mobil.* Umherziehende Bettler und Bettlerinnen erhielten in den Seelhäusern der Städte allenfalls für eine Nacht ein Nachtlager und eine Mahlzeit. Die Fabriken zogen in Zeiten großer Unterbeschäftigung arbeitssuchende Arbeiter an, die unversorgt und oft bettelnd in den Städten lebten, bis sie eine Arbeit fanden. Fahrende Handwerker und Hausierer zogen mit ihren Familien von Stadt zu Stadt, von Hof zu Hof. Erkrankten Frauen oder Kinder, geschah

Abb. 8: Sonntagnachmittag in einer Schrippenkirche.

---

313 Baumann 1984, 95; Fischer 1979, 298.

es, dass sie zurückgelassen wurden. Noch immer brachte der Büttel fremde kranke Arme auf der Bettelfuhr zum nächsten Ort.[314] Die Städte und Gemeinden gewährten Almosen in Form von Geld, Brot, Kleidung und Holz. Leipzig beschäftigte einen Armenarzt, der die Masse der Armen notdürftig versorgte. Eine Arbeitsnachweisanstalt sollte arbeitssuchenden Menschen stunden- und tageweise Beschäftigung vermitteln.[315] Speisehäuser und Suppenküchen versorgten notleidende Menschen. Die Hamburger Armen-Anstalt lobte die *Rumford'sche Suppe*. Die Zubereitung von 100 Portionen erforderte:

150 Pfund Wasser
23 Pfund Kartoffeln
10 Pfund Graupen
10 Pfund Erbsen
5 Pfund hartes Brot, je härter desto besser
3 Pfund Fleisch, geräuchert oder gesalzen, am besten Schweinefleisch
7 Pfund Bieressig
2 1/2 Pfund Salz.[316]

In den Wintermonaten wurde die Not der Menschen besonders groß. In der Landwirtschaft und in Handwerksbereichen wie dem Baugewerbe gab es wenig oder keine Arbeit. Lohneinbußen waren die Folge. Die Beschäftigung in den Fabriken und Manufakturen war ohnehin nicht regelmäßig gewährleistet, sondern unterlag Konjunkturschwankungen. Kälte und lange Nächte steigerten den Bedarf nach Holz, Licht, warmen Decken und Kleidung. Glücklich konnte sein, wer eine beheizbare Stube und Heizmaterial hatte. Kälte und Nässe führten zu Krankheiten. Dies traf erst recht ältere Menschen. Ärztliche Behandlung und Medikamente kosteten Geld. Die Winter brachten für weite Teile der Bevölkerung Einschränkungen und Entbehrungen. München und andere Gemeinden führten eine Armensteuer ein. Dies sollte zur Kalkulierbarkeit des Armenfonds beitragen, um Einnahmen und Ausgaben besser aufeinander abstimmen zu können. Die Armensteuer sollte die Finanzierung des Armenwesens sichern.[317] Der Widerstand der Steuerpflichtigen war enorm und schürte weitere Ressentiments gegen die Armen.

---

314 Bischoff-Luithlen 1998, 161 f.
315 Stadt Leipzig 1884, 27, 38 ff.
316 Kraus 1965, 98.
317 Baumann 1984, 104 f.

Der Theologe und Gründer der Inneren Mission Johann Heinrich Wichern (1808–1881) schilderte seine Eindrücke von einem Besuch in einem Armenviertel der reichen Hansestadt Bremen im Jahr 1837:

> Nachher habe ich hier nochmals die Höhlen der Armut aufgesucht und dieses Mal sehen müssen, was kein Bremer der höheren Gesellschaft bis jetzt gesehen hat. Erst jetzt habe ich mich in die rechten Armenquartiere führen lassen. Wenn Bremen nicht bald dazu thut, wird es nicht lange währen, bis sich der Schaden so schrecklich wie in Hamburg offenbart – Familien ohne Betten, ohne Möbel, ohne Mittagsbrot, in Kot und Unrat, in Lumpen und Ekel wie begraben.[318]

Dies reiht sich ein in einen Untersuchungsbericht aus Hamburg aus dem Jahr 1788. Dieser schilderte das Dasein von Menschen, die weder Strohsäcke noch Decken hatten, kein Hemd trugen, verwahrloste bettelnde Kinder und

> „[...] Menschen, die von Schmutz, Ungeziefer und offenen Wunden bedeckt waren, Alte und Ausgezehrte, die von niemandem bemerkt, dahinsiechten [...]"[319]

Die wenigsten alten Menschen erlebten das Alter im Ruhestand. Arbeit blieb für sie im 19. Jahrhundert zumeist weiterhin bestimmend, gab es doch keine öffentliche soziale Absicherung. Altersarmut blieb weiterhin ein konstantes Problem. Dazu trug eine steigende Lebenserwartung bei. Hinzu kam, dass Heiratsverbote, Wohnungsnot und Mietendruck eine Familiengründung erschwerten. Im Alter waren keine Nachkommen da, die die Ledigen versorgen konnten. Ledige konnten im Tagelohn ein einfaches Leben fristen. Das geringe Einkommen reichte in den seltensten Fällen, um Ersparnisse zu bilden. Schnell war der Lohn im Wirtshaus und beim Kartenspiel ausgegeben. Im Alter kam die weit verbreitete Armut alleinstehender Menschen.

Noch immer waren es Frauen, die den größten Teil der armen Menschen ausmachten. Verstarb der Mann, verlor die Witwe zwangsläufig die Wohnung, wenn es sich um eine Dienstwohnung des Ehemannes handelte.[320] Eine lange Krankheit des Ehemannes hatte die Ersparnisse aufgebraucht und Schulden angehäuft. Hatte sie Kinder zu versorgen und vielleicht noch kränkliche Kinder, war nur eine geringe Erwerbstätigkeit wie Nähen und Stricken möglich. Es wechselten sich Zeiten der Not mit Zeiten eines bescheidenen Auskommens ab und immer wieder mussten neue Bittgesuche gestellt werden. Der Pflasterer Carl Brannemann verließ wiederholt seine Ehefrau in den 1880er Jahren und leistete ihr und den vier unmündigen Kin-

---

318 Zitiert nach Engelsing 1978, 29.
319 Kraus 1965, 46.
320 Bräuer/Schlenkrich 2002, Archiv Zwickau 1205.

dern nichts zum Unterhalt. Ein jedes Mal musste sie um Armenhilfe bitten. Hatte der älteste Sohn Arbeit, verlor sie die Unterstützung. Der Sohn musste sie und seine Geschwister unterstützen. Verlor er die Arbeit, musste sie ein neues Bittgesuch stellen.[321] Die beginnende Industrialisierung bot zwar neue Betätigungsfelder, doch kaum welche für Frauen und dann zumeist gegen schlechte Bezahlung.

Heiratshindernisse

Seit 1770 stieg die Bevölkerung merklich an. Dabei ist offen, ob alles auf ein reales Wachstum zurückzuführen ist oder ob nicht obendrein eine exaktere Erfassung der Bevölkerung eine Rolle spielte. Ein Grund dafür war, dass die Kinder- und Säuglingssterblichkeit deutlich gesunken war. Die Zahl der Kinder in den Familien nahm deshalb zu. Nur in den Städten und hier insbesondere in den Arbeitervierteln war zwischen 1820 bis 1870 ein Anstieg der Kindersterblichkeit zu verzeichnen. In den Städten konnten sich Infektionskrankheiten in Anbetracht überfüllter Wohnungen und ständig wechselnder Schlafgänger rasch verbreiten. Nicht nur die Kinder- und Säuglingssterblichkeit sank, sondern obendrein die Sterblichkeit in der Gesamtbevölkerung. Damit stieg die Lebenserwartung an.

Dies war medizinischen Fortschritten wie die Pockenimpfungen und der Eindämmung der Diphterie zu verdanken. Die Pest hatte zum letzten Mal im 18. Jahrhundert gewütet. Eine Verbesserung der Ernährung und der hygienischen Standards bei der Trinkwasser- und Abwasserversorgung trugen zu einem verbesserten Gesundheitszustand der Bevölkerung bei. Eine zunehmende Zahl von Menschen überschritt nun die Mitte des Lebens und verstarb nicht schon vor dem 40. und 50. Lebensjahr. In der zweiten Hälfte des 19. Jahrhunderts kam es zu einem Rückgang der Geburtenzahl. Kinderreichtum galt nicht mehr als Segen. Kinder hielten die Eltern und vor allem die Mütter von der Arbeit ab. Ein- und Auskommen der Familien schwanden mit der Kinderzahl. Der Flensburger Arzt Wilhelm Mensinga (1836–1910) gilt als Wegbereiter der Empfängnisverhütung und Geburtenkontrolle. In seiner Praxis war er Frauen mit einer großen Kinderzahl begegnet, deren Körper nach den Geburten ausgezehrt waren und deren wirtschaftliche Verhältnis-

---

321 Hintzen 2014, 139.

se es nicht zuließen, die Kinder ausreichend zu versorgen. Sie starben früh und mussten die Kinder ihrem traurigen Schicksal überlassen. Viele der Frauen stammten aus ärmlichen Verhältnissen. Die Bevölkerungszahl stieg trotz dem Rückgang der Geburtenzahl weiter an. Dies war eine Folge der gestiegenen Lebenserwartung, der sinkenden Kinder- und Säuglingssterblichkeit und der Migration.

In der zweiten Hälfte des 19. Jahrhunderts waren die Einkommen in Teilen der Bevölkerung gestiegen. Die Heirats- und Sterbeinventare belegen, dass die Zahl der Kleidungs- und Möbelstücke in vielen Haushalten zunahm. Trotzdem stiegen die Ausgaben der Armenkassen an. Steigende Getreidepreise belasteten vor allem diejenigen, die wenig verdienten. Als weitere Ursache hierfür wurde das Ausgabeverhalten der unteren Schichten beklagt. Sie traf der Vorwurf, sie würden das Geld für Kleidung, Schmuck, Tanzboden- und Wirtshausbesuche ausgeben, statt zu sparen. Sie würden nichts für Notzeiten und für das Alter zurücklegen.

Das Bevölkerungswachstum nährte die Angst vor einer Überbevölkerung. Überbevölkerung galt als eine Ursache für Hungersnöte und das wachsende Heer der Armen. Auf einem Quadratkilometer lebten:

1871 76 Personen
2017 232 Personen.[322]

Aus heutiger Sicht ist diese Befürchtung auf den ersten Blick nicht nachvollziehbar, hat sich doch die Bevölkerung mittlerweile mehr als verdreifacht. In Anbetracht der Verhältnisse im 19. Jahrhundert stellt sich dies anders dar. In den Jahren 1816/1817 und 1846/1847 war es zu großen Hungersnöten ausgelöst durch Naturkatastrophen gekommen. Die Ertragskraft der Landwirtschaft war im 19. Jahrhundert zwar erheblich gestiegen, doch fehlte es an den nötigen Vorräten, um den aufgetretenen Mangel an landwirtschaftlichen Produkten in Notzeiten auszugleichen. Zu viele Nahrungsmittel gingen in den Export, der höhere Gewinnspannen bot. Insbesondere in den Städten lebte eine hohe Zahl von Menschen am Rande des Existenzminimums oder weit darunter. Weite Kreise konnten von ihrer Arbeit nicht leben, weil die Verdienste gering waren. Sie waren auf Armenhilfe aus öffentlichen Kassen, auf mildtätige Spenden angewiesen: Armut trotz Arbeit. Dieses wachsende Heer armer Menschen wurde als Bedrohung betrachtet. Heiratsverbo-

---

322 Statistisches Jahrbuch der Bundesrepublik Deutschland 2019: 2.1.2. Bevölkerungsentwicklung Deutschland.

te sollten dem abhelfen. Arme Menschen sollten nicht heiraten und keine Kinder zeugen. Bettelhochzeiten zwischen Eheleuten ohne Ersparnisse und ohne zu erwartendes Erbe sollten ausgeschlossen werden: *Leuten, die zwar zwey Spinnräder, aber kein Bett zusammenbringen.*[323] Eine angeblich ungehemmte Fortpflanzung in den Unterschichten gab Anlass zur Klage, obwohl die gehobeneren Schichten mehr Kinder hatten als die Besitzlosen.[324] Bei letzteren war die Säuglings- und Kindersterblichkeit höher und die Abstände zwischen den Geburten länger. Der Satz *Seid fruchbar und mehret Euch* galt nicht uneingeschränkt für alle. Geistiger Vater der Heiratsverbote war der englische Bevölkerungstheoretiker Thomas Robert Malthus (1766–1834).[325]

Ein hohes Heiratsalter für Männer und Frauen sollte der Überbevölkerung entgegenwirken. Das Heiratsalter wurde auf 25 Jahre erhöht und an das Bürgerrecht geknüpft. Nur wer ein Bürgerrecht hatte oder es sich erkaufen konnte, durfte heiraten.[326] Nach der großen Hungersnot von 1816/17 sollte in Württemberg auf das schon früher geübte Mittel der Heiratsverbote für unvermögende Paare zurückgegriffen werden, nachdem erst 1807 die letzten Heiratsverbote aus früheren Zeiten aufgehoben worden waren. Heiratsverbote galten nunmehr für bestimmte Straffällige, Bezieher von Armenunterstützung, Erwerbsunfähige und diejenigen, die keine Befähigung zu einer Tätigkeit nachweisen konnten, um den Nahrungsstand für eine Familie zu gewährleisten. Nach dem Hungerwinter von 1846/1847 wurden im Gesetz von 1852 die Heiratsverbote nochmals verschärft. Ein Mindestvermögen oder die Ausübung eines rechtmäßigen und auskömmlichen Erwerbszweigs und ein untadeliger Lebenswandel waren nachzuweisen. Über die Heiratsverbote wachte die Gemeinde, die Verehelichungskommissionen einrichtete, die peinlich genau über Vermögen, Verdienstmöglichkeiten und den Lebenswandel entschieden. Der Arbeitgeber musste in einem Zeugnis zum Heiratsgesuch die Höhe des Lohns, die Sicherheit des Arbeitsplatzes und das Wohlverhalten bestätigen.[327] In den folgenden Jahren zeichnete sich ein drastischer Rückgang der Eheschließungen ab.[328] 6,1 % der Heiratsgesuche wurden abgelehnt.[329] Viele unbemittelte Heiratswillige suchten erst gar

---

323 Zitiert nach Medick 1976, 269.
324 Ehmer 2004, 66.
325 Matz 1980, 74, 94 ff.
326 Imhof 1983, 2015; Heinisch 2014, 117 für Frankfurt.
327 Matz 1980, 114 ff., 233; Schomerus 1977, 229 ff.
328 Kroll 2012, 113.
329 Matz 1980, 202 ff., 206 ff. Tabellen, 208 f. Karte; Maier 1971, 70: im Dorf Sipplingen 23,4 %.

nicht um eine Heiratserlaubnis nach. Tatsächlich sank die Zahl der Geburten. Gleichzeitig stieg die Anzahl der unehelichen Geburten an und machte im Jahre 1859 17 % aus. Je nach dem sozialen Umfeld bedeutete dies Schande und Ausgrenzung für Mutter und Kind. Gerade unehelich geborene Kinder hatten mit vielen Hindernissen und Ausgrenzung auf ihrem Lebensweg zu rechnen. Sie konnten in keine Zunft aufgenommen werden, da sie keine ehrbare Abstammung aufweisen konnten. Die Kinder galten noch bis 1969 rechtlich als nicht verwandt mit ihrem Vater und hatten kein Erbrecht nach dem Vater. Die Heiratsverbote wurden von Ort zu Ort unterschiedlich streng gehandhabt. Wer Grund und Boden sein Eigen nennen konnte, konnte eher mit einer Heiratserlaubnis rechnen als jemand, der lediglich Fahrnis, bewegliche Güter, nachweisen konnte.[330] Vielen blieb nichts anderes übrig, als in *wilder Ehe*, auch *Ehen zur linken Hand* genannt, zu leben, was soziale Ächtung und polizeiliches Eingreifen zur Folge haben konnte. Die Gefährtin des Fabrikarbeiters Friedrich Sohn beklagte 1860 in einem Bittbrief an den württembergischen König, dass ihre Heiratsgesuche wiederholt abgelehnt worden seien. Friedrich Sohn war Arbeiter in der Maschinenfabrik Esslingen. Das Paar hatte sechs Kinder. Drei der Kinder versorgte die Gemeinde. Sie lebten nicht bei den Eltern. Ein Mädchen lebte als Kostkind in einer fremden Familie. Zwei Kinder lebten bei der Mutter. Die Frau wollte, dass sie und Friedrich Sohn heiraten und mit den Kindern zusammenleben konnten. Das Bittgesuch wurde abgelehnt.[331]

Auffällig ist hierbei, dass viele Heiratsverbote Witwer traf und insbesondere ältere Witwer. Bei diesen und auch älteren Witwen war die Wahrscheinlichkeit höher als bei jungen Menschen, dass sie den Armenkassen zur Last fallen würden. Das Einkommen vieler älterer Menschen war gering. Sie konnten kein ausreichendes Einkommen oder Vermögen für den Unterhalt einer Familie nachweisen. Deshalb trafen die Heiratsverbote vermehrt ältere Personen.[332] Sie verwehrten ihnen die Möglichkeit, durch gemeinsames Haushalten die Lebenshaltungskosten zu reduzieren. Entlastend wirkte sich aus, dass das Zusammenleben unverheirateter Paare zwar bestraft werden konnte, diesem gleichwohl nicht immer und nicht überall nachgekommen wurde. Trotzdem stiegen die Armut und die Zahl der Unterstützungsemp-

---

330 Matz 1980, 135, 244 ff.; Borscheid 1978, 196, 215 f.
331 Schomerus 1977, 230.
332 Matz 1980, 215, 219.

fänger in den 1850er Jahren weiterhin drastisch an als Folge einer Wirtschaftskrise.[333]

Mit dem Anstieg der Beschäftigungsmöglichkeiten in Industriebetrieben ergab sich vermehrt die Möglichkeit zur Verheiratung und Familiengründung in der zweiten Hälfte des 19. Jahrhunderts. Im Norddeutschen Bund wurden 1868 alle wirtschaftlichen Heiratsverbote aufgehoben. Dem schloss sich Württemberg 1870 an und später Hessen und Bayern.[334] Die Folge war ein sprunghafter Anstieg der Eheschließungen und insbesondere der Eheschließungen unselbstständiger Arbeiter.[335] Die wirtschaftlichen Rahmenbedingungen, die häufig geringen Einkommen führten zu einem hohen Heiratsalter von 27 Jahren bei Frauen und 29 bis 30 Jahren bei Männern. Wer spät heiratete, hatte oftmals im Alter noch Kinder zu versorgen und konnte von diesen keine Unterstützung erfahren. Die Zahl der Ledigen blieb noch immer hoch.[336] Gerade für die Lediggebliebenen war die Gefahr groß, im Alter ohne Unterstützung durch Kinder zu leben.

Beamte und Militärangehörige mussten vor ihrer Heirat eine Heiratserlaubnis einholen. Damit sollten finanzielle Folgelasten wie Bittgesuche um eine höhere Besoldung oder um die Versorgung von Hinterbliebenen vermieden werden.

Soziale Schichten

Privatangestellte und Beamte

Die zunehmende Bürokratisierung, Handel, Verkehr und Industrialisierung führten zu einer Zunahme der Zahl der Beamten und Angestellten. Für Angestellte findet sich gelegentlich der Begriff Privatbeamte und Privatdiener.

Die Angestelltenschaft im Handel hatte sich aus dem Kreis der Handelsdiener und Handlungsgehilfen entwickelt, der Bürodiener, Reisenden und Schreiber. Die langen und zahlreichen Kriege hatten Teilen der Kaufmannschaft an der Wende des 18. zum 19. Jahrhundert erheblich zugesetzt. Ihre Geschäfte verliefen schleppend, die Vermögen schmolzen dahin. Andere

---

333 Matz 1980, 134, 262 ff.; Kocka 2001, 63.
334 Matz 1980, 139 ff., 176 f. Karte mit Verteilung der Heiratsverbote.
335 Borscheid 1978, 196.
336 Ehmer 2004, 47; Conrad 1994, 102.

hingegen hatten von den Kriegen profitiert. Nach den Kriegen entstanden vermehrt große Handelshäuser mit einem entsprechenden Personalbedarf. Im 19. Jahrhundert und vor allem in dessen zweiten Hälfte hatte sich der Kreis der Angestellten nach Herkunft, Ausbildung, Position und Verdienst erheblich ausdifferenziert und ihre Zahl nahm deutlich zu. Es war kein einheitlicher Berufsstand. Es gab unterschiedliche Laufbahnen. Noch immer zog es viele junge Menschen aus ländlichen Gebieten in die Städte und diese begnügten sich mit einfachen Rängen in Laden und Warenlager. Hingegen machte der Außenhandel Mitarbeiter mit Fremdsprachenkenntnissen notwendig. Manche hatten ein Studium absolviert. Beim Verdienst taten sich nach Branche, Stellung und Ort eklatante Unterschiede zwischen Ladengehilfen und Menschen in Führungspositionen in Aktiengesellschaften und im Dienst von Großkaufleuten auf. Einfache Lager- und Ladengehilfen verdienten nicht genug, um zu heiraten und eine Wohnung anzumieten. Hatten sie keine freie Station bei ihrem Dienstherrn, ging es finanziell eng zu. Es gab kaum Möglichkeiten, Ersparnisse zu bilden, um sich irgendwann selbstständig zu machen. Zumeist lebten sie in Untermiete. Das Einkommen musste für Miete, Nahrung, Kleidung, Feuer und Licht reichen. Obwohl sie als Lehrlinge Lehrgeld bezahlen mussten, gab es zeitenweise ein Überangebot an Ladengehilfen, was sich auf das Einkommensniveau auswirkte.[337] Sie hatte eine Tätigkeit im Hemd mit Kragen gelockt. Viele kamen aus bäuerlichen Familien und wollten der Enge des Dorfes entfliehen. Das Ansehen als Angestellter war höher als das eines Bauern, Gesellen und Hausgesindes. Sie lockte der Reichtum der Kaufleute, denen sie es gleichtun wollten. Am anderen Ende der Skala standen die Personen in Führungspositionen großer Handelshäuser, Banken und Industriebetriebe, die sich zugleich zur Spitze des Bürgertums zählen konnten. Für sie gab es keinen wirtschaftlichen Mangel im Alter.

Die Schicht der Privatbeamten im Haushalt hatte sich aus und neben dem Gesindedienst entwickelt. Die meisten Dienstboten fanden in Handels-, See- und Residenzstädten ihren Platz. Nicht nur feudale Haushalte und die des gehobenen Bürgertums beschäftigten Dienstboten. Immer breitere Schichten des Bürgertums wollten es in Äußerlichkeiten diesen gleichtun. Auch ohne wirkliche hauswirtschaftliche Notwendigkeit, sondern nur aus Gründen der Repräsentation und Selbstdarstellung stellte selbst das mittlere Bürgertum Dienstboten ein. Erst in der zweiten Hälfte des 19. Jahrhunderts nahm die Zahl der Dienstboten ab. Ihre Stellen entfielen durch Neuerungen wie Was-

---

337 Engelsing 1978, 49, 87 ff.

serversorgung statt Wassertragen, Telefon und Post statt Botendiensten. Öffentliche Verkehrsmittel traten an die Stelle von Kutscher und Pferdeknechten. Niedrige freiberufliche Dienstleistungsberufe wie Wäscherinnen, Näherinnen, Pfleger und Aufwärter ersetzen Dienstboten. Das Verhältnis zum Dienstherrn war weniger von Unterwürfigkeit gekennzeichnet. Es trat eine Distanzierung zwischen Arbeitgebern und Dienstboten ein. Die Dienstboten zählten nicht mehr zur Familie. Die freie Station nahm ab, weshalb nun Miete beglichen werden musste. Die Gehälter waren gestiegen, jedoch entfielen Trinkgelder und Geschenke zunehmend. Sie verbrauchten mehr vom Lohn für Miete, Kleidung und Geselligkeit. Sie wollten es dem Bürgertum an äußerer Erscheinung gleich tun. Der Aufwand für Schmuck, Kleidung, Haar- und Barttracht stieg. Der Anteil vom Lohn für Ersparnisse fürs Alter nahm ab.[338]

Die gesetzliche Angestelltenversicherung wurde erst 1911 eingeführt. Sie sah eine Altersgrenze von 65 Jahren und eine Witwenversorgung vor. Die Bismarcksche Altersversorgung von 1889/1891 sah nur für geringverdienende Angestellte eine Altersrente ab dem 70. Lebensjahr vor. Diese war als Zuschuss konzipiert und reichte bei weitem nicht zum Existenzminimum.

Die Besoldung und Altersversorgung von Staatsdienern wurden gegen Ende des 18. Jahrhunderts ins Auge gefasst, obwohl sie schon lange als drängendes Problem erkannt worden waren. Im Verlauf des 19. Jahrhunderts sollten erste Lösungsansätze erarbeitet werden. Die steigende Lebenserwartung hatte das Problem verschärft. Wer nicht bis zum Tode arbeiten konnte, musste auf Vermögen und Ersparnisse zurückgreifen, so diese vorhanden waren. Die Eigenvorsorge war gefordert. Gnadenpensionen konnte der Dienstherr für treue und lange Dienste gewähren, ohne dass hierauf ein Rechtsanspruch bestand.[339] Im Alter von 80 Jahren erhielt der Oberamtsarzt Dr. Lechler aus Nürtingen einen Assistenten zugeteilt, der ihn bei der Arbeit entlasten sollte. Im Alter von 85 Jahren erbat die Kreisregierung beim Landesherrn, ihn von der Amtsführung zu entbinden und ihm seine Besoldung zu belassen in Anbetracht seiner besonderen Verdienste und der großen Kinderzahl. Er hatte noch vier unversorgte Kinder.

Akademisch gebildete Beamte mussten nach Abschluss des Studiums noch 7–9 Jahre ohne Gehalt als Referendar und Assessor arbeiten. Ihre Eltern und Verwandte mussten in dieser Zeit für den standesgemäßen Unterhalt sorgen. Dadurch entstand bereits eine soziale Selektion dieser Beamtengruppe, denn nicht jede Familie war in der Lage für den Unterhalt über einen solch

---

338 Engelsing 1978, 259 ff.
339 Bräuer/Schlenkrich 2002, Archiv Chemnitz 51.

langen Zeitraum zu sorgen. Deshalb konnten Beamte zumeist erst sehr spät heiraten. Viele mussten bis zum 40. Lebensjahr mit der Heirat warten. Sie schuldeten ihrem Stand und Ansehen einen standesgemäßen Aufwand mit Konzert- und Theaterbesuch, Kururlaub mit der Familie, eine Haushaltsführung mit Dienstboten und eine standesgemäße Ausbildung der Kinder. Sie sahen sich dem Spott der Bauern ausgesetzt, die in jüngeren Jahren eine Familie gründen konnten. Deshalb hielten sie bis ins hohe Alter an ihrem Amt fest, um den ausgefallenen Verdienst nachzuholen und die Ausbildung ihrer Kinder finanzieren zu können. Nach langen Jahren ohne Einkommen fehlte es an ausreichenden Ersparnissen. Es bedeutete Einschränkungen nach innen und Rückgriff auf Vermögen, Schulden bei Verwandten bis sie eine auskömmliche Position im öffentlichen Dienst erreichen konnten. Sie mussten sich vergegenwärtigen, dass sich für sie im Verhältnis zu Führungspositionen in Industrie und Wirtschaft ein wirtschaftlicher Abstieg vollzogen hatte.[340]

Die Aufklärung hatte zu einer Aufwertung des Schulunterrichts und des Lehrerberufs geführt. Der Wert der Bildung rückte ins Auge von Politik, Wirtschaft und Gesellschaft. Bildung und Schule sollten die Leistungsfähigkeit von Staat und Wirtschaft heben. Selbst die Volksschulen sollten weitaus mehr elementares Wissen bieten. Schon lange galt die Schulpflicht. Nun ging es darum, diese durchzusetzen, was in Widerspruch zu der weit verbreiteten Kinderarbeit stand. Mit der Höherbewertung der Bildung stieg das Ansehen der Lehrer. Damit einher ging der Ruf nach einer besseren Ausbildung und einer entsprechenden Entlohnung. Die Lehrer mussten Prüfungen ablegen und ihr Wissen und ihren Unterricht regelmäßig überprüfen lassen. Nun ging es darum die Schulpflicht und die Unterrichtsinhalte durchzusetzen. Es genügte nicht mehr, dass die Lehrer

> [...] bläueten ihren Zöglingen das A. B. C., den Katechismus, und einige Bibelsprüche und Remisenzerchen mit rüstiger Faust ein, und begnügten sich damit, wenn diese nur das ihnen aufgegebene Stück aus dem Gedächtnis hersagen konnten.[341]

Mancher Lehrer, der noch als Quereinsteiger in den Lehrerberuf eingetreten und ohne eine dafür qualifizierte Ausbildung war, fiel in diesem System durch und musste den Beruf aufgeben. Die Zahl der Lehrerseminare vervielfachte sich. Das Preußische Allgemeine Landrecht von 1794 hatte in § 64 Zweyter Theil, Zwölfter Titel *Von niedern und höhern Schulen* bestimmt,

---

340 Henning 1984, 88 ff.
341 Burdach 1804, 54

dass Lehrer an Gymnasien und anderen höheren Schulen Beamte seien. Die Volksschullehrer fielen nicht darunter. Erst Art. 23 der Preußischen Verfassung von 1850 bestimmte:

> Alle öffentlichen und Privat-Unterrichts- und Erziehungsanstalten stehen unter der Aufsicht vom Staate ernannter Behörden. Die öffentlichen Lehrer haben die Rechte und Pflichten der Staatsdiener.

Damit war in Preußen der Weg bereitet zum Beamtentum der Lehrerschaft an öffentlichen Schulen. Dies wurde schließlich 1919 in Art. 143 Abs. 3 der Weimarer Reichsverfassung für das gesamte Reich festgeschrieben.

Bis dahin blieb die Lage der Volksschullehrer ausgesprochen schwierig. Es häuften sich die Klagen der Lehrer über die unzureichende Besoldung, über ihre Los, bis ins hohe Alter trotz Krankheiten unterrichten zu müssen. Ihre finanzielle Lage war besonders unzureichend bei kleinen Klassen auf dem Land und wenn sie den Eltern wegen des Schulgeldes hinterher laufen mussten und es nicht einziehen konnten. Erhielten sie im hohen Alter und bei Krankheit einen Gehilfen zur Seite gestellt, mussten sie sich mit ihm das schmale Einkommen teilen. Reichte das Einkommen schon kaum für einen Haushalt, so konnten zwei noch schlechter davon leben. Ab Mitte des 19. Jahrhunderts entstanden obendrein Lehrerinnenseminare. Sie unterrichteten an Winkelschulen und waren als Hilfslehrerinnen an Volksschulen angestellt.

Das Offizierskorps war weiterhin eine Domäne des Adels. Verdiente Offiziere sollten nach ihrer Entlassung eine Anstellung im zivilen Leben erlangen. Andere erhielten ein Gnadengehalt und viele gingen leer aus. Einen Rechtsanspruch auf ein Gnadengehalt gab es nicht. Hatten Regimenter in Kriegszeiten nicht die in sie gesetzten Erwartungen erfüllt, blieben sie unversorgt nach ihrer Entlassung. Wer konnte, zog sich auf seine Güter zurück. Entlassene Unteroffiziere sollten sich als Schulmeister verdingen oder erhielten Stellen in der Verwaltung als Amtshauptmänner oder Postmeister.

Der Sold gemeiner Soldaten war so gering, dass sie in dienstfreien Zeiten und während der Beurlaubung anderen Beschäftigungen nachgehen mussten. Sie verdienten mit Spinnen am Feierabend selbst in der Kaserne etwas hinzu. Sie und ihre Frauen und Kinder waren in Manufakturen als Arbeitskräfte willkommen. Ihnen bot sich kaum die Möglichkeit, Ersparnisse fürs Alter zu bilden. Auf gemeine Soldaten wartete bei Invalidität eine karge Militärpension und für wenige ein Platz im Invalidenheim. In Preußen wurden die niedrigen Stellen bei der Post mit invaliden Soldaten besetzt. Die meisten blieben auf sich gestellt. Die Verdienste gemeiner Soldaten ums Vaterland galten als zu gering, als dass ihnen eine angemessene Versorgung geschuldet war. Es waren ihrer zu viele. Zwischen 1816 und 1855 wuchs die Zahl der Beamten in der Zivilverwaltung langsamer an als das Bevölkerungswachstum. Davon ausgenommen waren die Beamten im Bildungswesen. Deren Zahl hatte mit dem Ausbau des Schul- und Bildungswesens deutlich zugenommen. Doch in der zweiten Hälfte des Jahrhunderts trat eine erhebliche Steigerung ein. Der Anteil der in der öffentlichen Verwaltung, Rechtspflege und Bildung beschäftigten Beamten betrug im Verhältnis zur Gesamtbevölkerung

1846 7,1 %
1861 7,9 %
1871 8,3 %
1880 8,7 %
1890 9,8 %
1900 10,9 %[342]

Diese Zunahme ist neben dem Bereich Erziehung und Bildung auf das Wachstum bei Post, Telefon und Eisenbahn sowie dem Ausbau der Gas-, Strom- und Wasserversorgung zurück zu führen. Die Leistungsverwaltung erfuhr einen deutlichen Zuwachs an Aufgaben und damit an Beschäftigten. Hinzu kamen die Offiziere und Soldaten im stehenden Heer. Die Bedürftigkeit der Pfarrer auf dem Land mit ihrer großen Kinderschar sprang ins Auge. Neben der Versorgung der Staatsdiener selbst, ging es nach deren Tod um die Versorgung ihrer Hinterbliebenen.[343] Eine geregelte Besoldung, Pensionen und Hinterbliebenenversorgung sollten einen Anreiz bilden, in den Staatsdienst zu treten und diese Aufgabe lebenslang auszufüllen.

Die zunehmenden Kodifikationen, die Ausweitung der Beamtenschaft im Eisenbahn- und Postwesen ließ die Anforderungen an die berufliche Qualifikation der Beamten und ihre Zahl beträchtlich anwachsen. Schon in der zweiten Hälfte des 18. Jahrhunderts erfolgen erste Regelungen zum Status der Beamten. Das 19. Jahrhundert brachte ein neues Verständnis der Rechtsbeziehungen zwischen Beamten und Dienstherren, das sukzessive in die Beamtengesetze der Länder und des Reichs Einzug halten sollte. Das Dienstverhältnis galt nicht mehr als ein normales Vertragsverhältnis, das vom Dienstherrn einseitig diktiert und gekündigt werden konnte. Der Beamte war vom Fürsten- zum Staatsdiener geworden und hatte Anspruch auf

---

342 Henning 1984, 32 f.
343 Wunder 2000, 1.

Rechtssicherheit statt Fürstenwillkür. Das Beamtenverhältnis erlangte den Rang eines lebenslangen öffentlich-rechtlichen Dienst- und Treueverhältnisses mit Unkündbarkeit anstelle willkürlicher Entlassungen. Das Alimentationsprinzip bestimmte fortan Besoldung und Altersversorgung. Dieses zählt noch heute zu den hergebrachten Grundsätzen des Beamtenrechts, die in Art. 33 Abs. 5 GG festgeschrieben sind. Grundgedanke des Alimentationsprinzips ist, dass der Beamte seine ganze Kraft in den Dienst des Staates zu stellen hat. Auf der anderen Seite schuldet der Staat ihm und seiner Familie dafür einen angemessenen Unterhalt. Da es sich um ein lebenslanges Dienst- und Treueverhältnis handelt, erhält der Beamte im Ruhestand weiterhin ein Ruhegehalt. Zum Alimentationsprinzip zählt obendrein, dass das Dienst- und Treueverhältnis über den Tod des Beamten zugunsten seiner Hinterbliebenen hinaus fort gilt.[344] Gleichwohl sollte es lange dauern bis die Hinterbliebenenversorgung für Beamtenwitwen und ihre Kinder im 19. Jahrhundert in allen Ländern und im Reich umgesetzt wurde. Aus finanziellen Gründen blieb dies lange Wunschvorstellung und beamtenrechtliche Theorie. Parallel zur Beamtenbesoldung und -versorgung entwickelte sich die Rechtslage der Berufsoffiziere und Soldaten mit deutlicher Verzögerung.

In der ersten Hälfte des 19. Jahrhunderts in Bayern und Preußen und in der zweiten Hälfte des 19. Jahrhunderts in den anderen Ländern und im Reich erwartete Beamte eine gesicherte Besoldung und Aussicht auf eine Pension. In den unteren Rängen waren diese ausgesprochen bescheiden und kaum auskömmlich. Jedoch hatten sie einen Rechtsanspruch und waren nicht mehr der Willkür des Dienstherrn ausgesetzt. Sie wussten, was finanziell während der Dienstzeit und im Alter auf sie zukam. Das war für damalige Verhältnisse ein erster Vorteil.

Fabrik- und Manufakturarbeiter

Fabriken boten neue Beschäftigungsmöglichkeiten. Hier vollzog sich in großer Zahl die räumliche Trennung von Wohnen und Haushalt auf der einen Seite und Arbeiten auf der anderen Seite. Sie setzten die von den Manufakturen begonnene Tendenz zu größeren Betrieben fort. Die aufkommende Industrialisierung löste Wanderungsbewegungen aus. Zumeist waren es jüngere, oft ungelernte Menschen vom Land, die in die Fabriken eintraten. Auch

---

344 Panhausen 1978, 88 f.

Handwerksmeister und Gesellen konnten aufgrund ihrer Berufserfahrung und ihres Geschicks eine Anstellung finden. Die Fabriken konnten Massenprodukte billiger herstellen und manche Güter wurden für die Verbraucher und Haushalte billiger. Die billigeren Produkte kamen der Bevölkerung zugute. Die geringeren Herstellungskosten führten vor allem im Bereich der Herstellung von Textilien zur Konkurrenz mit der Heimindustrie und bedeutete langfristig deren Aus.

Die Löhne in den Fabriken waren gering bemessen. Der Mainzer Bischof Ketteler (1811–1877) stellte hierzu fest:

> [...] der Arbeitslohn bestimmt sich in unserer Zeit nach der Lebensnothdurft im strengsten Sinne, d.h. nach dem, was der Mensch an Nahrung, Kleidung und Obdach unumgänglich nothwendig bedarf, wenn nicht seine physische Existenz vernichtet werden soll.[345]

Altersarmut traf in besonderem Maße ehemalige Fabrik- und Manufakturarbeiter. Spätestens ab dem 40. Lebensjahr wurde ihr Einkommen herabgestuft. In den Textilfabriken zeigte sich, dass jüngere Menschen im Umgang mit Garn und Wolle, im Umgang mit den Maschinen deutlich geschickter waren. Die älteren Arbeiter blieben hinter den Akkordleistungen der jüngeren Arbeitnehmer zurück oder konnten keine Akkordarbeiten mehr verrichten. Arbeitszeiten von 60 Stunden und mehr in der Woche hatten an den Kräften und der Gesundheit gezehrt.[346] Sie mussten mit einfacheren und schlechter bezahlten Arbeiten Vorlieb nehmen. Das Einkommen sank. Schlimmstenfalls kam es zur Kündigung. In Zeiten ohne Arbeitslosenversorgung kam dies in den überbevölkerten Städten einer Katastrophe für den Einzelnen gleich. Sie versanken in Armut und verschuldeten sich. Sie mussten Hausrat und Kleidung nach und nach ins Pfandhaus tragen oder sofort verkaufen. Viele kehrten aufs Land zurück und suchten ihr Heil als Landarbeiter. Die Lebenshaltungskosten waren dort niedriger.

Die Verdienstmöglichkeiten in der Metallindustrie gestalteten sich günstiger als in der Textilindustrie. Doch auch in der Metallindustrie drohte älteren Arbeitnehmern die Rückstufung in leichtere Arbeiten gegen geringere Entlohnung. Hinzu kam, dass die Arbeitgeber sich von Arbeitern trennen wollten, deren Leistungsfähigkeit gesunken war. Eine Kündigung konnte folgen. Das kalendarische Alter entwickelte sich zu einem Kriterium, das

---

345 Von Ketteler 1865, 17.
346 Borscheid 1978, 390 ff.; Zapf 1983, 51.

über Verdienst und Kündigung entschied.[347] Für Fabrikarbeiter konnte mit 40 Jahren ein beruflicher Abstieg folgen. In Zeiten von Unterbeschäftigung wartete schon der Nächste auf den Arbeitsplatz. Schwere Arbeit und eintönige, einseitige, oft unzureichende Ernährung, wenig eiweißhaltige Nahrung schwächten Körper und Gesundheit und machte anfällig für Infektionskrankheiten. Selten kam Fleisch auf den Tisch. Es war zumeist gepökeltes Fleisch, denn Frischfleisch war zu teuer.[348] Tagelöhner aßen in Bremen in den 1830er Jahren vor allem Kartoffeln, Buchweizen, Grütze, Roggenbrot und zweimal in der Woche Fleisch oder Speck. Die Zeitgenossen bezeichneten dies als guten Unterhalt.[349] Verunreinigtes Trinkwasser und unzureichende Abwasserentsorgung in den Arbeitervierteln führten wiederholt zu schweren Cholera-Ausbrüchen. Zuletzt forderte die Cholera 1892 in Hamburg mehrere Tausend Menschenleben. Mehr als 8.600 Menschen starben. Die Krankheit hatte sich in den Wohnvierteln der Ärmsten ausgebreitet, die in schmutzigen Hinterhöfen, feuchten Kellerwohnungen und überfüllten, dunklen Mietshäusern lebten.

Nach einer Entlassung war es für ältere Arbeiter fast ausgeschlossen wieder eine Festanstellung zu bekommen. Es blieben Gelegenheitsarbeiten zu schlechtem Lohn. Dies war eine Entwicklung, die sich von der Berufsbiographie der Kaufleute, Handwerker und Beamten deutlich abhob. Mit 40 Jahren stieg deren Ansehen in Anbetracht ihrer beruflichen Erfahrungen. Sie hatten noch die besten Jahre ihrer Berufstätigkeit vor sich, in denen sie etwas fürs Alter zurücklegen konnten.

Besonders beeinträchtigt waren die Frauen der Arbeiterfamilien. Viele waren gezwungen, selbst Fabrik- und Manufakturarbeit zu leisten. Schwere Arbeit, Schwangerschaften und unzureichende Ernährung führten zu Krankheit und frühem Tod. Andere verdienten zum Familieneinkommen durch Gelegenheitsarbeiten und Heimarbeit hinzu. Kinder verrichteten Fabrikarbeit oder Gelegenheitsarbeiten, die zum Unterhalt der Familien nötig waren.[350] Der Zuzug von Fabrikarbeitern in die Industriestädte und -regionen führte zu Wohnungsnot und hohen Mieten. Die meisten Arbeiterfamilien lebten zur Miete. Viele sahen sich genötigt, Bettgänger und Aftermieter aufzunehmen, um die Mietkosten bestreiten zu können. Sie lebten auf engstem Raum in oftmals feuchten, schlecht beleuchteten und belüfteten Wohnungen.

---

347 Ehmer 1990, 66 f.
348 Braudel 1990, 206.
349 Engelsing 1978, 32.
350 Sieder 1991, 185 ff.

Das Einkommen mancher Familien minderte sich in der zweiten Hälfte des 19. Jahrhunderts dadurch, dass Kinder- und Jugendschutzbestimmungen die Fabrikarbeit der Kinder beschnitt und der Schulbesuch strenger kontrolliert wurde. Kinderreichtum galt nicht mehr als Segen. Er bedeutete für viele Familien Beschneidung der Einkünfte und Konsumverzicht. Deshalb sank schon in den 1870er Jahren die Zahl der Geburten.

Fabrik- und Manufakturarbeiter und insbesondere solche in den Städten hatten nur geringe Möglichkeiten einen Zuverdienst auszuüben. Die langen Arbeitszeiten in den Fabriken von 60 Stunden in der Woche ließen nicht mehr viel Zeit für zusätzliche Arbeiten. Die Konkurrenz um vorhandene Gelegenheitsarbeiten war groß. Glücklich konnte sich schätzen, wer vor den Toren der Stadt ein Stück Land, einen Garten bewirtschaften konnte. Dies machte sich besonders im Alter bemerkbar.[351] Viele zehrten von Ersparnissen. Waren keine vorhanden oder waren die vorhandenen aufgezehrt, musste der Hausrat Stück für Stück verkauft werden. Am Schluss blieb nur noch der Weg zur Armenkasse. Die gestiegene Zahl der Fabrik- und Manufakturarbeiter und die gestiegene Lebenserwartung machte Altersarmut sichtbar. Es gab nicht mehr nur wenige alte Menschen, deren Armut als selbstverschuldet abgetan werden konnte. Es konnte nicht mehr geleugnet werden, dass es sich um ein strukturelles Problem handelte.

Schlechter noch als Fabrik- und Manufakturarbeiter waren Tagelöhner gestellt. In den Heirats- und Sterbeinventaren wird ihre schwierige wirtschaftliche Situation deutlich. Sie verfügten über wenig Hab und Gut und hatten oftmals nur das, was sie am Leibe trugen.[352]

Mit dem Entstehen und der Zunahme der freien Lohnarbeit, der Loslösung aus dem elterlichen Haushalt, dem Ende familiärer Produktionsformen nahm die Schutzfunktion der Familie ab. Mit der Loslösung aus dem Haushalt des Dienstherrn nahm dessen Versorgungspflicht bei Alter und Krankheit ab. Für die Fabrik- und Manufakturarbeiter galten nicht die tradierten Versorgungssysteme der Zunft- und Bruderschaftskassen. Es bedurfte an deren Stelle neuer Hilfssysteme. Es entwickelte sich eine Vielzahl von genossenschaftlichen, gewerblichen und kommunalen Unterstützungs- und Hilfskassen für Arbeiter, die bei Krankheit und Invalidität Leistungen erbrachten. Die Unterstützungsleistungen der Krankenkassen ersetzen bei Krankheit nur einen Bruchteil des entgangenen Verdienstes und sie waren zeitlich begrenzt. Die Kranken hatten zumeist die Kosten für Arzt und Medikamente

---

351 Borscheid 1978, 395, 440.
352 Benscheidt 1985, 137, 216 f.

selbst zu tragen. Krankheit konnte eine Familie in bittere Not stoßen.[353] Erst das *Gesetz betreffend der Krankenversicherung für Arbeiter* von 1883 brachte Verbesserungen. Es galt für Arbeiter in Industrie, Handwerk und Gewerbe.

Handwerk

Gegen Ende des 18. und zu Beginn des 19. Jahrhunderts war das Monopol der Zünfte immer mehr aufgeweicht worden. Immer mehr beschäftigungslose Menschen drängten in das Handwerk und insbesondere in das Kleinhandwerk. Dies gipfelte zu Beginn des 19. Jahrhunderts in die Aufhebung des Zunftmonopols. Die Gewerbefreiheit fand 1810 Eingang in Preußen und Brandenburg und schuf den Zunftzwang ab. Die Funktion der Zünfte reduzierte sich zunehmend auf die Einhaltung der Berufsordnung. Die Zünfte wachten über die Lehrlingsausbildung und die Meisterprüfung. Die Zahl und Besetzung der Meisterstellen konnten sie nicht mehr reglementieren und damit unliebsame Konkurrenz fernhalten. Die Innungen übernahmen später die verbliebenen Aufgaben der Zünfte. Statt einem Eintrittsgeld in die Zunft mussten die angehenden Handwerker Gebühren für einen Gewerbeschein aufbringen. Neben der herkömmlichen Ausbildung und Prüfung zum Meister gab es die Patentmeister. Sie hatten von der Steuerbehörde die Erlaubnis zur Ausübung eines Gewerbebetriebes erlangt, ohne eine Meisterprüfung vorweisen zu müssen. In manchen Handwerksberufen konnten sich Gesellen ohne Vorliegen einer Meisterprüfung mit einem Gewerbeschein selbstständig machen. Der Zustrom galt vor allem Handwerksberufen mit geringer Qualifikation und geringen Produktionsmitteln wie den Schneidern, Schuhmachern und Tischlern. Schumacher und Böttcher strömten in das Reparaturhandwerk. Hier machten sich rasch eine Übersetzung und damit einhergehend Verarmung breit.[354] Nun war eingetreten, was die Zunftordnungen hatten vermeiden wollen. Es gab Konkurrenzdruck und es entstanden große Handwerksbetriebe und andere verloren ihre Existenzgrundlage.

Den noch bestehenden Zunft- und Bruderschaftskassen kam weiterhin eine soziale Funktion zugunsten kranker und verarmter Mitglieder zu, wenngleich ihre Bedeutung schwand. Sie wandelten sich im Laufe der Zeit zu Unterstützungskassen, die insbesondere für die Beerdigung und im Krank-

---

353 Fischer u. a. 1978, 193, 208 f.; Borscheid, Textilarbeiterschaft 1978, 403.
354 Bergmann 1973, 74, 204 ff., 298 ff.

heitsfalle Leistungen erbrachten.[355] Mit dem Niedergang der Zünfte übernahmen die Innungen die Funktion, solche Kassen fortzuführen. § 104 der Preußischen Gewerbeordnung von 1845 bestimmte:

> Der Zwek der neu zu gründenden Innungen besteht in der Förderung der gemeinsamen gewerblichen Interessen; insbesondere sollen die Innungen [...]
> 2) die Verwaltung der Kranken-, Sterbe-, Hülfs- und Sparkassen der Innungsgenossen leiten [...]

Noch immer überwog das Kleingewerbe im Handwerk. Daran änderte der stetige Anstieg von Industriebetrieben nichts. Nur wenigen Handwerkern gelang es, einen Großbetrieb zu führen, obwohl es die Beschränkungen der Zünfte hinsichtlich der Mitarbeiterzahl nicht mehr gab. In den Steuerlisten finden sich zu Beginn des 19. Jahrhunderts nachwievor weitaus mehr Meister als Gesellen. Dies änderte sich erst ab etwa 1840.[356] Nun war ein deutlicher Anstieg der Zahl der Gesellen zu vermerken. Die Überbelegung in gewissen Handwerksberufen und die vermehrte Konkurrenz führten zu einer Verarmung in vielen Handwerksberufen. Galten zu Beginn des 19. Jahrhunderts noch etwa 20–30 % der Handwerker in den Großstädten als wohlhabend, sank dieser Anteil bis Mitte des Jahrhunderts deutlich ab.[357] Während und nach der großen Hungersnot 1816/1817 lebte in manchen Städten etwa ein Drittel der Bevölkerung in drückender Armut. Die Menschen konnten sich von ihrer Arbeit nicht ernähren und waren auf Armenunterstützung angewiesen. Zu den Armen zählten viele Handwerksmeister, die allein oder mit nur einem Gesellen arbeiteten und die nicht an der Produktivitätssteigerung teilhatten. Handwerkszweige wie die Nagel- und Scherenschmiede, Schumacher, Schneider, Tischler, Drechsler verloren ihre wirtschaftliche Selbstständigkeit und arbeiteten für den Großhandel, für Verleger, Manufakturen, Fabriken und handwerkliche Großbetriebe. Das Schneiderhandwerk geriet immer mehr in Abhängigkeit von Verlegern. Schuhmacher und Tischler arbeiteten für Magazine, für die sie Serienprodukte herstellten. Sie waren dabei der Lohndrückerei ausgesetzt.[358] Sie waren zwar weiterhin formal selbstständig, doch standen sie materiell den Lohnarbeitern gleich. Alter bedeutete für diese Arbeit bis zum letzten Atemzug.[359] Anders verlief

---

355 Bergmann 1973, 46 ff.
356 Fischer u. a. 1978, 119 ff., 126; Bergmann 1973, 159 ff.
357 Bergmann 1973, 206 ff.
358 Bergmann 1973, 288.
359 Bergmann 1973, 38; Fischer 1982, 56 ff.

die Entwicklung bei den Bäckern, Fleischern und Glasern. Hier tat sich ein gewisser Wohlstand auf. Eine Alternative bot sich für Handwerker, wenn sie in der Industrie oder bei der Eisenbahn aufgrund ihrer Fachkenntnisse ein Auskommen fanden. Fabrikarbeit entsprach zwar nicht dem Standes- und Ehrgefühl eines Handwerkers. Doch war sie zumeist sicherer und besser bezahlt in Anbetracht der schwindenden Verdienste im Handwerk.

Die Gewerbefreiheit und die sozialen Veränderungen blieben nicht ohne Einfluss auf das Verhältnis zwischen Meister und Gesellen. Die Abhängigkeit der Gesellen vom Meister nahm ab. Der Vorrang der Meistersöhne auf eine Meisterstelle entfiel. Den Gesellen bot das unzünftige Handwerk neue Betätigungsfelder. Der Weg in die Fabrikarbeit eröffnete sich. Immer weniger Gesellen erhielten freie Kost und Logis als Teil der Entlohnung. Sie schliefen nicht mehr in der Werkstatt, sondern suchten sich vermehrt eigene Schlafstätten. Dies förderte die Wohnungsnot in den Städten. Diese neuen Freiheiten boten Chancen, aber auch Risiken. Die Lohnsteigerungen deckten die Preissteigerungen für Nahrungsmittel und Miete bis 1860 kaum ab und blieben in manchen Branchen wie dem Schneiderhandwerk und bei den Uhrmachern gar dahinter zurück.[360]

Die Heimindustrie hatte Ende des 18. Jahrhunderts einen enormen Zuwachs verzeichnet. Sie bot Tagelöhnern Arbeit. Mit wenig Kapital konnten sie sich selbstständig machen. Ihr Verdienst machte sie nicht reich, doch sie hatten ein bescheidenes Auskommen. Ihr Einkommen erlaubte es ihnen, früher zu heiraten als es den jungen Bauern möglich war, die auf die Hofübergabe warten mussten. Dadurch hatten sie mehr Kinder als die Bauern. Doch dieses Hoch in der Heimindustrie hielt nicht ewig an. Die Heimarbeit ging im Laufe des 19. Jahrhunderts stetig zurück. Die einst blühende Leinwandweberei wurde durch die Baumwollweberei verdrängt.[361] Die verbliebenen Leinwandweber waren auf Zusatzverdienste der Gemeinden als Nachtwächter, Feldhüter und Totengräber angewiesen.[362] Als neuer Zweig in der Heimarbeit kam die Maschinenstickerei hinzu.

Schließlich kam es zur Konkurrenz mit der Produktion in den Manufakturen und Fabriken. Aus England kamen mechanische Spinnmaschinen und mechanische Webstühle. Es entstanden Fabriken, in denen der gesamte Herstellungsprozess von der Vorbereitung und Reinigung der Rohbaumwolle bis zur Fertigung des Tuches vereint war. Diese Herstellungsprozesse

---

360 Bergmann 1973, 241.
361 Kocka 2001, 48; Krüger 1958, 269.
362 Borscheid 1978, 134.

waren bislang auf verschiedene Betriebe verteilt. Nun bedurfte es weniger Arbeitskräfte zur Herstellung des Tuches in den Fabriken. Die Maschinenware war billiger, was auf die Einkünfte der Heimarbeiter drückte. Die Einkommen der Heimarbeiter sanken. Das wirkte sich besonders nachteilig für landlose Heimarbeiter aus, die keine Selbstversorgung betreiben konnten. Die Verelendung weiter Schichten begann. Der Verdienst der Heimarbeiter war weitaus geringer als der Verdienst in den Fabriken, die hygienischen Bedingungen waren schlechter. Oft spielte sich Privates und Arbeit in denselben Räumen ab, getragen von der ganzen Familie einschließlich der alten Familienmitglieder. Sie lebten in Holzhütten auf kleinstem Raum und auf das Notwendigste beschränkt. Rauch und feuchter Garngeruch hingen unter den niedrigen Decken. Die kleinen Fenster blieben fast immer geschlossen. Erkältungskrankheiten konnten in dieser Umgebung um sich greifen. Aus dem Erzgebirge sind Berichte überliefert, wonach in einer Stube drei bis vier Familien lebten und arbeiteten.[363] Im Jahresbericht der Gewerbe-Aufsichtsbeamten im Königreich Württemberg von 1885 heißt es:

> Die Arbeitslokale, zugleich sehr häufig auch die Wohn- und Schlafräume der Familie entsprechen bei weitem nicht den Anforderungen, welches das Gesetz an die Arbeitslokale in den Fabriken in hygienischer Beziehung stellt, und es ist daher kein Wunder, wenn aus diesen Räumen schwere Klagen über Gesundheitsschädigungen an die Öffentlichkeit dringen.[364]

Anschaulich zu lesen sind die Wohn- und Arbeitsverhältnisse und der hygienische Standard in einem Visitationsbericht von 1886 an die Centralstelle über die Handweberei auf dem Heuberg in Württemberg:

> An Reinlichkeit fehlt es überhaupt, so z. B. fand der Unterzeichnete in mehreren Häusern, daß die Hühner unter dem Ofen ihr Quartier hatten und daß dieselben nicht blos gefüttert werden, sondern es wird ihnen auch noch Erde zum Baden untergeworfen. Viel unschädlicher dagegen war ein anderer Fall, in welchem ein junges Schwein sich lustig unter dem Webstuhle seiner Besitzerin tummelte[...]denn wo soll man die armen Thiere hin thun, wenns draußen so kalt ist.[365]

Anders als die Fabrikarbeiter waren die Heimarbeiter Selbstständige, die unter Einbindung der Familienmitglieder und unter Selbstausbeutung produzierten. In der ersten Hälfte des 19. Jahrhunderts boten sich große Einkommensunterschiede zwischen Bürstenbindern und Strohflechtern in Heim-

---

363 Glántzer 1979, 141.
364 Zitiert nach Borscheid 1978, 365.
365 Zitiert nach Borscheid 1978, 364.

arbeit, Tagelöhnern und Facharbeitern in der Industrie. Diese Unterschiede gingen zu Lasten der Frauen- und Kinderarbeit, die umso mehr in die Arbeit einbezogen wurden, je weniger die Männer verdienen konnten. Es blieb keine Zeit, den Haushalt zu verrichten, Speisen zu kochen. Sie hatten kein Geld, gesunde Lebensmittel in ausreichender Menge zu erwerben. Brot und Kohl und selten etwas Fleisch machten den Speiseplan aus. Die Konkurrenz unter den Heimarbeitern, der Zwang, billiger als die mit Maschinen ausgerüsteten Industriebetriebe zu fertigen, führte zu einem enormen Lohndruck. Eine Absatzkrise im Jahr 1873 bewirkte das Aus der Heimweberei.[366] In der Untersuchung eines Vereins für Sozialpolitik im Schwarzwald hieß es 1895:

> Mit einer Ausnahme sind die vorhandenen Weber alte Leute, mit deren Tod auch die manchmal Jahrhunderte lang in ihrem Hause betriebene Weberei eingehen wird.[367]

Die Heimweberbei hatte trotz der geringen Einkünfte so lange fortbestanden, weil viele der Heimweber dies auf dem Land als Nebenerwerb ausübten und ihr nur neben der Landwirtschaft nachgingen. Selbst wenn nur ein kleines Stück Land zur Verfügung stand, versorgte dieses die Familie mit dem Allernotwendigsten und sicherte das Überleben. Spielten sich Privates und Arbeit in denselben Räumen ab, waren die Produktionskosten gering. Es war selbstverständlich, dass die ganze Familie einschließlich der alten Familienmitglieder mitarbeitete. Deren Arbeit, Zeit und Mühe fand keinen Eingang in die Kostenkalkulation. Eine solche war den Heimarbeiten fremd. Sie hielten am Altgewohnten fest, weil sich ihnen keine wirklichen Alternativen boten und sie mit der Entwicklung nicht Schritt halten konnten. Sonst wäre ihnen nur der Weg in die Städte geblieben ohne sichere Aussicht auf Wohnraum und Arbeit.

Die Heimarbeit des 17./18. Jahrhunderts war die Vorstufe zur industriellen Produktion, die im 19. Jahrhundert zuerst langsam und dann immer mehr um sich griff. Die Heimarbeit bestand zuerst neben den Industriebetrieben fort. Industriebetriebe konnten billiger produzieren. Das verdarb den Heimarbeitern im Textilhandwerk die Preise und führte zur Armut der schlesischen Weber, die ihre Familien nicht mehr ernähren konnten. Dies gipfelte 1844 im Aufstand der Weber in Schlesien, dem Gerhart Hauptmann mit seinem Theaterstück *Die Weber* ein literarisches Denkmal gesetzt hat. Es galt auch für manch anderen Handwerksbetrieb wie die Spinner in Hessen und Westfalen.

---

366 Borscheid 1978, 67.
367 Zitiert nach Borscheid 1978, 134.

Entwicklung in der Landwirtschaft

Die landwirtschaftliche Produktion befand sich seit der zweiten Hälfte des 18. Jahrhunderts in einem Umbruch. Das Bevölkerungswachstum verlangte nach mehr Nahrungsgütern. Der Einsatz von Kunstdünger, neue Landbausysteme wie die Fruchtwechselwirtschaft, Einführung neuer Feldfrüchte wie Kartoffel und Mais steigerte die Produktion landwirtschaftlicher Erzeugnisse. Vermehrter Kleeanbau förderte die Viehwirtschaft und diese führte zu mehr Dünger für den Getreideanbau. Fortschritte in der Tier- und Pflanzenzüchtung trugen zu mehr Erträgen und einer zunehmenden Vielfalt im Nahrungsangebot bei.[368]

Die sozialen Oberschichten profitierten von dieser Verbesserung des Nahrungsangebotes und den damit einhergehenden Verbesserungen der Gesundheit. Hinzu kamen steigende Angebote und Produktvielfalt aus dem Kolonialwarenhandel. Gerade älteren Menschen konnte das gestiegene Angebot an eiweißreicher Nahrung und das ausgewogene Angebot im Sommer wie im Winter zugute kommen. Dies ging einher mit der Einsicht, dass Hygiene dazu beitrug, die Ausbreitung ansteckender Krankheiten zu verhindern. Nicht allen gesellschaftlichen Schichten war es vergönnt, von diesen Verbesserungen des Nahrungsangebotes zu profitieren. Ihnen fehlte es an den erforderlichen Mitteln, um diese gesunden Nahrungsmittel zu erwerben. Lange Arbeitszeiten ließen es nicht zu, verderbliche Lebensmittel zu konservieren und ausgewogen zu kochen. Beengte Wohnverhältnisse ohne fließendes Wasser bildeten weiterhin eine Brutstätte für Krankheiten in den Elendsquartieren.

Die Fortschritte in der Landwirtschaft konnten Missernten und Hungerkatastrophen in den Jahren 1816/17 und 1846/47 nicht verhindern. Nach diesen Missernten nahm die Zahl der Armen explosionsartig zu. Nach der Krise bei der Kartoffelernte 1847 war ein Viertel der Gesamtbevölkerung auf die Lieferung verbilligten oder kostenlosen Getreides angewiesen. Betteln, Wald- und Feldfrevel nahmen Überhand. Die Hungersnöte beruhten nicht allein auf einem Mangel an Nahrungsmitteln. Es war obendrein ein Problem der Bevorratung und Verteilung. Sie beruhte mit auf der Exportwirtschaft, die zu wenig Nahrungsmittel für den inländischen Markt übrig ließ. Auf Missernten konnten Jahre mit Überproduktion folgen wie 1825, die die Ge-

---

368 Braudel 1990, 169 f.; Aubin/Zorn 1971, 519 ff.

treidepreise drastisch sinken ließen und die betroffenen Bauern wiederum in wirtschaftliche Schwierigkeiten brachten und verarmen ließen.[369] Das bäuerliche Ausgedinge ging im 19. Jahrhundert immer mehr zurück und verschwand dann gänzlich. Anstelle des Ausgedinges traten Hofkauf und Leibgedinge. Viele Bauern gaben bis ins hohe Alter die Bewirtschaftung des Hofes nicht aus der Hand. Wer es konnte, zog sich mehr und mehr zurück und gab die Arbeit an Nachkommen und Gesinde weiter. Es gab große Unterschiede im Lebensstil zwischen den Großgrundbesitzern und Großbauern im Osten, die mehr Händler als Bauern waren und den Kleinbauern in ärmlichen Gegenden und in den Realteilungsgebieten, die bis zuletzt arbeiten mussten. Glücklich konnten sich die Kleinbauern schätzen, die neben dem Betrieb ihrer Landwirtschaft in eine Fabrik eintreten konnten. Entlang der Eisenbahnlinien hatten sich auf dem Lande neue Fabriken angesiedelt wie die Maschinenfabrik Esslingen, die Landwirten und Weingärtnern ein zweites Standbein ermöglichte.[370]

Über die Wohnverhältnisse beim Häusler Walther wird berichtet:

> Treten wir in die ländliche Arbeiterwohnung so finden wir links eine kleine Kammer, rechts eine Stube von 3 1/3 Meter lang und 4 1/3 Meter tief [...] außerdem einen kleinen Hausflur ohne Pflaster und eine schwarze Küche fast ohne Licht, mit unebenem Naturboden. Nach dem Strohdachboden führt eine Leiter. Im Hause selbst wohnen zwei Familien, der Tagelöhner Große und sein Schiegersohn Walther, verträglich und friedlich in einer Stube, denn es ist nur ein beheizbarer Raum im ganzen Haus vorhanden. Man fragt sich, wie ist das möglich, dass in solchen elenden und beschränkten Räumen Menschen, ja sogar 2 Familien wohnen können [...] Große schläft mit seinen Kindern auf dem Dachboden unter Stroh und Lumpen.[371]

Der Witwer Große lebte mit fünf seiner Kinder auf dem Dachboden im Haus seines Schwiegersohns Walter. Walther war mit einer Tochter Großes verheiratet. Das Ehepaar hatte zwei Kinder. Die Fortschritte in der Landbewirtschaftung führten zu einem gestiegenen Bedarf an Gesinde auf dem Lande. Wenigen war es vergönnt, einen eigenen Haushalt zu führen. Vielen blieb nichts anderes übrig, als lebenslang ihren Dienst auf dem Hof zu verrichten.[372] Konnten sie keine Arbeit mehr verrichten, mussten sie auf Gnadenbrot und ein Bettlager hoffen. *Junger Knecht – Armer Bettler* lautete ein Sprich-

---

369 Matz 1980, 57.
370 Schomerus 1977, 94 f.
371 Knauer 1873, 36.
372 Ehmer 1990, 87 f.

wort. Noch immer war die Reihumversorgung kranker und alter Mägde und Knechte üblich.

In Gegenden mit karger Landwirtschaft, kleinen Höfen und landlosen Tagelöhnern war die Heimarbeit eine noch immer weit verbreitete Notwendigkeit. Doch die Heimarbeit stand in Konkurrenz zur Fabrikarbeit. Sie konnte sich langfristig nicht mehr neben der Fabrikarbeit behaupten. Das Großherzogtum Baden förderte gleichwohl noch die Heimarbeit, um die Verelendung der Landbevölkerung aufzuhalten. Die beginnende Industrialisierung hatte eine Zuwanderung in die Städte, hatte Landflucht bewirkt. Nicht jeder fand dort Arbeit. Arbeitslosigkeit und die hohen Lebenshaltungskosten führten dazu, dass manche enttäuscht aufs Land zurückkehren mussten. Gerade ältere Menschen mussten wegen der hohen Lebenshaltungskosten zurück aufs Land, zu Verwandten ziehen. Die Armut in den Städten strahlte aufs Land aus.

Bergarbeiter

Im Ruhrgebiet waren viele Bauern im Nebenerwerb in kleinen Bergwerksbetrieben tätig. Der eigene Hof erlaubte ihnen eine Familiengründung, die in anderen Regionen des Bergbaus ausgeschlossen war, in denen fast ausschließlich der Arbeit im Berg nachgegangen wurde. Die finanzielle Basis dieser Landwirtschaft betreibenden Bergarbeiter war recht solide. Die meisten verfügten über eigene Hofstellen mit Viehhaltung. Hier bestand räumlich die Möglichkeit, eine Dreigenerationenfamilie unterzubringen. Mit dem Erstarken des Bergbaus und der Montanindustrie entwickelte sich der Nebenerwerb zum Haupterwerb in den Regionen des Bergbaus im Ruhrgebiet. Die Bergarbeiter behielten die Landwirtschaft weithin bei. Die Ehefrau und die Kinder gingen der Arbeit auf dem Hof nach. Manche Gruben schlossen in der Erntezeit vorübergehend, damit die Bergarbeiter die Ernte einfahren konnten.[373]

In der ersten Hälfte des 19. Jahrhunderts erfolgte der Ausbau bestehender Bergwerke und die Gründung einer Vielzahl neuer Bergwerke. In Zeitraum von 1852–1857 verdoppelte sich die Zahl der in den Bergwerken beschäftigten Arbeiter. Die Bergwerksgesellschaften begrüßten das Nebeneinander von Landwirtschaft und Arbeit in den Bergwerken. Kam es zu Missernten in

---
373 Sieder 1991, 160 ff.

der Landwirtschaft wirkte die Eigenproduktion Teuerungen und Nahrungsknappheit entgegen. Es stellte eine gelungene Absicherung der Landwirtschaft betreibenden Bergarbeiter in Absatzkrisen dar, wenn die Arbeit in den Bergwerken ruhen musste. Die Arbeiter hatten keinen Schutz bei Arbeitslosigkeit. Der Vorteil zeigte sich in der Absatzkrise 1857. Wurden Feierschichten im Bergwerk gefahren, konnten die Land besitzenden Bergarbeiter sich ihrer Landwirtschaft widmen und die Krise traf sie nicht so hart. In anderen Bergwerksregionen, in denen Bergleute keine oder nur wenig Landwirtschaft betreiben konnten, waren diese den Widrigkeiten von Natur und Konjunktur viel mehr ausgeliefert.

Der wachsende Arbeitskräftebedarf in Zeiten der Hochkonjunktur hatte zu einer Zuwanderung junger Männer selbst aus entfernteren Regionen geführt. Viele waren froh, der Enge ihrer dörflichen Umgebung, dem wachen Auge der Nachbarn und der Bevormundung durch die Eltern entfliehen zu können. Die expandierenden Bergwerke, Industrieansiedlungen und wachsenden Städte ließen die Grundstückspreise rasant ansteigen. Ein Grundstücks- und Hauserwerb war für zuziehende Bergarbeiter und ihre Familien kaum mehr möglich. Es entstand ein Mangel an Wohnraum. Die meisten Bergarbeiter und ihre Familien wohnten zur Miete. Viele Bergarbeiter hatten ihre Frauen und Kinder nicht nachziehen lassen. Diese mussten auf dem Dorf zurück bleiben. Um die Miete bestreiten zu können, waren die Bergarbeiter genötigt, Koch- und Bettgänger, Schlafburschen, Aftermieter aufzunehmen oder sich in einem fremden Haushalt einzumieten. Die Belegung eines Bettes reihum an mehrere Schichtarbeiter war keine Seltenheit. Die Familien konnten durch die Untervermietung die eigenen Mietkosten reduzieren oder gar einen Überschuss erzielen. Durch Verköstigung der Bettgänger, Waschen und Nähen von deren Wäsche konnten die Frauen etwas hinzuverdienen. Wer sich bei der Untervermietung geschickt anstellte, konnte Ersparnisse für eine eigene Wohnung oder ein eigenes Haus erwirtschaften. Hohe und drückende Darlehen mussten dazu beitragen. Es entwickelten sich Wohnverhältnisse, wie sie in der zweiten Hälfte des 19. Jahrhunderts in den Industriestädten weit verbreitet waren: Überbelegte, enge Wohnungen mit wenig Licht und frischer Luft, oft feucht und übelriechend. Die Bergwerksgesellschaften schufen erste Abhilfe mit der Errichtung von Arbeiterwohnungen im ausgehenden 19. Jahrhundert.

Unter den Bergarbeitern war eine hohe berufliche Mobilität verbreitet. Um mehr zu verdienen, wechselten sie häufig die Arbeitsstelle und die Unterkunft. Eine Familiengründung war unter diesen Umständen erschwert, was zu einer Anhebung des Heiratsalters führte. Noch schwieriger war es, die Eltern aufzunehmen und zu versorgen. Sie beschränkten sich eher darauf, mit Geld zum Unterhalt der Eltern beizusteuern.[374]

Alterssicherungssysteme

Das Alimentationsprinzip im Beamtenrecht hatte zu Beginn des 19. Jahrhunderts den Anstoß gegeben für Überlegungen zu einer gesetzlich geregelten Altersversorgung für Beamte und eine Hinterbliebenenversorgung. Bis dahin gab es nur genossenschaftliche Hilfssysteme wie die Zunft- und Bruderschaftsladen, die Knappschaftskassen und beitragsfinanzierte Unterstützungskassen neben gnadenweise gewährten Pensionen. Die steigende Lebenserwartung und die damit einhergehende größere Zahl alter, bedürftiger Menschen zeigten, dass diese Systeme unzureichend waren und forderten neue Wege in der Altersversorgung. In der zweiten Hälfte des 19. Jahrhunderts sollte die Altersversorgung der Arbeiter entwickelt werden.

Selbsthilfesysteme

Gilden und Zünfte hatten sich den Schutz ihrer Mitglieder zur Aufgabe gemacht. In erster Linie traten sie bei Krankheit und im Todesfall ein. Ihren Mitgliedern ein standesgemäßes christliches Begräbnis auszurichten, war entsprechend ihrer religiösen Prägung von besonderer Bedeutung. Deshalb richteten sie Begräbniskassen ein.[375] Das System der Begräbniskassen war recht solide, hatten diese doch nur einmalige Leistungen im Todesfall zu erbringen. Der Bedarf war einfach zu kalkulieren und aufzubringen. Bei Bedürftigkeit traten die Zünfte ihren Mitgliedern zur Seite, wenn diese bei Krankheit und Gebrechlichkeit keiner Arbeit mehr nachgehen konnten. Günstigenfalls verfügten sie über Betten in Spitälern. Andernfalls konnten die alten Handwerker Leistungen aus der Zunftkasse erhalten, die nicht immer für das Notwendigste reichte. Die Zunftkassen ließen in seltenen Fällen langfristige Leistungen zu, zumeist gewährten sie einmalige Leistungen

---

374 Sieder 1991, 159 ff.
375 Bräuer/Schlenkrich 2002, Archiv Dresden 808, 837, 839.

und Darlehen. Ansonsten mussten die Bedürftigen auf die Armenkasse der Gemeinde zurückgreifen. In Notzeiten wie den Hungerjahren im 18. und 19 Jahrhundert reichten die Leistungen der Zunft- und Armenkassen nicht, um Handwerker und Gesellen nur annähernd mit dem Nötigsten zu versorgen. Vielen blieb nichts anderes übrig, als auf den Straßen zu betteln.

Im 17. und vor allem im 18. Jahrhundert waren erstmals beitragsfinanzierte Witwen-, Waisen- und Invalidenkassen entstanden. Die Zahl der Begräbnis- und Grabeskassen nahm zu. Es folgten Aussteuer- und Heiratskassen.[376] Diese Entwicklung belegt, was für die Menschen dieser Zeit wichtig war und was sie sich leisten konnten: Eine Aussteuer für die Heirat und ein anständiges Begräbnis. Die Heirat zählte zum Prestige und barg die Hoffnung auf Gemeinsamkeit, Schutz und Unterstützung. Die Versorgung der verschwindend geringen Zahl alter Menschen stand noch nicht im Mittelpunkt. Arbeit bis zum Tod und die Versorgung durch Kinder waren weiterhin die Regel. Ansonsten blieben Almosen und Betteln.

Die Zunft-, Bruderschafts- und Knappschaftskassen hatten für diese Kassen Vorbild gestanden. Eigene, zumeist freiwillige Beiträge und manchmal staatliche Zuschüsse bildeten den Grundstock. Dahinter stand der Gedanke der Selbsthilfe statt Wohlfahrt, Planbarkeit statt Schicksal. Anfangs konnten nur Berufsgruppen mit einem mehr oder weniger regelmäßigen Einkommen, das für das Nötigste reichte und gar etwas übrig ließ, die Beiträge erbringen. Die Gründung einer Invalidenkasse für Dienstboten scheiterte im 18. Jahrhundert daran, dass die von den Dienstboten eingebrachte Summe nur für eine schmale Pension gereicht hätte, von der sie nicht leben konnten. Sie sparten eher für eine Aussteuer oder um sich später selbständig machen zu können.[377] Davon versprachen sie sich einen absehbaren, greifbaren Nutzen. Zu ungewiss war ihnen die Aussicht, überhaupt alt zu werden. Viele der Kassen hatten keinen langen Bestand. Versicherungsmathematische Berechnungen von Prämien und Leistungen waren ihnen fremd. Sie agierten eher nach einem Schneeballsystem. Viele Kassen mussten nach wenigen Jahren schließen. Bei anderen stiegen die Beiträge und die Leistungen sanken. Dies führte zu einem Misstrauen in das Kassenwesen. Zu oft hatten die Bürger ihr mühsam verdientes Geld bei unsolide aufgestellten Kassen verloren.

Genossenschaftliche Selbsthilfevereine, die Alters- und Invalidenversicherungen anboten, hatten im 18. und 19. Jahrhundert Konjunktur. Der 1844

---

376 Bräuer/Schlenkrich 2002, Archiv Dresden 197 ff., 451, 638, 809, Archiv Freiberg 888, Archiv Leipzig 1119, 1122, Archiv Zwickau 1299, 1330 f.
377 Engelsing 1978, 269.

gegründete *Centralverein für das Wohl der arbeitenden Klassen* hatte sich zum Ziel gesetzt, den Arbeitern die Möglichkeit zu eröffnen, Rentensparverträge fürs Alter abzuschließen. Die Mittel sollten aus Einzahlungen der Arbeiter und eingeworbenen Spenden gespeist werden. Das Projekt war von nur geringer Reichweite, denn es mangelte an den erforderlichen Einzahlungen und Spenden.[378] Die 1869 von Gewerkschaften gegründete *Verbandskasse für die Invaliden der Arbeit* versprach den Mitgliedern Renten in Höhe von etwa einem Drittel des zuvor erlangten Arbeitseinkommens. Schon 1889 folgte die Auflösung der Verbandskasse. Die erhobenen Beiträge sicherten auf Dauer nicht die Rentenleistungen.[379] Das *Sächsische Gesetz, die Errichtung einer Altersrentenbank betreffend*[380] aus dem Jahr 1858 sollte jedermann die Möglichkeit eröffnen, einen staatlich garantierten Rentenanspruch durch Einzahlungen zu erwerben. Das Vorhaben litt daran, dass weite Kreise nicht die erforderlichen Mittel hatten, um die Einlagen zu erbringen. Wer diese Mittel hatte, sparte sie eher an, um ein eigenes Geschäft zu gründen. In späteren Jahren mussten immer höhere Einzahlungen erbracht werden, die nicht zu stemmen waren. Ähnlich geschah es mit der 1879 ins Leben gerufenen *Kaiser-Wilhelms-Spende. Allgemeine deutsche Stiftung für Altersrenten- und Kapitalversicherung*.[381] Sie wandte sich nach ihren Statuten in erster Linie an Arbeiter, sicherte und verzinste deren Beiträge. Nur wenige konnten oder wollten von diesen freiwilligen Sicherungssystemen Gebrauch machen. Diese Angebote der freiwilligen Selbsthilfe fürs Alter konnten nur bei denen greifen, die über ausreichend Mittel verfügten, regelmäßige Beiträge zu erbringen. Den Arbeitern mangelte es an den erforderlichen Mitteln. Viele hatten keine regelmäßige Arbeit. Konjunkturelle Schwankungen führten zu vorübergehenden Betriebsschließungen. Wohnung und Nahrung waren teuer. Nicht immer standen Mittel für Beiträge zur Verfügung. Wer es sich leisten konnte, wollte anständig gekleidet sein, sich von anderen abheben, es dem Bürgertum gleichtun. Tanzlokal und Wirtshaus warteten heute. Das Alter stand in weiter Ferne.

1872 soll es in Preußen 4.690 Kassen für Fabrikarbeiter und Handwerksgesellen gegeben haben. Doch nur 280 Kassen boten Leistungen für Invalidität und Alter an. Sie erreichten gleichwohl nur wenige Arbeitnehmer. Die Leistungsfähigkeit der Kassen war nicht gewährleistet. Die Arbeitnehmer

---

378 Haerendel 2001, 36 f.
379 Tennstedt/Winter XXVI.
380 Abgedruckt in Tennstedt/Winter 2002, 594 ff.
381 Abgedruckt in Tennstedt/Winter 2002, 580 ff.

scheuten Einzahlungen. Zu ungewiss war die Aussicht, alt zu werden. Sie wollten die finanziellen Mittel lieber hier und heute verwenden.[382] Fabrikarbeiter in ländlichen Gegenden sparten ihr Geld lieber für Grund und Boden an, um eine Nebenerwerbslandwirtschaft zu betreiben. Andere trugen es ins Wirtshaus. Wichtiger waren Krankenkassen, mit denen ein Lohnausfall bei Krankheit gemindert werden konnte. Die Menschen waren Krankheiten ausgeliefert wie Naturgewalten. Sie konnten zu vollkommenem oder zumindest vorübergehendem Ausfall der Erwerbsfähigkeit führen. Manche Berufe brachten Krankheiten mit sich. Der feine Staub der Baumwolle führte zu Augen- und Lungenkrankheiten. Die Wolle musste feucht gehalten werden, was Rheuma und Erkältungen begünstigte. Die langen Arbeitszeiten, unzureichende Ernährung und unhygienischen Verhältnisse taten ein Übriges dazu. Viele erkrankten an Tuberkulose. Für Arztbesuche reichten die Kassenleistungen kaum. Wichtig war es, einen Lohnausfall wegen Krankheit zu überbrücken: Auch Kranke mussten Miete zahlen und Lebensmittel erwerben. Die Krankenversicherung war ihnen wichtiger als eine Altersversicherung, starben die Menschen doch früh. In jungen Jahren lag der Gedanke an eine Alterssicherung noch fern. Das Hier und Heute war wichtiger als eine Alterssicherung. Für viele stand der tägliche Überlebenskampf im Vordergrund. Die Suche nach einer auskömmlichen Arbeit und einer Wohnung war zu meistern. Sie wussten nicht, was das Morgen bringen würde. Zu ungewiss war es, überhaupt ein höheres Alter zu erreichen. Noch immer starben die Menschen im mittleren Alter. An ein höheres Alter und die Notwendigkeit einer Alterssicherung war nicht zu denken. Zu was sollte man Geld langfristig in einer Alterskasse anlegen, wenn es wichtiger war, Mittel kurzfristiger bei Arbeitslosigkeit und Krankheit zur Verfügung zu haben. Vordringlicher als eine Altersversicherung war eine Krankenversicherung. Krankheit konnte in jungen Jahren jeden treffen. Das Alter war fern. Deshalb zahlten junge Menschen eher in Krankenkassenversicherungen statt in Altersversicherungen ein.

Im 19. Jahrhundert eröffneten sich den Menschen Konsummöglichkeiten, die frühere Generationen nicht gekannt hatten. Der Wegzug aus der Enge des Dorfes mit seiner sozialen Kontrolle, die Loslösung von der Herkunftsfamilie hatte Freiheiten eröffnet, die es auszuleben galt. Dienstboten lebten nicht mehr bei ihrer Herrschaft, Gesellen nicht mehr im Meisterhaushalt bei freier Kost und Logis. Dies bot mehr Freiheit, doch nun waren Mieten zu

---

382 Conrad 1994, 217 f.

bezahlen. Dies trug dazu bei, dass von den verdienten Mitteln wenig übrigblieb. Anderes war wichtiger als eine Altersversicherung. Die Erfahrung mit diesen freiwilligen Altersversorgungseinrichtungen führte mit zu dem von Bismarck umgesetzten Modell einer staatlichen Zwangsversicherung unter Beteiligung der Arbeitnehmerschaft, der Arbeitgeber und des Staates.

Pensionskassen

Es waren Großbetriebe, die eigene Pensionskassen schufen oder Beiträge an Pensionskassen abführten, damit ihre Arbeitnehmer im Falle von Invalidität oder Alter Leistungen erhielten. Hierbei konnte es sich um Abfindungen oder Renten handeln. Die Betriebe verpflichteten ihre Mitarbeiter zur Beitragszahlung, erbrachten Zuschüsse hierzu oder übernahmen selbst die Beiträge. Anfangs waren Leistungen nur für den Fall der Invalidität vorgesehen. Später kam vermehrt Erwerbsunfähigkeit wegen Alters hinzu.[383]

Große Unternehmer wie Krupp hatten eigene Fabrikkassen gegründet, die im Falle von Invalidität oder Krankheit ihrer Mitarbeiter Leistungen erbrachten. In die Kassen flossen Beiträge der Unternehmen. Manche Unternehmen forderten zusätzlich Beiträge ihrer Mitarbeiter ein. Voraussetzung für einen Leistungsanspruch war eine längere Betriebszugehörigkeit, die von Betrieb zu Betrieb zwischen 3 und 40 Jahren liegen konnte.[384] Im Falle eines Arbeitsplatzwechsels, einer Kündigung vor Eintritt der Invalidität oder Erreichen der Altersgrenze entfielen die Leistungen. Die Arbeitnehmer konnten die von ihnen erbrachten Beiträge dann zumeist ganz oder teilweise erstattet erhalten. Diese Fabrikkassen trugen der Mobilität der Arbeiterschaft nicht Rechnung. Sie dienten dazu, die Mobilität einzuschränken, um eine zuverlässige Stammbelegschaft zu erhalten. Sie sollten Loyalität und Identifikation mit dem Betrieb stiften. Auf der anderen Seite kam immer wieder der Verdacht und Vorwurf auf, dass Betriebe Arbeitnehmer ab einem gewissen Alter nicht mehr einstellten, damit diese nicht die erforderlichen Wartezeiten erfüllen konnten. Noch schwerwiegender war der Vorwurf, dass älteren Arbeitnehmern gekündigt wurde, um spätere Leistungen zu vermeiden.[385] Die Höhe der Pensionen beschränkte sich auf einen Zuschuss zum

---

383 Wessel 1983, 435.
384 Übersicht bei Wessel 1983, 434 f.
385 Wessel 1983, 444.

Leben, zu einem auskömmlichen Leben reichten sie nicht. Neben Großbetrieben in der Metallindustrie fand das System der Pensionskassen Verbreitung im Versicherungswesen und bei Banken. Bei diesen wurde viel früher als in der Metallindustrie vom Eintritt der Arbeitsunfähigkeit abgesehen und eine starre Altersgrenze von zumeist 65 Jahren eingeführt.[386] Diese Funktion kommt den Pensionskassen im System der Betrieblichen Altersversorgung als dritte Säule der Altersversorgung noch heute zu.

Die Pensionskasse von Siemens & Halske in Berlin von 1873 sah einen Pensionsanspruch für Arbeitnehmer ab Erreichen des 50. Lebensjahrs und bei 30-jähriger Betriebszugehörigkeit vor. Die Statuten sahen obendrein für Hinterbliebene – Eltern, Ehegatten und eheliche Kinder – bei Bedürftigkeit einmalige oder laufende Leistungen vor, soweit es die Ertragslage der Pensionskasse erlaubte.[387] Die Pension reichte zwar nicht zur angemessenen Lebensführung, doch bildete sie einen Grundstock im Alter.

Tontinen und Lebensversicherungen

Das ausgehende 18. und vor allem das 19. Jahrhundert führten zu einem Erstarken des Lebensversicherungswesens. Sie konnten auf Erfahrungen der Witwen- und Waisenkassen zurückgreifen. Diese Kassen für die unversorgten Witwen und Waisen der Pfarrer, Soldaten und Beamten waren in früheren Zeiten in großer Zahl entstanden und viele mussten nach kurzer Zeit wieder geschlossen werden. Was im einen Jahr an Beiträgen einbezahlt wurde, wurde im folgenden Jahr an die Destinäre ausbezahlt. Zu Beginn der Kassen waren nur an wenige Leistungen zu erbringen und die Prämien konnten gering gehalten werden. Doch im Laufe der Zeit stieg die Zahl der Begünstigten und die Prämieneinzahlungen konnten nicht mehr mit den zugesagten Leistungen Schritt halten. Es kam zum Bankrott, zumal auch betrügerische Machenschaften vorkamen. Die Kassen erfüllten kaum die in sie gesetzten Erwartungen. Die eingezahlten Beiträge waren zu gering, um dauerhafte auskömmliche Leistungen an die Hinterbliebenen zu erbringen. Viele der Kassen überlebten nur dank Zuwendungen des Landesherrn. Der Grundgedanke der Altersversorgung durch Kassen war positiv zu bewerten.

---

386 Haerendel 2001, 34 f.; Ehmer 1990, 56, 81.
387 Statut der Arbeiter- und Beamtenpensions-, Witwen- und Waisenkasse von Siemens & Halske in Berlin, abgedruckt in Tennstedt/Winter 2002, 573 ff.

Nur die Ausgestaltung wies erhebliche Defizite aus. Es war dem Lebensversicherungswesen, das sich im 18./19. Jahrhundert entwickelte, vorbehalten, diese Defizite auszumerzen.

Erstmals lieferten umfangreiche Sterbetafeln, die aus Sterberegistern entwickelt worden waren, valide Aussagen über die Lebenswahrscheinlichkeit der verschiedenen Alters- und Berufsgruppen. Erste Fortschritte in den versicherungsmathematischen Berechnungen von Prämien und Renten und die Erstellung verlässlicher Sterbetafeln stellten das System der Lebensversicherungen auf eine solide Basis.[388] Bis in die 1820er Jahre war es fast nur möglich, Lebensversicherungen bei englischen Gesellschaften abzuschließen, die sich in deutschen Landen niedergelassen hatten. Im Streitfall musste die Angelegenheit vor englischen Gerichten ausgetragen werden. Die Rechtsverfolgung in England war teuer und nicht absehbar. Vereinzelt ermöglichten Betriebe Arbeitnehmern in gehobenen Positionen den Abschluss einer Lebensversicherung und trugen zur Beitragszahlung bei. Lebensversicherungen konnten nur von Personen erworben werden, die ein regelmäßiges Einkommen hatten, das ihnen erlaubte, etwas zur Seite zu legen. Die Beitragszahlungen waren hoch. Nach den schlechten Erfahrungen mit früheren, wenig durchkalkulierten Kassenangeboten saß das Misstrauen tief. Zu unsicher erschien die Aussicht auf die versprochenen Leistungen, zu ungewiss war die Leistungsfähigkeit der Gesellschaften in ferner Zukunft. Es sollte lange dauern, bis das Lebensversicherungssystem breitere Gesellschaftsschichten erreichen sollte. Erst in der zweiten Hälfte des 19. Jahrhunderts spielten Lebensversicherungen eine größere Rolle. Sie hatten den Vorteil, dass der Versicherungsnehmer diese zu Lebzeiten beleihen konnte, um den Lebensunterhalt, größere Anschaffungen oder die Ausbildung der Kinder zu finanzieren.[389]

Kritiker am Kassen- und Lebensversicherungswesen sahen darin einen Eingriff in Gottes Vorsehung. Die Lebensversicherungen würden zu verschwenderischem und sorglosem Leben verleiten. Weshalb die zahlreichen Bankrotte der Witwen- und Waisenkassen Ausdruck von Gottes Zorn gewesen seien. Hinzu kam der weit verbreitete Glaube an die Schicksalhaftigkeit des Lebens, wonach der Lebenslauf vorherbestimmt war. Hiernach hatte es keinen Sinn, durch Vorsorgemaßnahmen in diesen vorherbestimmten Lebenslauf einzugreifen.

---

388 Braun 1963, 11 ff.; 241 ff.
389 Braun 1963, 11 ff., 211 ff.; Borscheid 1989, 456 ff.; Schomerus 1977, 237 f.

Wenig verbreitet waren Tontinen. Die Tontinen versprachen einem abgesteckten, festen Mitgliederkreis lebenslange Renten gegen einmalige Zahlung eines hohen Eintrittsgeldes. Sie standen nur außerordentlich begüterten Menschen offen. Aus dem eingebrachten Kapital und Zinsen erfolgten Rentenleistungen. Mit dem Tod eines Mitglieds erhöhten sich die Rentenzahlungen an die verbliebenen Mitglieder. Wer als Letzter aus dem Mitgliederkreis überlebte kam in Genuss von ausgesprochen hohen Rentenleistungen, die in keinem Verhältnis zum Eintrittsgeld standen. Tontinen hatten den Charakter einer Wette auf das Leben der Mitglieder und galten als unmoralisch, verleiteten sie doch zum Nichtstun. Das Sterben des Einen nutzte dem Anderen. Gleichwohl war Kaiser Wilhelm I. (1797–1888) einer Tontine beigetreten und erhielt bis zu seinem 91. Lebensjahr stattliche Leistungen.[390]

Sparkassen

Ende des 18. Jahrhunderts kam der Gedanke des Sparens und der Sparkassen auf, die vor allem unteren Bevölkerungsschichten in Zeiten der Not und des Alters einen Zugriff auf Rücklagen bieten konnten.[391] Es entstanden kommunale Sparkassen, die Ersparniscassen. Sie sprachen unterschiedliche Personengruppen von Selbstständigen bis Dienstboten an. In der Vergangenheit hatten viele Dienstboten ihren Lohn bei ihrer Herrschaft bis zum Ausscheiden aus dem Dienst anstehen lassen. Nicht immer verwaltete die Herrschaft das ihnen zu treuen Händen überlassene Guthaben gut. Der Bankrott der Herrschaft riss die Ersparnisse der Dienstboten mit. Banken hatten kein Interesse an den kleinen Sparbeträgen der Dienstboten. Gutgläubigkeit und Vertrauensseligkeit spielten sie in die Hände von Betrügern.[392] Sparkassen boten willkommene Alternativen. Sie sollten den Sparsinn wecken und Personen mit kleinem Einkommen eine Möglichkeit bieten, ihre Ersparnisse zinsbringend anzulegen. Banken hatten an dieser Klientel kein Interesse. Nur wenige der Dienstboten und Gesellen sparten für das Alter. Zwar kannten sie die alten belehrenden Lebensweisheiten *Jung denk' an den alten Mann, wenn Du nicht willst betteln gahn* oder *Wer sich im Alter wärmen will, muß in der Jugend einen Ofen bauen*. Doch es war ungewiss, ob sie ein höheres Alter errei-

---

390 Braun 1963, 63 ff.; Borscheid 1989, 473 ff.
391 Borscheid 1989, 449 ff.
392 Engelsing 1978, 268.

chen würden. Die Ersparnisse wurden für eine Heirat, ein Handwerk, einen Kleinhandel oder zur Gründung einer kleinen Landwirtschaft, einer Kate benötigt. Lag das Geld in der Schublade, war es rasch ausgegeben. Lag das Geld bei der Sparkasse, konnte es nicht sogleich für andere Zwecke verwendet werden. Andere gaben ihr Geld lieber für Kleidung, Schmuck, im Tanzlokal und im Wirtshaus aus. Der Geist der französischen Revolution hatte zum Wegfall der Kleiderordnungen geführt, wie sie in den Reichspolizeiverordnungen des 16. Jahrhunderts festgeschrieben waren und der Ständegesellschaft augenfällig Ausdruck gaben. Die Vorrangstellung des Adels in Kleidungsfragen entfiel. Der Geschmack des wohlhabenden Bürgertums wurde tonangebend. Dem eiferten auch weniger wohlhabende Menschen nach. Die Kleidung der verschiedenen Bevölkerungsschichten glich sich einander an. In den Beibringungslisten finden sich sowohl auf der Seite der Männer wie der Frauen zunehmend Kleidung und Schmuck. Auffallend ist der mengenmäßige Anstieg der Kleidungsstücke unter Handwerkern in den Heirats- und Sterbeinventaren.[393] Silberne Taschenuhren, Ringe und Granatketten gehörten zum Beibringungsgut der unteren und mittleren Schichten. In Notzeiten veräußerten oder verpfändeten sie Schmuck, Kleidung und Möbel. Im Alter verkauften sie nach und nach die verbliebenen Haushaltsgegenstände. Der Vergleich der Heirats- mit den Sterbeinventaren belegt, welche Rolle die Sachgüter im Lebenszyklus spielten. Viele Menschen planten nicht langfristig, sondern lebten in den Tag hinein. Die Sparkassen sollten der viel beklagen Verschwendungssucht Einhalt gebieten, einen Anreiz zum Sparen und zur Altersversorgung bieten. In Württemberg sollten Fabriksparkassen gegründet werden, in die die Arbeiter einzahlen sollten. Die Fabriksparkassen sollten die Arbeiter zwingen, einen Teil des Lohnes anzusparen und die Liquidität der Fabrik erhöhen. Der Gedanke setzte sich nicht durch.[394]

Der Niedergang der Zünfte mit ihren Versorgungskassen, die Aufhebung der Hofhörigkeit und damit das Ende der Fürsorgepflicht des Gutsherrn forderten neue Formen der Vorsorge gegen die Widrigkeiten des Lebens und der Natur. Das rasante Wachstum der Sparkassen bezeugte diese Notwendigkeit.[395]

---

393 Benscheidt 1985, 198 ff., 226 ff.
394 Schomerus 1977, 232 f.
395 Fischer u. a. 1982, 193 f., 213 ff.

Beamtenversorgung

Am Übergang des 18. zum 19. Jahrhunderts entwickelte sich ein geändertes Verständnis des Beamtenverhältnisses. Beamte waren nicht mehr Diener eines Fürsten, dessen Willkür sie ausgesetzt waren. Sie waren nunmehr Diener des Staates, dem nicht nur Rechte sondern Pflichten gegenüber der Beamtenschaft erwuchsen, die einklagbar waren. Das Dienstverhältnis konnte nicht mehr willkürlich aufgehoben werden, es war unkündbar. Dafür schuldete der Beamte lebenslange Treue und Einsatz all seiner Kräfte. Im Gegenzug schuldete der Dienstherr ein auskömmliches Einkommen je nach Vorbildung und ausgeübter Tätigkeit des Beamten. Schuldete der Beamte lebenslange Treue, so schuldete der Staat im Gegenzug ein lebenslanges Einkommen, was eine Altersversorgung implizierte. Die wachsenden Aufgaben in der Verwaltung insbesondere in der Leistungsverwaltung erforderte qualifiziertes Personal. Eine geregelte Besoldung, Pensionen und Hinterbliebenenversorgung sollten einen Anreiz bilden, in den Staatsdienst zu treten und diese Aufgabe lebenslang auszufüllen.

Erstmals regelte die *Hauptlandesprogrammatik über die Dienstverhältnisse der Staatsdiener vorzüglich in Beziehung auf ihren Stand und Gehalt* im Jahr 1805 in Bayern einen Pensionsanspruch. Ein Pensionsanspruch setzte körperliche oder geistige Unfähigkeit zur Ausübung des Amtes voraus. Die Höhe des Anspruchs richtete sich nach den zurückgelegten Dienstjahren. Eine fixe Altersgrenze gab es nicht. Es folgte eine beitragsfinanzierte Hinterbliebenenversorgung. Die Witwen konnten etwa 20 % der Besoldung bzw. Pension des verstorbenen Ehemannes als Witwenpension erhalten. Der Ehemann musste hierzu Beiträge von seinen Bezügen erbringen.[396] Für die unteren und selbst mittleren Besoldungsgruppen reichte dies keinesfalls zum Auskommen.

In den Rheinprovinzen gab es 1806 unter französischer Verwaltung ein Dekret, wonach Beamte nach 30 Dienstjahren und Erreichen des 60. Lebensjahrs eine Pension erhalten sollten. Sie sollten hierzu Beiträge in einen Fonds erbringen.[397] Dieses Dekret blieb wegen dem bald darauffolgenden Ende der französischen Besatzung ohne praktische Bedeutung.

Preußen folgte 1825 der Bayrischen Hauptlandesprogrammatik. Die Beamten mussten Pensionsbeiträge durch Abzug vom Gehalt leisten. Eine feste Altersgrenze gab es nicht. Die Beamten mussten einer beitragsfinanzierte

---

396 Wunder 2000, 43.
397 Conrad 1994, 198.

Allgemeine Witwen- und Waisenkasse beitreten, die die Hinterbliebenenversorgung gewährleisten sollte. Die Beitrittspflicht bestand für die Dauer der Verheiratung. Eine Heiratserlaubnis sollte dem Beamten nur erteilt werden, wenn er der Kasse beitrat. Die Witwenversorgung war auf 20 % der Besoldung des Verstorbenen festgeschrieben. Einschränkungen galten für die unteren und mittleren Staatsdiener. Sie standen in keinem besonderen Vertrauensverhältnis zum Dienstherrn.[398] Eine Verbesserung ihrer wirtschaftlichen Situation erschien nicht erforderlich, da sich immer viele um offene Stellen bewarben. Diese Einschränkungen benachteiligten gerade die Staatsdiener, die am meisten auf eine Pension angewiesen waren.

Die Bayrische Hauptlandesprogrammatik war obendrein Vorbild für andere Länder, die divergierende Regelungen mit teilweise erheblichen Verzögerungen erließen. Die Kleinstaaten führten erst in den 1860er und 1870er Jahren eine beitragsfinanzierte Hinterbliebenenversorgung ein. Hier blieb es solange Aufgabe des Beamten rechtzeitig Vorsorge zu betreiben, damit seine Familie im Falle seines Todes nicht in Not geriet.

Das Preußische Pensionsgesetz von 1882 sah erstmals vor, dass Beamte ab dem 65. Lebensjahr selbst gegen ihren Willen pensioniert werden konnten oder von sich aus, die Pension beantragen konnten. Anders als das Gesetz von 1825 war Invalidität nicht mehr Voraussetzung. Dienstunfähigkeit musste nicht vorliegen. Eine feste gesetzliche Altersgrenze gab es noch immer nicht. Diese wurde erst 1920 eingeführt. Die Pensionierung gegen den Willen des Beamten hatte etwas Ehrenrühriges an sich, war sie doch ein Hinweis auf mangelnde Leistungsfähigkeit. Wurden Beamte wegen Dienstunfähigkeit vorzeitig in den Ruhestand versetzt und hatten sie eine Wartezeit von zehn Jahren im Dienst verbracht, erlangten sie nach § 34 einen Pensionsanspruch. Die Pension war von den zurückgelegten Dienstjahren abhängig. Sie betrug gemäß § 41 nach 50 Dienstjahren maximal 75 % des zuletzt bezogenen Diensteinkommens. Eine staatliche Hinterbliebenenversorgung gab es nicht. Es blieb vorerst bei der Zwangsmitgliedschaft verheirateter Beamten in der Allgemeinen Witwen- und Waisenkasse. Der Eintritt in den Ruhestand bedeutete nicht nur einen Verlust an Einkommen, sondern obendrein einen Verlust an Status und Ansehen.

Erstmals 1873 hatte die Stellung der Reichsbeamten eine gesetzliche Ausgestaltung im Reichsbeamtengesetz erfahren. Dieses sah Pensionen nur bei Invalidität vor. Die preußische Pensionsregelung für Beamte fand 1886 mit

---

398 Borscheid 1989, 288; Fischer u. a. 1982, 210; Wunder 2000, 49.

Modifikationen Eingang in § 60 a des Reichsbeamtengesetzes. Die Reform des Reichsbeamtengesetzes von 1886 bestimmte, dass ein Beamter mit Vollendung des 65. Lebensjahres auf seinen Antrag in den Ruhestand treten oder auch gegen seinen Willen versetzt werden konnte. Reichsbeamte konnten nach 40 Dienstjahren maximal 75 % des letzten Diensteinkommens beziehen. Die Altersgrenze von 65 Jahren war damit noch nicht Regelaltersgrenze. Sie führte jedoch zu einer sukzessiven Absenkung des Pensionseintrittsalters der Beamten. Erst in den 1920er Jahren wurde das 65. Lebensjahr zur Regelaltersgrenze erhoben.

Die Versorgung von Witwen und Waisen der Reichsbeamten blieb dem *Gesetz betreffend die Fürsorge für die Wittwen und Waisen der Reichsbeamten der Civilverwaltung vom 20. April 1881* vorbehalten, das nunmehr in §§ 7 ff. eine Hinterbliebenenversorgung einführte. Die Witwe erhielt ein Drittel der vom Verstorbenen erdienten Pension. Die Beamten hatten hierfür Beiträge in Höhe von 3 % ihrer Bezüge zu entrichten. 1888 erfolgte die Streichung der Beitragspflicht. Die Altersversorgung der Reichsbeamten, ihrer Witwen und Waisen wurde nunmehr staatlich finanziert.

Das Militärpensionsgesetz von 1871 regelte die Stellung, Besoldung und Versorgung der Berufsoffiziere und Soldaten. Es sah für Offiziere Regelungen wie bei den Beamten vor. Hingegen erhielten Unteroffiziere und Mannschaften einen Versorgungsanspruch bei Invalidität erst nach einer 18-jährigen Wartezeit und bei Dienstbeschädigung nach einer achtjährigen Wartezeit.

Erstmals erwartete Beamte eine wirtschaftlich gesicherte Besoldung und Pension. In den unteren Rängen waren diese ausgesprochen bescheiden und kaum auskömmlich. Jedoch hatten sie einen Rechtsanspruch und waren nicht mehr der Willkür des Dienstherrn ausgesetzt. Sie wussten, was finanziell während der Dienstzeit und im Alter auf sie zukam. Das war für damalige Verhältnisse ein nicht zu unterschätzender Vorteil.

Bismarcksche Altersversorgung

Die Industrialisierung hatte den Blick auf das Los der Arbeiterschaft gelenkt. Die enormen physischen Belastungen führten zu früher Invalidität. In Bereichen wie Bergwerken und bei den Steinmetzen wurde kaum jemand älter als 65 Jahre.[399] Ältere Arbeiter taten sich schwer bei der Arbeitssuche, wurden

---

399 Haerendel 2001, 17.

doch bevorzugt junge Menschen eingestellt. Die Revolution von 1848 gab der Diskussion um eine Altersversorgung Auftrieb.

1854 erging in Preußen *Das Gesetz, betreffend die gewerblichen Unterstützungskassen.* Durch Ortsstatuten der Gemeinden konnten zwangsweise Kassen zur gegenseitigen Unterstützung gegründet werden. Die Arbeitgeber sollten einen Teil der Beiträge für die Arbeiter übernehmen, was auf deren vehementen Widerstand stieß. Deshalb blieb das Gesetz ohne nennenswerte Umsetzung und praktische Relevanz. Die Gemeinden gründeten nur in seltenen Fällen solche Kassen.[400]

Das Preußische Knappschaftsgesetz von 1854 verpflichtete die Arbeitgeber ein Drittel der Beiträge zu den Knappschaften der Bergleute zu tragen. Neben Leistungen im Falle der Krankheit sah es Leistungen bei Invalidität vor. Anders als bei den bisherigen Unterstützungskassen hatte der Arbeitgeber einen gesetzlich festgesetzten Anteil zu tragen. Diese Knappschaftskassen boten jedoch lediglich Kranken- und Invalidenversicherungen und keine Altersversicherung.[401] Der Gesetzgebungsprozess war langwierig und steinig. Viele wandten sich gegen das Zwangsgesetz und das Staatspensionärstum.[402]

Mit der Gründung des Deutschen Reichs im Jahr 1871 wurde die Möglichkeit eröffnet, die Sozialgesetzgebung auf eine breite Basis zu stellen und mit mehr Verbindlichkeit auszugestalten. Die wachsende Zahl der Industriearbeiter und die Angst vor Unruhen ließen die Einsicht wachsen, dass der Staat in der Pflicht war, sich mehr um die sozialen Bedürfnisse der Bürger zu sorgen. Wilhelm I. versprach in seiner Kaiserlichen Botschaft von 1881:

> [...] Wenn es Uns gelänge, dereinst das Bewußtsein mitzunehmen, dem Vaterlande neue und dauernde Bürgschaften seines inneren Friedens und den Hilfsbedürftigen größere Sicherheit und Ergiebigkeit des Beistandes, auf den sie Anspruch haben, zu hinterlassen [...]

Dies war der Auftakt zur gesetzlichen Sozialversicherung. Die Bismarcksche gesetzliche Altersversorgung von 1889, die 1891 in Kraft trat war die erste gesetzliche Rentenversicherung in Europa.[403] Sie folgte auf die gesetzliche Krankenversicherung und die gesetzliche Unfallversicherung. Die Knappschaftskassen der Bergleute und die Beamtenversorgung hatten eine erste

---

400 Haerendel 2001, 34 f.
401 Vgl. Statut des Oberschlesischen Knappschaftsvereins von 1872, abgedruckt in Tennstedt/Winter 2002, 563 ff.
402 Haerendel 2000, 65.
403 Reichsgesetzblatt 1889, 97 ff.

Orientierung für das Gesetzeswerk gegeben. Das *Gesetz betreffend die Invaliden- und Altersversorgung* von 1889 beruhte auf einer gesetzlichen Versicherungspflicht und dem Kapitaldeckungsverfahren. Das Scheitern der großen Zahl von Kassen hatte gelehrt, dass es nicht genügte, dass die begünstigten Personen Beiträge einbezahlten. Neben den Arbeitnehmern mussten die Arbeitgeber ebenfalls Beiträge entrichten. Die Lasten mussten auf breitere Schultern verteilt werden. Sie speiste sich aus Beiträgen der versicherten Personen, der Arbeitgeber und einem Zuschuss des Reiches. Es trat 1891 in Kraft. Versichert waren nach § 1:

1. Personen, welche als Arbeiter, Gehilfen, Gesellen, Lehrlinge oder Dienstboten gegen Lohn und Gehalt beschäftigt werden;
2. Betriebsbeamte sowie Handlungsgehilfen und -lehrlinge (ausschließlich der in Apotheken beschäftigten Gehilfen und Lehrlinge), welche Lohn und Gehalt beziehen, deren regelmäßiger Jahresarbeitsverdienst an Lohn oder Gehalt aber zweitausend Mark nicht übersteigt sowie
3. Die gegen Lohn oder Gehalt beschäftigten Personen der Schiffsbesatzung deutscher Seefahrzeuge [...] und von Fahrzeugen der Binnenschifffahrt[...]

Die Leistungen der Arbeiterversicherung setzten 30 Beitragsjahre für die Alterssicherung und fünf Beitragsjahre für die Invaliditätsversicherung voraus. Die Leistungen kamen nur Personen über 70 Jahren zugute oder bei Invalidität. Die Definition von Invalidität war von sozialpolitischer Relevanz und mündete in der schwerverständlichen Formel des § 9 Abs. 3.

> Erwerbsunfähigkeit ist dann anzunehmen, wenn der Versicherte in Folge seines körperlichen oder geistigen Zustandes nicht mehr im Stande ist, durch eine seinen Kräften und Fähigkeiten entsprechende Lohnarbeit mindestens einen Betrag zu verdienen, welcher gleichkommt der Summe eines Sechstels des Durchschnitts der Lohnsätze (§ 23), nach welchen für ihn während der letzten fünf Beitragsjahre Beiträge entrichtet worden sind, und eines Sechstels des dreihundertfachen Betrages des nach § 8 des Krankenversicherungsgesetzes vom 15. Juni 1883 (Reichs-Gesetzbl. S. 73) festgesetzten ortsüblichen Tagelohnes gewöhnlicher Tagearbeiter des letzten Beschäftigungsortes, in welchem er nicht lediglich vorübergehend beschäftigt gewesen ist.

Allgemein wird das Gesetz als Arbeiterversicherung bezeichnet, jedoch war der Kreis weiter gefasst und erfasste neben Männern auch Frauen. Es erfasste Lehrlinge, Dienstboten, Gesinde in der Landwirtschaft, Gesellen im Handwerk und obendrein die Gruppe der gering verdienenden Angestellten. Es erfasste diese unabhängig davon, ob sie in der Industrie, im Handel, in Haushalten oder in der Landwirtschaft beschäftigt waren. Heimarbeiter konnten sich nach § 8 freiwillig selbst versichern, was ohne Bedeutung blieb. Das Gesetz folgte nicht Bestrebungen, die Gesinde in der Landwirtschaft, Dienstboten und Gesellen aus der gesetzlichen Rentenversicherung ausklammern wollten. Hinter diesen Bestrebungen stand die Behauptung, diesem Personenkreis genüge die Versorgung im Haushalt des Arbeitgebers. Die Befürworter dieser Sichtweise hatten verkannt, dass dieses paternalistische System schon lange überholt war und den betroffenen Arbeitnehmern keinen ausreichenden Schutz im Alter bot. Unberücksichtigt blieben die mitarbeitenden Familienangehörigen, die es in Landwirtschaft, Handel und Handwerk reichlich gab.[404]

Nur Angestellte mit geringem Einkommen von 2.000 Mark im Jahr kamen in den Genuss der Invaliden- und Altersversicherung. Die gesetzliche Rentenversicherung für Angestellte wurde erst 1911 erlassen und trat 1913 in Kraft. Sie sah eine Hinterbliebenenrente vor. Diese legte von vornherein eine Altersgrenze von 65 Jahren fest und zeichnete sich durch höhere Leistungen aus. Das Renteneintrittsalter von 65 Jahren wurde 1916 in die gesetzliche Invaliden- und Altersversorgung der Arbeiter übernommen.

Das Gesetz betreffend die Invaliden- und Altersversorgung war nach dem Gesetz zur Krankenversicherung und dem Gesetz zur Unfallversicherung das dritte Gesetz zur Sozialversicherung in der Ära Bismarck. Die Altersversicherung für Arbeiter mit einem definierten Renteneintrittsalter war ein absolutes Novum. Die Kritiker hatten sich vehement gegen eine Altersrente gewandt, die keine Erwerbsunfähigkeit mehr voraussetzte. Sie bemängelten die Vergeudung des Arbeitskräftepotentials und dass das Gesetz dem Müßiggang Vorschub leiste. In Zeiten wiederkehrend hoher Arbeitslosigkeit und der üblichen 60-Stunden-Arbeitswoche ist diese Kritik schwerlich nachvollziehbar. Letztlich waren es finanzpolitische Gründe, Überlegungen zum Staatshaushalt die dafür maßgebend waren, dass das 70. Lebensjahr als Renteneintrittsalter Eingang in das Gesetz fand.

Die durchschnittliche Lebenserwartung an der Schwelle zum 20. Jahrhundert betrug damals 45 Jahre bei Männern und 48 Jahre bei Frauen. Der Anteil der 65-Jährigen und älteren in der Bevölkerung betrug im Jahr 1880 lediglich 4,7 % und stieg 1890 auf 5,1 % an. Der Anteil der 70-Jährigen und älteren betrug im Jahr 1900 zwischen 1,3 % in Berlin, 1,6 % in Westfalen, 3,4 % in Schleswig-Holstein und 3,0 % in Hohenzollern.[405] Es bestanden große regionale Unterschiede, die mit den jeweiligen Produktionsbedingungen und Lebensverhältnissen zusammenhingen. Das Rentenalter wurde im Ersten Weltkrieg auf 65 Jahre herabgesetzt.

---

404 Eichenhofer u. a. 2012, 12 ff.
405 Hohorst u. a. 1975, 24 f.; Köllmann 1974, 58; Schenda 1972, 32.

Wandel im 19. Jahrhundert

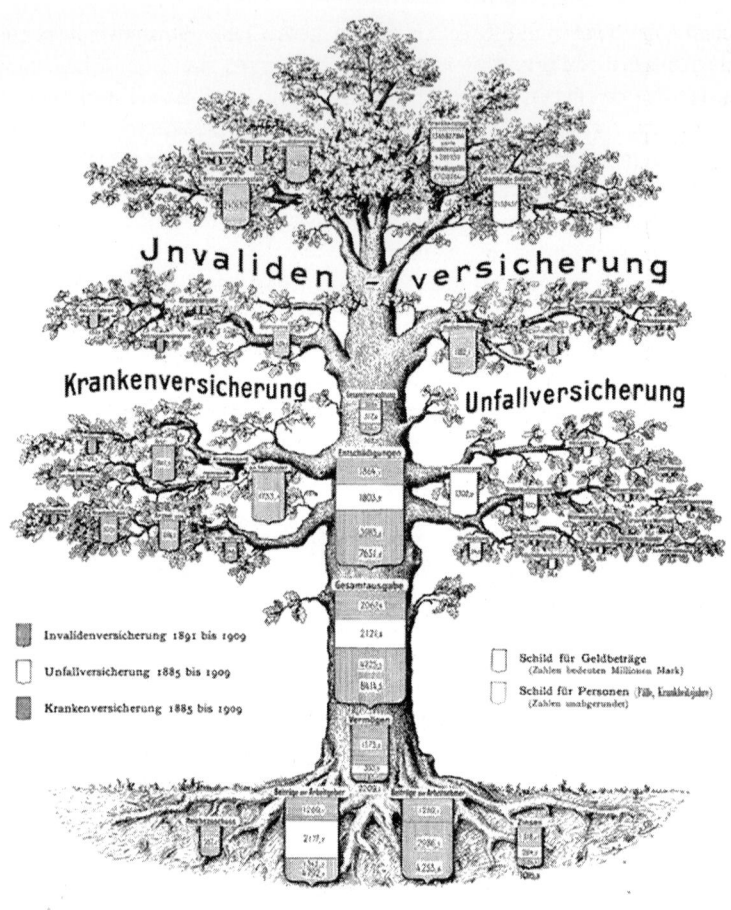

Abb. 9: Deutsche Arbeiterversicherung 1885–1909

Nur wenige Personen erreichten das 70. Lebensjahr.[406] Die Altersversicherung spielte im Zeitpunkt ihres Inkrafttretens neben der Invalidenversicherung nur eine verschwindend geringe Rolle. Erst mit dem weiteren Anstieg der Lebenserwartung und der Absenkung der Altersgrenze auf 65 Jahre im Jahr 1916 nahm sie an Bedeutung zu. Aufschlussreich sind Sterbetafeln. Sterbetafeln werden anhand mathematisch-statistischen Berechnungsmethoden erstellt. Sie geben die weitere durchschnittliche Lebenserwartung wieder, die jemand bei Erreichen eines bestimmten Lebensalters hat. Mit jedem weiteren Jahrzehnt im Alter nimmt die Lebenserwartung ab. Es wird bei der Berechnung unterstellt, dass die erfasste Ausgangsmasse von 100.000 Lebendgeborenen in jedem Jahr die für ihr Alter und Geschlecht übliche Sterblichkeit aufweist.[407]

Nach den Sterbetafeln hatte eine durchschnittliche weitere Lebenserwartung

	1871/80[408]	2019[409]
Erreichtes Lebensalter 30 Jahre	Männer 31,41 Jahre Frauen 33,07 Jahre	Männer 49,09 Jahre Frauen 53,73 Jahre
Erreichtes Lebensalter 40 Jahre	Männer 24,46 Jahre Frauen 26,32 Jahre	Männer 39,45 Jahre Frauen 43,92 Jahre
Erreichtes Lebensalter 50 Jahre	Männer 17,98 Jahre Frauen 19,29 Jahre	Männer 30,13 Jahre Frauen 34,75 Jahre
Erreichtes Lebensalter 60 Jahre	Männer 12,11 Jahre Frauen 12,71 Jahre	Männer 21,62 Jahre Frauen 25,28 Jahre
Erreichtes Lebensalter 65 Jahre	Männer 9,55 Jahre Frauen 9,96 Jahre	Männer 17,80 Jahre Frauen 21,00 Jahre
Erreichtes Lebensalter 70 Jahre	Männer 7,34 Jahre Frauen 7,60 Jahre	Männer 14,75 Jahre Frauen 16,91 Jahre
Erreichtes Lebensalter 80 Jahre		Männer 7,92 Jahre Frauen 9,42 Jahre
Erreichtes Lebensalter 90 Jahre		Männer 3,7 Jahre Frauen 4,26 Jahre

---

406 Hohorst u. a. 1975, 33.
407 Hohorst u. a. 1975, 35.
408 Hohorst u. a.1975, 34.
409 Statistisches Jahrbuch Deutschland 2019: 2.2.10 Sterbetafeln.

Die Sterbetafeln belegen, wie zu erwarten, dass zwischen 1871 und 1880 nur wenige das 70. Lebensjahr erreichten, sondern viele bereits vor Erreichen des 70. Lebensjahres verstarben. Daraus lässt sich weiter schließen, dass damals sehr viel mehr Menschen im mittleren Alter zwischen dem 30. und 50. Lebensjahr und vor allem vor Erreichen des 60. Lebensjahres verstarben, wie es heute vergleichsweise viel seltener der Fall ist. Bereits in diesem Lebensabschnitt machten sich die weitaus schlechteren Wohnverhältnisse, anstrengende und lange Arbeitsverrichtungen bemerkbar, die den Gesundheitszustand und die Kräfte schmälerten. Eine Wohnfläche von vier Quadratmetern pro Person wurde damals als genügend erachtet.[410]

Verstarben viele Menschen im mittleren Alter, so trat auch bei vielen Invalidität ein, bevor sie die Grenze für die Altersversicherung erreichten. Viele Menschen wurden zwischen dem 55. und 60. Lebensjahr invalide. Die Invalidenrente hatte deshalb weitaus größere Bedeutung als die Altersrente. Sie setzte einen Rückgang der Erwerbsfähigkeit auf ein Drittel voraus.[411]

Das *Gesetz betreffend die Invaliden- und Altersversorgung* sah nur geringe Leistungen in der Altersrente von etwa 25 % des letzten Einkommens vor. Es war eine reine Zuschussrente zum Lebensunterhalt und keine Altersversorgung. Dies war eine Folge des Widerstands der Arbeitgeber, die sich gegen höhere Beiträge, die sie getroffen hätten, zur Wehr setzten. Hinzu kam, dass die geringen Löhne der Arbeitnehmer nicht mit noch höheren Abzügen belastet werden sollten und konnten. Im Jahr 1895 gingen von den 60–69-jährigen Männern noch 68 % einer Beschäftigung nach und von den 70-jährigen und älteren noch 30,4 %. Darunter waren viele Selbstständige und Menschen in der Landwirtschaft, Gärtnerei, Bekleidung und in häuslichen Diensten.[412] Arbeit im Alter blieb eine weitverbreitete Notwendigkeit.

Eine Hinterbliebenenrente wurde damals zwar diskutiert aber schließlich nicht umgesetzt. Dies sollte auf einen späteren Zeitpunkt verschoben werden, bis erste Erfahrungen mit dem Gesetz zur Invaliden- und Altersversorgung vorlagen.[413] Die Witwe eines Arbeiters konnte durch eigene Berufsarbeit in den Genuss einer Altersrente gelangen. In Arbeiterkreisen mussten Ehefrauen oftmals zwangsläufig mitarbeiten. Ihnen war die Erwerbsarbeit zumutbar. Deshalb blieb die Altersarmut verwitweter Frauen. Dies trug zum anhaltend hohen Anteil verwitweter Frauen in den Armenstatistiken bei.

---

410 Zapf 1983, 55.
411 Ehmer 1990, 105.
412 Conrad 1984, 113.
413 Ellerkamp 2000, 192.

Dieser betrug in der Kölner Armutsstatistik für die 1870er Jahre rund 70 % und in den 1880er Jahren 60 %.[414] Verstarb der Ehemann bevor er eine Rente erlangt hatte nach mindestens fünf Beitragsjahren, konnte die Witwe die Hälfte der für den Verstorbenen entrichteten Beiträge ausbezahlt verlangen. Hinter dieser Regelung stand die Befürchtung, Witwenrenten könnten die Leistungsfähigkeit des Systems überfordern. Dahinter verbarg sich der Umstand, dass Frauen keine Stimme im Reichstag hatten. Die Witwenrente wurde erst 1912 eingeführt.

Zur Altersarmut trugen obendrein Unterbeschäftigung und Arbeitslosigkeit bei. Gerade in den 1870er Jahren war ein konjunktureller Einbruch eingetreten und das Bevölkerungswachstum hatte zu einem Überangebot an Arbeitskräften und Arbeitslosigkeit geführt. Die Arbeitslosigkeit traf besonders ältere Arbeitnehmer, die ohne invalide zu sein, ihre Arbeit nicht mehr zur Zufriedenheit des Arbeitgebers verrichten konnten, weil ein langes, beschwerliches Arbeitsleben an ihren Kräften gezehrt hatte, sie ihre Geschicklichkeit eingebüßt hatten. Sie erhielten die Kündigung. Es gab genug jüngere Arbeitnehmer, die auf Arbeitssuche waren. Eine Arbeitslosenversicherung wurde erstmals 1927 eingeführt. Bis dahin mussten Arbeitnehmer Zeiten der Arbeitslosigkeit selbst überbrücken, von Ersparnissen zehren, Kleidung und Mobiliar verkaufen und schließlich die Armenkasse aufsuchen. Waren die Ersparnisse aufgezehrt, standen sie im Alter nicht mehr zur Verfügung. Arbeitslosigkeit blieb ein ständig gegenwärtiges und drückendes Problem für die Arbeitnehmerschaft, das sie von jung auf begleitete.

Die Altersrente deckte nur einen Bruchteil der alltäglichen Bedürfnisse. Sie war eine Zuschussrente zur Lebensführung und kein Einkommensersatz. Sie betrug etwa ein Viertel des bisherigen Einkommens. Sie deckte nicht einmal die Mindestlebenskosten ab, reichte nicht zum Existenzminimum. Froh musste sein, wer von Ersparnissen zehren, Hausrat verkaufen konnte oder von den Kindern unterstützt wurde. Doch Kinder waren schon lange nicht mehr eine probate Altersversorgung. Die Einschränkungen der Kinderarbeit und die verstärkte Durchsetzung der Schulpflicht machten Kinder zu einem Kostenfaktor.[415] Vielen Menschen blieb nichts anders übrig als auch im Alter über 70 Jahre hinaus einer Beschäftigung nachzugehen. Gleichwohl war es gerade in den Städten sehr schwer eine Beschäftigung zu finden, die noch im Alter zu bewältigen war. Viele suchten eine solche Arbeit, weshalb der Lohn gering war. Froh konnte sein, wer obendrein Leistungen aus einer be-

---

414 Fischer 1982, 88 f.; Hintzen 2014, 141; Conrad 1984, 58; Weller 1979, 208.
415 Fischer 1982, 75 ff.

trieblichen Pensionskasse erhielt. Diese Pensionskassen wurden durch die gesetzliche Invaliden- und Altersversicherung nicht überflüssig, sondern stellten eine hilfreiche Ergänzung dar. Von besonderer Bedeutung blieben diese, soweit sie Leistungen an Witwen und Waisen erbrachten. Die gesetzliche Invaliden- und Altersversorgung von 1889/1891 sah keine Hinterbliebenenversorgung vor. Diese Lücke schlossen manche Pensionskassen, wobei der Anteil der Witwen und Waisen unter den Leistungsbeziehern den Anteil der Ruheständler übersteigen konnte.

Die Invalidenrente fiel höher als die Altersrente aus. Rentenbezug wegen Invalidität war gesellschaftlich mehr anerkannt als Rentenbezug wegen Alters. Die Invalidenrente konnte im Regelfall zu einer bescheidenen Lebensführung an einem günstigen Ort ausreichen. Sie blieb hinter einer Unfallrente zurück. Zur Begründung hieß es im Gesetzesentwurf:

> [...] Der Höhe der Unfallrente, welche bei völliger Erwerbsunfähigkeit zwei Drittel des Lohnes beträgt, braucht die Alters- und Invalidenrente nicht gleichzukommen. Denn die Unfallrente hat die Folgen der vorzeitigen, unvorhergesehenen, unmittelbar durch die Gefahren einer bestimmten Berufstätigkeit verursachten Beeinträchtigung der Arbeitsfähigkeit zu decken und muss deshalb relativ hoch sein. Hohes Alter dagegen und die nicht auf einem außerordentlichen Betriebsunfall beruhende Einbuße der Erwerbsfähigkeit sind in der menschlichen Natur begründet [...][416]

Alter und Invalidität, die nicht auf einen Arbeitsunfall zurück zu führen war, zählten zum allgemeinen Lebensrisiko. Das Gesetz betreffend die Invaliden- und Altersversicherung vom 22. Juni 1889 war trotzdem ein Meilenstein in der Sozialversicherung, gab es doch bisher nichts Vergleichbares. Das Gesetz ließ jedoch die soziale Realität der Fabrikarbeit außen vor, die durch überlange und schwere Arbeit gekennzeichnet war und zu einem frühen Kräfteverfall und Tod führte. Es erfasste Fabrikarbeiter, nicht jedoch Handwerker. Es bot nur einen kleinen Zuschuss zum Lebensunterhalt, der etwa ein Viertel des bisherigen Einkommens erreichen konnte. Viele mussten trotzdem die Hilfe ihrer Familienangehörigen in Anspruch nehmen, von Ersparnissen zehren oder um weitere staatliche Unterstützung nachsuchen. Es war ein erster Schritt, der noch weit von einer Sicherung im Alter entfernt war. Sie war eine politische Meisterleistung Bismarcks, die die Gemüter zu beruhigen wusste und fast nichts kostete, weil sie letztendlich kaum jemandem zugute kam.

---

416 Zitiert nach Haerendel 2001, 120.

Vom Spital zur Seniorenresidenz

Bedürftige alte und kranke Menschen konnten im Mittelalter als Armutspfründner Aufnahme in einem Spital finden. Begüterte Menschen konnten sich in ein Stift oder ein Spital als Herrenpfründner einkaufen und fanden dort Versorgung im Alter und selbst schon vorm Alter und vor Invalidität. Die Tradition der Stifte findet sich noch heute im Namen für Alten- und Pflegeheim wie dem *Samariterstift* in Nürtingen oder dem *Stift zum Heiligen Geist* in Hannover.

In vielen Spitälern lebten zugleich Armuts- und Herrenpfründner, wenngleich unter recht verschiedenen Wohn- und Versorgungsverhältnissen. Andernorts fand eine Trennung zwischen Spitälern für eine zahlungskräftige Klientel und sogenannten Armenhäusern statt. Letztere wurden auch Invaliden-, Alten- und Siechenhäuser genannt. Sie beherbergten arme, alte und kranke Menschen.

Als sich die Einstellung gegenüber bedürftigen Menschen änderte und ein arbeitsames Leben zum Ideal erhoben wurde, konnten nur noch arbeitsunfähige, invalide und kranke Menschen auf eine Versorgung als Armutspfründner hoffen, andere bedürftige Menschen mussten nach ihren Kräften und ihrer Leistungsfähigkeit im Spital und den Armen- und Arbeitshäusern arbeiten. Aus den Armenhäusern wurden zugleich Arbeitshäuser. Sie beherbergten elternlose Kinder, Witwen, Geisteskranke, Menschen mit schlechtem Leumund, kranke und alte Menschen. In diesen Einrichtungen fand sich eine vielfältige, heterogene Gruppe von Menschen mit höchst unterschiedlicher Biographie, Lebenssituation und Ansehen. Mitte des 18. Jahrhunderts wurde der Verschiedenheit der Menschen in diesen Einrichtungen zunehmend Rechnung getragen. Die Zuchthäuser wurden von den Arbeits- und Armenhäusern getrennt, für Kinder wurden separate Waisenhäuser errichtet. Später entstanden die ersten Heime ausschließlich für alte Menschen. Ende des 18. Jahrhunderts gab es die ersten Invalidenheime für alte und kranke ehemalige Soldaten.

Hatten alte Menschen Familie und wurden sie pflegebedürftig, so wurde von ihren Kindern und Verwandten erwartet, dass sie die Versorgung und Pflege übernahmen. Hilfsweise wurden weibliche Verwandte herangezogen wie ledige Tanten und Nichten. In wohlhabenden Familien wurden Frauen zur Pflege eingestellt oder in der Familie lebende Dienstboten übernahmen diese Aufgabe. Hatten diese zumeist keine pflegerische Ausbildung kamen mit Diakonissinnen ausgebildete Fachkräfte zur Pflege hinzu. Der Mainzer Bischof Ketteler hatte 1864 erkannt, dass diese Pflege an ihre Grenzen stoßen konnte:

> Selbst Eltern- und Kindesliebe unterliegen oft unter dieser Last bei langjährigen Krankheiten und Altersschwächen. Wie mancher alter Vater wird von den Kindern lieblos behandelt, weil das Gefühl der Kinder durch die lange Dauer des Elends mehr oder weniger abgestumpft ist.[417]

Dieser Einsicht musste die Gesellschaft Rechnung tragen. In Köln entstanden in der zweiten Hälfte des 19. Jahrhunderts aus privaten Stiftungen Pflegeheime für altersschwache, hilflose und unheilbar kranke Menschen. Konvente nahmen sich alleinstehender alter und bedürftiger Frauen an. Das Zugangsalter wurde auf 60 Jahre festgesetzt.

Das zu Beginn des 19. Jahrhunderts in den einzelnen Ländern entstehende Pensionssystem für staatliche Bedienstete, die gewerblichen Unterstützungskassen und ab 1891 die gesetzliche Rentenversicherung schufen eine nicht immer auskömmliche, jedoch erstmals einen Grundstein für eine Versorgung im Alter. In dieser Zeit entstanden zunehmend Einrichtungen, die speziell für die Versorgung alter Menschen geplant und ausgestattet waren. Viele der Einrichtungen erfreuten sich keiner besonderen Beliebtheit, waren sie doch noch geprägt vom absolutistischen Erziehungsstil, von Zucht und Ordnung, für die das Personal zu sorgen hatte.[418] Dafür auch noch zu bezahlen, war nicht in jedermanns Sinne. Es ließ sich nicht immer vermeiden. Daneben gab es Altenheime für spezielle Schichten und Berufsgruppen. Dies waren die Diakonissenheime, auch Mutterhäuser genannt, Invalidenheime für Soldaten, Heime für Lehrerinnen. Hierbei handelte es sich zumeist um Heime für alleinstehende Personen, die keine eigene Familie gegründet hatten. Die Heime für adlige Damen standen in der Tradition der Stifte. Betriebe gründeten Feierabendheime. Diese Heime wahrten den sozialen Status. Die Bewohner wiesen eine gewisse soziale Homogenität auf. Sie hoben sich von den für arme Menschen gegründeten Armen- und Siechenhäusern ab.

Aus diesen Anfängen entwickelten sich die Alten- und Pflegeheime in freier, kirchlicher oder kommunaler Trägerschaft. Sie wurden zu einem eigenen ständig wachsenden Wirtschaftszweig. Um nicht mehr mit alt und gebrechlich gleichgestellt zu werden, nennen sie sich heute Seniorenresidenz.

---

417 Zitiert nach Conrad 1994, 175 f.
418 Heinzelmann 2004, 17 ff.

Der Bedarf an diesen Einrichtungen steigt ständig und wird noch weiter steigen. Dazu trägt die steigende Lebenserwartung bei und die Tendenz zu Singlehaushalten. Wer freiwillig oder zwangsläufig in einem Singlehaushalt lebt, läuft im Alter Gefahr zu vereinsamen. Singlehaushalte gewähren viel Freiraum in der Lebensgestaltung. Im Alter kann dies zum Nachteil werden. Alte Menschen neigen oft zu Stürzen und es ist niemand da, der sofort Hilfe leistet. Alleinstehende Personen müssen deshalb häufig viel früher Pflegeeinrichtungen aufsuchen als solche mit Familienbindung.

Daneben haben sich andere Einrichtungen zur Versorgung alter Menschen etabliert. Sozialstationen und Pflegedienste betreuen alte Menschen in ihren Wohnungen. Essen auf Rädern sorgt für die Ernährung. Diese sind in die Fußstapfen der Spitäler getreten, die schon im Mittelalter und der Neuzeit eine solche Versorgung geleistet haben. Nach dem Vorbild der Wohngemeinschaften von Pfarrerswitwen, um den Alltag gemeinsam zu bewältigen und sich die Kosten zu teilen, haben sich ältere Frauen zu Wohngemeinschaften zusammengeschlossen wie dem *Beginenhof* in Essen. Wurden in früheren Jahrhunderten ledige Tanten, Schwestern und Nichten zur Pflege die Familie geholt, übernehmen diese Aufgabe heute mobile Pflegedienste und Sozialstationen. Daneben gibt es das rechtlich fragwürdige Phänomen der 24-Stunden-Pflege mit Pflegekräften aus dem Ausland.

Schlussbetrachtung

Früher war alles besser. Die alten Menschen wurden von ihrer Familie umhegt und gepflegt. Dies ist ein Wunschbild fern jeder Realität. Diese Betrachtung verkennt die Lebensbedingungen in früheren Jahrhunderten. Nicht jeder hatte Familienangehörige. Viele waren kinderlos geblieben oder hatten ihre Kinder verloren. Die Wohnverhältnisse ließen es nicht immer zu, die alten Eltern aufzunehmen. Die Wohn- und Lebensverhältnisse waren bei vielen karg und ärmlich. Es gab keine Zentralheizung, keine Warmwasserversorgung, kein Telefon und keinen Fernseher – heute als selbstverständlich betrachtete Annehmlichkeiten. Die Lebensbedingungen waren härter und entbehrungsreicher. Die alten Menschen teilten die Lebensbedingungen mit den Menschen ihrer Zeit und ihrer gesellschaftlichen Gruppe. Leben im Alter, Altersversorgung und Familie richten sich nach den jeweiligen gesellschaftlichen und wirtschaftlichen Gegebenheiten. Es wäre fatal, die Vergangenheit als Maßstab für die Gegenwart heranzuziehen. Genauso fatal ist es, die Vergangenheit zu etwas hochzustilisieren, was sie nie war. Dies trägt in keiner Weise dazu bei, die Probleme der Altersversorgung und Altenpflege in der Gegenwart und ihre Ursachen zu erkennen und zu lösen. Der Blick zurück in die Vergangenheit zeigt nur, dass es viele der Probleme schon früher gab und dies in viel schlimmerem Ausmaß für den Einzelnen. Ein großer Unterschied bestand darin, dass der Anteil der alten Menschen in der Gesellschaft früher weitaus geringer war, während heute viel mehr Menschen alt werden und Alter eine dritte Lebensphase bildet, die sehr lange und zunehmend beschwerlicher sein kann. Die Geschichte hat gezeigt, dass Politik und Gesellschaft sich dem Problem stellen und erste Möglichkeiten zur Unterstützung alter Menschen entwickeln mussten. Dies ist eine bleibende Aufgabe. Die wachsende Altersarmut macht dies deutlich. Es ist zu beobachten, dass sich die wirtschaftliche Situation vieler alter Menschen in den letzten Jahren wieder verschlechtert hat und noch weiter verschlechtern wird. Hier wurden die Weichen in der Rentenpolitik falsch gestellt.

Vor allem gab es bis ins 19. Jahrhundert keinen Ruhestand mit Erreichen eines definierten Renteneintrittsalters. Arbeit bis ins hohe Alter und oft bis zum Tod war die Regel. Die Versorgung der Bergarbeiter und der Beamten waren Vorreiter in der Altersversorgung. Erst die Bismarcksche Altersversorgung schuf bescheidene Leistungen für Arbeiter mit Erreichen des 70. Lebensjahres. Bis dahin gab es keinen Anspruch auf Sozialleistungen für bedürftige Menschen im Alter, die eine bescheidene Grundversorgung erlaubten. Die große Schar der Angestellten blieb bis zu Beginn des 20. Jahrhunderts davon ausgenommen. Die Situation damals lässt sich nicht mit der heutigen vergleichen. Die Versorgung alter Menschen kann nur anhand der jeweiligen sozialen und wirtschaftlichen Situation ihrer Zeit betrachtet und beurteilt werden. Allein danach können sich die Erwartungen richten. Verfehlt ist die Behauptung, dass alte Menschen in früheren Zeiten im Kreis ihrer Angehörigen den Lebensabend erleben konnten. Dies verkennt die Realität. Die viel gerühmte Dreigenerationenfamilie war nur selten anzutreffen. Sie war den höheren und vermögenden gesellschaftlichen Schichten, manchen Bauernfamilien vorbehalten. Es gab sie in früheren Jahrhunderten eher auf dem Land als in den Städten, eher in gehobenen Schichten als bei der Masse der Menschen. Eine selbstständige Haushaltsführung war die vorherrschende Lebensform. Die meisten Kinder verließen mit dem Erwachsenwerden das Elternhaus. Alt und jung führten getrennte Haushalte, sei es aus selbstbestimmter Entscheidung, aus Gründen der Wohnraumversorgung oder der beruflichen Mobilität. Alte Menschen wurden zwar von Gesetzes wegen darauf verwiesen, von ihren nächsten Verwandten und Kindern versorgt zu werden. Dies war obendrein ein Gebot der christlichen Nächstenliebe, des *Ehret Eure Eltern*. Das Gebot galt ohne Rücksicht auf deren Leistungsfähigkeit. Nicht alle Jüngeren, nicht alle Generationen hielten sich an dieses Gebot. Manchen war es nicht möglich, dem Folge zu leisten. Die geringe Lebenserwartung, der frühe Tod ließ es zumeist erst gar nicht so weit kommen. Die Menschen starben früh. Der Tod kam schnell. Es gab kein langsames Altern, begleitet von chronischen Krankheiten und Gebrechlichkeit. Sie kannten keine heute typischen Alterskrankheiten wie Demenz, da sie kein hohes Alter erreichten, in dem diese Krankheiten merklich auftreten. Das Bürgerliche Gesetzbuch schreibt noch heute die gesetzliche Unterhaltspflicht nicht nur der Eltern für ihre Kinder, sondern umgekehrt auch der Kinder für ihre Eltern vor, wenngleich der Rückgriff der Sozialleistungsträger durch eine hohe Verdienstgrenze abgemildert ist. Auch heute sind viele Familienangehörige in die Versorgung und Pflege ihrer Angehörigen eingebunden.

Das Zusammenleben konnte in den unteren Schichten beschwerlich sein, schon allein, weil der Alltag beschwerlich und entbehrungsreich war. Für die Kinder nahm die Beschwerlichkeit zu, wenn sie ihre alten Eltern versorgen mussten, hatten sie doch mit der eigenen Kinderschar, dem Broterwerb genug zu tun. Nun hieß es für alle, die Mehrarbeit zu schultern. Die alltäglichen Sorgen nahmen für alle zu. Schlimmstenfalls teilten sich alle Entbehrungen und Almosen. Viele alte Leute hatten keine Kinder oder diese lebten andernorts.

Schlussbetrachtung

Günstiger war die Situation für Menschen, die über Vermögen, Haus und Hof verfügten. Davon konnten sie im Alter zehren. Dies verschaffte ihnen Ansehen und eine gewisse Macht. Die Nachkommen schuldeten ihnen Respekt und Hilfe und wenn es nur um des Erbes willen geschah. Sie waren nicht unbedingt auf die Unterstützung der Nachkommen angewiesen. Sie konnten sich in Stifte und Spitäler einkaufen, sich von Dienstboten versorgen lassen. Letzteres war besonders wichtig für diejenigen, die keine Kinder hatten.

Mit der Industrialisierung im 19. Jahrhundert vollzog sich weithin die Trennung von Arbeit und Familie. Die außerhäusliche Arbeit wurde zum Regelfall. Wohnung und Familie wurden zum privaten Rückzugsort. Die jungen Menschen traten aus dem Schatten ihrer Eltern. Die Zeit der Abhängigkeit von den Eltern schwand. Auf der anderen Seite konnten manche alte Menschen beginnend in der zweiten Hälfte des 19. Jahrhunderts eine Versorgung im Alter erlangen, die sie mehr und mehr vom Wohlwollen ihrer Kinder unabhängig machte.

Hat eine räumliche Trennung zwischen Wohnung der Senioren und ihren Nachkommen, eine Trennung vom Arbeitsplatz stattgefunden, dann kann Vereinsamung vermehrt die Folge sein. Im Alter werden die Menschen aus ihrem Arbeitsprozess herausgelöst, was unwillkürlich den Verlust der Tagesstruktur und den Verlust von Kontakten zur Folge hat. In Anbetracht der enorm gestiegenen Lebenserwartung hat das Alter die Rolle eines dritten Lebensabschnitts eingenommen, der Freiräume eröffnet, mit zunehmendem Alter jedoch Einschränkungen mit sich bringt. Es erklingt der Ruf nach gesellschaftlicher Verantwortung für alte Menschen. Doch darf nicht vergessen werden, dass es ein jeder mit in der Hand hat, Vorsorge für die Lebensgestaltung im Alter zu ergreifen. Alter kann heute von sehr langer Dauer sein. Die Vorsorge darf sich nicht auf die Patientenverfügung beschränken. Sie muss früher beginnen, um vorausschauend die Zeit der Einschränkungen und der zunehmenden Hilfsbedürftigkeit zu gestalten. Doch niemand möchte sich in jüngeren Jahren mit dem eigenen Alter beschäftigen.

Hatte die geringe Lebenserwartung in früheren Jahrhunderten dazu geführt, dass Dreigenerationenfamilien selten anzutreffen waren, führt die gestiegene Lebenserwartung heute dazu, dass es selbst Viergenerationenfamilien gibt. Diese leben nicht unbedingt unter einem Dach. Die Technik gestattet es, soziale Kontakte selbst über weite Distanzen auf vielfältige Weise zu leben und zu pflegen. Davon ausgeschlossen sind Menschen ohne Nachkommen. Hier zeigt sich die Kehrseite der Kinderlosigkeit in weiten Gesellschaftskreisen. Sie sind darauf angewiesen, sich andere soziale Kontakte zu schaffen und in Anspruch zu nehmen.

Literaturverzeichnis

Abel, Wilhelm 1986: Massenarmut und Hungerkrisen im vorindustriellen Deutschland, Göttingen

Aubin, Hermann/Zorn, Wolfgang 1971: Handbuch der Deutschen Wirtschafts- und Sozialgeschichte, Bd. 1: Von der Frühzeit bis zum Ende des 18. Jahrhunderts, Stuttgart

Baumann, Angelika 1984: „Armuth ist hier wahrhaft zu Haus ...", München

Benscheidt, Anja R. 1985: Kleinbürgerlicher Besitz. Nürtinger Handwerkerinventare von 1660 bis 1840, Münster

Bergmann, Jürgen 1973: Das Berliner Handwerk in den Frühphasen der Industrialisierung, Berlin

Bischoff-Luithlen, Angelika 1998: Der Schwabe und die Obrigkeit, 8. Aufl., Stuttgart

Borscheid, Peter 1978: Textilarbeiterschaft in der Industrialisierung. Soziale Lage und Mobilität in Württemberg (19. Jahrhundert), Stuttgart

Borscheid, Peter 1989: Geschichte des Alters. Vom Spätmittelalter zum 18. Jahrhundert, Münster

Bräuer, Helmut/Schlenkrich, Elke 2002: Armut und Armutsbekämpfung. Schriftliche und bildliche Quellen bis um 1800 aus Chemnitz, Dresden, Freiberg, Leipzig und Zwickau. Ein sachthematisches Inventar, 2 Bde., Leipzig

Braudel, Fernand 1990: Sozialgeschichte des 15.–18. Jahrhunderts: Der Alltag, München

Burdach, Christ Gottfried Heinrich 1804: Über das Armenwesen in Sachsen, Penig

Braun, Heinrich 1963: Geschichte der Lebensversicherung und der Lebensversicherungstechnik, 2. Aufl., Berlin

Conrad, Christoph 1994: Vom Greis zum Rentner: Der Strukturwandel des Alters in Deutschland zwischen 1830 und 1930, Göttingen

Conrad, Christoph/von Kondratowitz, Hans-Joachim (Hgg.) 1983: Gerontologie und Sozialgeschichte, Wege zu einer historischen Betrachtung des Alters, Berlin

Conze, Werner (Hg.) 1976: Sozialgeschichte der Familie in der Neuzeit Europas, Stuttgart

Conze, Werner/Lepsius, Rainer M. (Hgg.) 1983: Sozialgeschichte der Bundesrepublik Deutschland, Stuttgart

Ehmer, Josef 1982: Zur Stellung alter Menschen in Haushalt und Familie, in: Konrad, Helmut (Hg.), Der alte Mensch in der Geschichte, Wien, 62 ff.

Ehmer, Josef 1990: Sozialgeschichte des Alters, Frankfurt a. M.

Ehmer, Josef 2004: Bevölkerungsgeschichte und historische Demographie 1800–2000, München

Ehmer, Josef/Mitterauer, Michael (Hgg.) 1986: Familienstruktur und Arbeitsorganisation in ländlichen Gesellschaften, Wien

Literaturverzeichnis

Eichenhofer, Eberhard u. a. (Hgg.) 2012: Handbuch der gesetzlichen Rentenversicherung, 2. Aufl., Köln

Ellerkamp, Marlene 2000: Die Frage der Witwen und Waisen. Vorläufiger Ausschluss aus dem Rentensystem und graduelle Inklusion (1889–1911), in: Fisch, Stefan/Haerendel, Ulrike (Hgg.), Geschichte und Gegenwart der Rentenversicherung in Deutschland, Berlin, 189 ff.

Engelsing, Rolf 1978: Zur Sozialgeschichte deutscher Mittel- und Unterschichten, 2. Aufl., Göttingen

Enzelberger, Sabina 2001: Sozialgeschichte des Lehrerberufs. Gesellschaftliche Stellung und Professionalisierung von Lehrerinnen und Lehrern von den Anfängen bis zur Gegenwart, München

Fisch, Stefan/Haerendel, Ulrike (Hgg.) 2000: Geschichte und Gegenwart der Rentenversicherung in Deutschland, Berlin

Fischer, Thomas 1979: Städtische Armut und Armenfürsorge im 15. und 16. Jahrhundert, Göttingen

Fischer, Wolfram 1982: Armut in der Geschichte, Göttingen

Fischer, Wolfram u. a. (Hgg.) 1982: Sozialgeschichtliches Arbeitsbuch Band 1: Materialien zur Statistik des Deutschen Bundes 1815–1870, München

Franz, Günther (Hg.) 1972: Beamtentum und Pfarrerstand 1400–1800, Limburg/Lahn

Fröhlich, Sigrid 1976: Die soziale Sicherung bei Zünften und Gesellenverbänden, Berlin

Gaunt, David 1982: Formen der Altersversorgung in Bauernfamilien Nord- und Mitteleuropas, in: Mitterauer, Michael/Sieder, Reinhard (Hgg.), Historische Familienforschung, Frankfurt a. M., 156 ff.

Gestrich, Andreas 2014: Das Leben der Armen. Ego-Dokumente als Quellen der Geschichte von Armut und Armenfürsorge im 19. Jahrhundert, in: Sczesny, Anke u. a. (Hgg.), Prekariat im 19. Jahrhundert, Augsburg, 39 ff.

Gläntzer, Volker 1979: Ländliches Wohnen vor der Industrialisierung, Münster

Haerendel, Ulrike 2000: Regierung, Reichstag und Rentenversicherung. Der Gesetzgebungsprozeß zwischen 1887 und 1889, in: Fisch, Stefan/Haerendel, Ulrike (Hgg.), Geschichte und Gegenwart der Rentenversicherung in Deutschland, Berlin, 49 ff.

Haerendel, Ulrike 2001: Die Anfänge der gesetzlichen Rentenversicherung in Deutschland, Speyer

Haug, Werner 1965: Das St.-Katharinen-Hospital der Reichsstadt Esslingen, Esslingen

Haverkamp, Alfred (Hg.) 1984: Haus und Familie in der mittelalterlichen Stadt, Köln

Heinisch, Daniela 2014: Unterstützungsgesuche und Bittschreiben von Frauen an den Frankfurter Rat, in: Sczesny, Anke u. a. (Hgg.), Prekariat im 19. Jahrhundert, Augsburg, 211 ff.

Literaturverzeichnis

Heinzelmann, Martin 2004: Das Altenheim – immer noch eine „Totale Institution"? – Eine Untersuchung des Binnenlebens zweier Altenheime, Diss. Universität Göttingen, Göttingen

Henning, Friedrich-Wilhelm 1969: Dienste und Abgaben der Bauern im 18. Jahrhundert, Stuttgart

Henning, Hans-Joachim 1984: Die deutsche Beamtenschaft im 19. Jahrhundert, Wiesbaden

Hintzen, Peter 2014: Was die Fürsorge leisten sollte – Gesuchsteller zwischen Notsituation und vorsichtiger Systemkritik, in: Sczesny, Anke u. a. (Hgg.), Prekariat im 19. Jahrhundert, Augsburg, 131 ff.

Hohorst, Gerd u. a. (Hgg.) 1975: Sozialgeschichtliches Arbeitsbuch, Bd. 1: Materialien zur Statistik des Kaiserreichs 1870–1914, München

Imhof, Arthur E. 1981: Die gewonnenen Jahre, München

Imhof, Arthur E. 1983: Ländliche Familienstrukturen an einem hessischen Beispiel. Heuchelheim 1690–1900, in: Conze, Werner/Lepsius, Rainer M. (Hgg.), Sozialgeschichte der Bundesrepublik Deutschland, Stuttgart, 197 ff.

Kasten, Bernd 2012: Altersversorgung nach Gutsherrenart – Taglöhner auf den Mecklenburgischen Rittergütern 1870–1914, in: Manke, Matthias/Münch, Ernst (Hgg.), Alt werden in Mecklenburg im Wandel der Zeit, Lübeck, 119 ff.

Kisch, Herbert 1981: Die hausindustriellen Textilgewerbe am Niederrhein vor der industriellen Revolution, Göttingen

Knauer, Ferdinand 1873: Die soziale Frage auf dem platten Lande, Berlin

Kocka, Jürgen 2001: Das lange 19. Jahrhundert, 10. Aufl., Stuttgart

Köllmann, Wolfgang 1974: Bevölkerung in der industriellen Revolution, Göttingen

Köllmann, Wolfgang 1981: Industrielle Unterschichten im Bergischen Land und im Ruhrgebiet in der Früh- und Hochindustrialisierung, in: Mommsen, Hans/Schulze, Winfried (Hgg.), Das Elend der Handarbeit: Probleme historischer Unterschichtenforschung, Stuttgart, 319 ff.

König, Reneé (Hg.) 1976: Handbuch der empirischen Sozialforschung, Bd. 7: Familie – Alter, 2. Aufl., Stuttgart

Konrad, Helmut (Hg.) 1982: Der alte Mensch in der Geschichte, Wien

Kraus, Antje 1965: Die Unterschichten Hamburgs in der 1. Hälfte des 19. Jahrhunderts, Stuttgart

Kroll, Stefan 2012: Die Lebenssituation alter Menschen im Großherzogtum Mecklenburg-Schwerin im Spiegel der Volkszählungslisten von 1819 und 1867, in: Manke, Matthias/Münch, Ernst (Hgg.), Alt werden in Mecklenburg im Wandel der Zeit, Lübeck, 103 ff.

Krüger, Horst 1958: Zur Geschichte der Manufakturen und der Manufaktur-Arbeiter in Preussen, Berlin

Lipp, Carola 1986: Schimpfende Weiber und patriotische Jungfrauen, Baden-Baden

Maier, Kurt-Erich 1971: Die Bevölkerung des Dorfes Sipplingen (Bodensee), Sipplingen

Literaturverzeichnis

Manke, Matthias/Münch, Ernst (Hgg.) 2012: Alt werden in Mecklenburg im Wandel der Zeit, Lübeck

Marx-Jaskulski, Katrin 2014: Von der Ökonomie des Notbehelfs und würdigen Armen – Armenfürsorge und Armutsbewältigung im Spiegel von Antragsschreiben an die kommunale Verwaltung, in: Sczesny, Anke u. a. (Hgg.), Prekariat im 19. Jahrhundert, Augsburg, 179 ff.

Matz, Klaus-Jürgen 1980: Pauperismus und Bevölkerung, Stuttgart

Medick, Hans 1976: Zur strukturellen Funktion von Haushalt und Familie im Übergang von der traditionellen Agrargesellschaft zum industriellen Kapitalismus: die proto-industrielle Familienwirtschaft, in: Conze, Werner (Hg.), Sozialgeschichte der Familie in der Neuzeit Europas, Stuttgart, 254 ff.

Mitterauer, Michael 1982: Problemfelder einer Sozialgeschichte des Alters, in: Konrad, Helmut (Hg.), Der alte Mensch in der Geschichte, Wien, 15 ff.

Mitterauer, Michael 1984: Familie und Arbeitsorganisation in städtischen Gesellschaften des späten Mittelalters und der frühen Neuzeit, in: Haverkamp, Alfred (Hg.), Haus und Familie in der mittelalterlichen Stadt, Köln, 1 ff.

Mitterauer, Michael 1986: Formen ländlicher Familienwirtschaft. Historische Ökotypen und familiale Arbeitsorganisation im österreichischen Raum, in: Ehmer, Josef/Mitterauer, Michael (Hgg.), Familienstruktur und Arbeitsorganisation in ländlichen Gesellschaften, Wien, 185 ff.

Mitterauer, Michael/Sieder, Reinhard (Hgg.) 1982: Historische Familienforschung, Frankfurt a. M.

Mitterauer, Michael/Sieder, Reinhard (Hgg.) 1991: Vom Patriarchat zur Partnerschaft, München

Mommsen, Hans/Schulze, Winfried (Hgg.) 1981: Das Elend der Handarbeit: Probleme historischer Unterschichtenforschung, Stuttgart

Moritz, Werner 1981: Die bürgerlichen Fürsorgeanstalten der Reichsstadt Frankfurt a. M. im späten Mittelalter, Frankfurt a. M.

Pannhausen, Rainer 1978: Das Alimentationsprinzip im Beamtenrecht, Diss. Universität Regensburg, Regensburg

Puhle, Hans-Jürgen/Wehler, Hans-Ulrich (Hgg.) 1980: Preußen im Rückblick, Göttingen

Reif, Heinz 1982: Zum Zusammenhang von Sozialstruktur, Familien- und Lebenszyklus im westfälischen Adel in der Mitte des 18. Jahrhunderts, in: Mitterauer, Michael/Sieder, Reinhard (Hgg.), Historische Familienforschung, Frankfurt a. M., 123 ff.

Reif, Heinz 2016: Adel, Aristokratie, Elite. Sozialgeschichte von Oben, Berlin

Ried, Claudia 2014: Armut und Armenpflege in schwäbischen Landjudengemeinden während der ersten Hälfte des 19. Jahrhunderts, in: Sczesny, Anke u. a. (Hgg.), Prekariat im 19. Jahrhundert, Augsburg, 151 ff.

Rössler, Helmuth (Hg.) 1965: Deutscher Adel 1555–1740, Darmstadt

Literaturverzeichnis

Rosenbaum, Heidi 1982: Die Bedeutung historischer Forschung für die Erkenntnis der Gegenwart – dargestellt am Beispiel der Familiensoziologie, in: Mitterauer, Michael/Sieder, Reinhard (Hgg.), Historische Familienforschung, Frankfurt a. M., 40 ff.

Rosenmayr, Leopold 1976: Schwerpunkt der Soziologie des Alters (Gerosoziologie), in: König, Reneé (Hg.), Handbuch der empirischen Sozialforschung, Bd. 7: Familie – Alter, 2. Aufl., Stuttgart, 218 ff.

Rosseaux, Ulrich 2006: Städte in der frühen Neuzeit, Darmstadt

Rust, Johann Joachim Heinrich, 1843: Wie entgeht man der Armuth?, Berlin

Sachße, Christoph/Tennstedt, Florian 1980: Geschichte der Armenfürsorge in Deutschland, Bd. 1: Vom Spätmittelalter bis zum 1. Weltkrieg, 2. Aufl., Stuttgart

Safley, Thomas Max 2003: Die Aufzeichnungen des Matheus Miller. Das Leben eines Augsburger Kaufmanns im 17. Jahrhundert, Augsburg

Sattler, Dietrich 2007: Anwalt der Armen. Missionar der Kirche. Johann Hinrich Wichern 1808–1881, Hamburg

Schad, Martha 2003: Die Frauen des Hauses Fugger, München, Augsburg

Schäfer, Hermann 1983: Die berufliche und soziale Lage von Arbeitern im Alter. Eine Skizze zur Situation in Deutschland im 19./20. Jahrhundert, in: Conrad, Christoph/von Kondratowitz, Hans-Joachim (Hgg.), Gerontologie und Sozialgeschichte, Wege zu einer historischen Betrachtung des Alters, Berlin, 255 ff.

Schenda, Rudolf 1972: Das Elend der alten Leute, Düsseldorf

Schenda, Rudolf 1983: Bewertungen und Bewältigungen des Alters aufgrund volkskundlicher Materialien, in: Conrad, Christoph/von Kondratowitz, Hans-Joachim (Hgg.), Gerontologie und Sozialgeschichte, Wege zu einer historischen Betrachtung des Alters, Berlin, 59 ff.

Schissler, Hanna 1980: Die Junker. Zur Sozialgeschichte und historischen Bedeutung der agrarischen Elite in Preußen, in: Puhle, Hans-Jürgen/Wehler, Hans-Ulrich (Hgg.), Preußen im Rückblick, Göttingen, 89 ff.

Schlenkrich, Elke 2014: Lebenswelten in geschlossenen Einrichtungen der Leipziger Armenfürsorge im 19. Jahrhundert, in: Sczesny, Anke u. a. (Hgg.), Prekariat im 19. Jahrhundert, Augsburg, 95 ff.

Schmitt, Christoph 2012: Altersstereotype in der Volkserzähltradition, besonders der mecklenburgischen Überlieferung, in: Manke, Matthias/Münch, Ernst (Hgg.), Alt werden in Mecklenburg im Wandel der Zeit, Lübeck, 239 ff.

Schomerus, Heilwig 1977: Die Arbeiter der Maschinenfabrik Esslingen, Stuttgart

Schulz, Knut 1984: Die Stellung der Gesellen in der spätmittelalterlichen Stadt, in: Haverkamp, Alfred (Hg.), Haus und Familie in der mittelalterlichen Stadt, Köln, 304 ff.

Sczesny, Anke 2014: Zwischen Gerücht, Anzeige und Denunziation – Konflikte um die Alltagsbewältigung in der Fuggerei während des 19. Jahrhunderts, in: Sczesny, Anke u. a. (Hgg.), Prekariat im 19. Jahrhundert, Augsburg, 69 ff.

Literaturverzeichnis

Sczesny, Anke u. a. (Hgg.)2014: Prekariat im 19. Jahrhundert, Augsburg

Seiderer, Georg 2014: Von wahren Armen und Scheinarmen. Bettel und Armut im Übergang vom 18. zum 19. Jahrhundert, in: Sczesny, Anke u. a. (Hgg.), Prekariat im 19. Jahrhundert, Augsburg, 21 ff.

Sieder, Reinhard 1991: Sozialgeschichte der Familie, Frankfurt a. M.

Simnacher, Georg 1960: Die Fuggertestamente des 16. Jahrhunderts, Tübingen

Sothmann, Marlene 1970: Das Armen-, Arbeits-, Zucht- und Werkhaus in Nürnberg bis 1806, Diss. Universität Würzburg, Würzburg

Stadt Leipzig (Hg.) 1884: Das Armenwesen der Stadt Leipzig in den Jahren 1881 und 1882, Leipzig

Stürmer, Michael 1979: Herbst des alten Handwerks, München

Tennstedt, Florian/Winter Heidi 2002: Quellensammlung zur Geschichte der deutschen Sozialpolitik 1867–1914, Bd. 6: Altersversorgungs- und Invalidenkassen, Darmstadt

von Gschliesser, Oswald 1972: Das Beamtentum der hohen Reichsbehörden (Reichshofkanzlei, Reichskammergericht, Reichshofrat, Hofkriegsrat), in: Franz, Günther (Hg.), Beamtentum und Pfarrerstand 1400–1800, Limburg/Lahn,1 ff.

von Ketteler, Wilhelm Emanuel 1865: Die Arbeiterfrage und das Christentum, 1865, Mainz

von Schrenck und Notzing, Niklas 1972: Das bayerische Beamtentum 1430–1740, in: Franz, Günther (Hg.), Beamtentum und Pfarrerstand 1400–1800, Limburg/Lahn, 27 ff.

von Steynitz, Jesko 1970: Mittelalterliche Hospitäler der Orden und Städte als Einrichtungen der sozialen Sicherung, Berlin

Wessel, Horst A. 1983: Probleme der Altersversorgung im 19. Jahrhundert und Ansätze zu ihrer Bewältigung. Das Beispiel betriebliche Sozialpolitik, in: Conrad, Christoph/von Kondratowitz, Hans-Joachim (Hgg.), Gerontologie und Sozialgeschichte, Wege zu einer historischen Betrachtung des Alters, Berlin, 425 ff.

Weber, Matthias 2002: Die Reichspolizeiverordnungen von 1530, 1548 und 1577, Frankfurt a. M.

Weichbrod, Bernd 1981: Wohltätigkeit und „symbolische Gewalt" in der Frühindustrialisierung. Städtische Armut und Armenpolitik in Wuppertal, in: Mommsen, Hans/Schulze, Winfried (Hgg.), Das Elend der Handarbeit: Probleme historischer Unterschichtenforschung, Stuttgart, 334 ff.

Weller, Arnold 1979: Sozialgeschichte Südwestdeutschlands, Stuttgart

Werdermann, Hermann 1925: Der evangelische Pfarrer in Geschichte und Gegenwart: Ein Rückblick auf 400 Jahre evangelisches Pfarrhaus, Leipzig

Wohlfeil, Rainer 1965: Adel und Heerwesen, in: Rössler, Helmuth (Hg.), Deutscher Adel 1555–1740, Darmstadt, 315 ff.

Wunder, Bernd 1978: Privilegierung und Disziplinierung. Die Entstehung des Berufsbeamtentums in Bayern und Württemberg (1780–1825), München

Literaturverzeichnis

Wunder, Bernd (Hg.) 2000: Pensionssystem im öffentlichen Dienst in Westeuropa (19./20. Jh.), Baden-Baden

Wunder, Bernd 2000: Die Entwicklung der Alters- und Hinterbliebenenversorgung im öffentlichen Dienst in Deutschland (18.–19. Jahrhundert), in: Wunder, Bernd (Hg.), Pensionssystem im öffentlichen Dienst in Westeuropa (19./20. Jh.), Baden-Baden, 1 ff.

Zapf, Wolfgang 1983: Die Wohlfahrtsentwicklung in Deutschland seit der Mitte des 19. Jahrhunderts, in: Conze, Werner/Lepsius, Rainer M. (Hgg.), Sozialgeschichte der Bundesrepublik Deutschland, Stuttgart, 46 ff.

Abbildungsverzeichnis

Abb. 1: Rembrandt (Harmensz. van Rijn) (?), Bildnis einer alten Frau, Bayerische Staatsgemäldesammlungen - Alte Pinakothek München (CC BY SA 4.0).

Abb. 2: The Large Miseries of War: The Hanging Tree, 1633. (Heritage Art/Heritage Images) Picture Alliance.

Abb. 3: Radierung: Men and women beggars. Wenceslaus Hollar nach Jacques Callot, 1630, Metropolitan Museum of Art (Public Domain).

Abb. 4: Kirchheim, um 1683. Aus dem Forstlagerbuch von Andreas Kieser.

Abb. 5: Druckgrafik von Marquard Fidel Domenicus und Matthias Pfenniger, ca. 1778. Helvetic Archives (gemeinfrei).

Abb. 6: Leipzig während der Belagerung durch Heinrich von Holk 1632 (gemeinfrei).

Abb. 7: Armut im Vormärz, 1840.

Abb. 8: Karl Storch, Arme Menschen werden bei einem Schrippengottesdienst mit Tee und Schrippen versorgt, 1889.

Abb. 9: Schaubild der Arbeiterversicherung, 1909/1914. Bundesarchiv Bild 146-1980-091-21 (CC BY SA 3.0).